中国现代出版家论著丛书

主编

郝振省

诗词例话

周振甫 著

西北大学出版社

作者简介

周振甫（1911—2000），原名麟瑞，笔名振甫，后以笔名行，浙江平湖人。中华书局编审，著名学者，古典诗词、文论专家，资深编辑家。

1931年入，无锡国学专修学校，随著名国学家钱基博先生学习治学，1933年，上海开明书店招录朱起凤《辞通》的校对，周振甫作《老学庵笔记》断句测验，得以录用，从此开始了他的校对、编辑生涯。进开明书店帮助宋云彬校对了《辞通》后，又校对了王伯祥主编的《二十五史补编》。

他选注过《严复诗文选》，著有《毛主席诗词浅释》《鲁迅诗歌注》《诗词例话》《文章例话》《诗品释注》《古代战纪选》《谭嗣同文选注》《文论漫笔》等。还为中华书局全译了《文心雕龙》，参加了新版《鲁迅全集》的部分注释定稿工作。在中华书局工作期间，参加校对《明史》工作；他审阅加工的书稿有：《管锥编》《管锥编增订》《李太白全集》《乐府诗集》《历代诗话》《历代诗话续编》《楚辞补注》《酉阳杂俎》《唐人绝句选》《南社》《诗林广记》《后村诗话》《〈文史通义〉校注》和补订本《谈艺录》《〈洛阳伽蓝记〉译注》等。

编辑说明

　　周振甫是现代著名学者、古典诗词文论专家、资深编辑家。中华书局编审。他从事出版编辑数十年，学识渊博，经他手编辑出版的许多古籍图书及文献选注本，撰写的诗词、文学欣赏书在学界都享有盛誉。《诗词例话》就是他于 1962 年在中国青年出版社出版的一本古典诗词鉴赏普及读物。

　　这次整理重版，主要是改正了一些原书中明显的错讹之处，并针对原版中有关与今出版规范不合的词语予以订正，统一了版式等，特此说明。

总　序

　　"中国现代出版家论著丛书"，选集张元济等中国现代出版拓荒者14人之代表性作品19部，展示他们为中国现代出版奠基所作出的拓荒性成就和贡献。这套书由策划到编辑出版已有近六个年头了，遴选搜寻作品颇费周折，繁简转化及符合现今阅读习惯之编辑加工亦费时较多。经过多方努力，现在终于要问世了，作为该书的主编，我确实有责任用心地写几句话，对作者、编者和读者有个交代。尽管自己在这个领域里并不是特别有话语权。

　　首先想要交代的是这套选集编辑出版的背景是什么，必要性在哪里？很可能不少读者朋友，看到这些论著者的名字：张元济、王云五、陆费逵、钱君匋、邹韬奋、叶圣陶等会产生一种错觉：是不是又在"炒冷饭"，又在"朝三暮四"或者"朝四暮三"？如此而然，对作者则是一种失敬，对读者则完全是一种损失，就会让笔者为编者感到羞愧。而事情恰恰相反，西北大学出版社的同仁们用心是良苦的，选编的角度是精准的，是很注意"供给侧改革"的。就实际生活而言，对待任何事物，怕的就是"一叶障目，不见泰山"，怕的就是浮光掠

影，道听途说；怕的就是想当然，而不尽然。对待出版物亦是
这样，更是这样。确实不少整理性出版物、资料性出版物，属
于少投入、多产出的克隆性出版；属于既保险、又赚线的懒人
哲学？而这套论著确有它独到的价值。论著者不是那种"两耳
不闻窗外事，闭门只读圣贤书"的出版家，而是关注中华民族
命运，焦急民族发展困境的一批进步知识分子。他们面对着国
家的积贫积弱，民众的一盘散沙，生活的饥寒交迫，列强的大
举入侵，和"道德人心"的传统文化与知识体系不能拯救中国
的危局，在西学东渐，重塑知识体系的过程中，固守着民族
优秀文化的品格，秉承"为国难而牺牲，为文化而奋斗"的
使命，整理国故，传承经典，评介新知，昌明教育，开启民
智，发表了一系列的论著，为我们国家和民族的现代出版文化
事业进行了拓荒性奠基。如果再往历史的深层追溯，不难看
出，他们身上所体现的代表中国传统知识分子心胸与志向的使
命追求，正如北宋思想家张载所倡言的："为天地立心，为生
民立命，为往圣继绝学，为万世开太平"。我们为中华民族这
些前仆后继、生生不息的思想家们肃然起敬。以张元济等为代
表的民国进步出版家们，作为现代出版文化的拓荒奠基者，其
实就是一批忧国忧民的思想大家、文化大家。挖掘、整理、选
萃他们的出版文化思想，其实就是我们今天继承和弘扬优秀传
统文化的必然之举，也是为新时代实现古今会通、中西结合的
创造性转化与创新性发展提供借鉴的必须之举。

　　不仅如此，这套论著丛书的出版价值还在于作者是民国时
期我们这个国家和民族最有代表性的一个文化群体，一批立
足于出版的文化大家和思想大家；14位民国出版家的19部作
品中，有相当部分未曾出版，具有重要的填补史料空白的性

质，对于这个领域的研究者、耕耘者都是一笔十分重要的文化财富之集聚。通过对拓荒和奠基了中国现代出版事业的这些出版家部分重要作品的刊布，让我们了解这些出版家所特有的文化理念、文化视野、人文情怀，反思现在出版人对经济效益的过度追求，而忘记出版人的文化使命与精神追求等等现象。

之所以愿意出任该套论著丛书的主编还有一层考虑在里面。这些现代出版事业拓荒奠基的出版家们，其实也是一批彪炳于史册的编辑名家与编辑大家。他们几乎都有编辑方面的极深造诣与杰出成就。作为中国编辑学会的会长，也特别想从中寻觅和探究一位伟大的编辑家，他的作派应该是怎样的一种风格。张元济先生的《校史随笔》其实就是他编辑史学图书的原态轨迹；王云五的《新目录学的一角落》其实就是编辑工作的一方面集大成之结果；邹韬奋的《经历》中，就包含着他从事编辑工作的心血智慧；张静庐的《在出版界二十年》也不乏他的编辑职业之体验；陆费逵的《教育文存》、章锡琛的《〈文史通义〉选注》、周振甫的《诗词例话》等都有着他们作为一代编辑家的风采与灼见；赵家璧的三部论著中有两部干脆就是讲编辑故事的，一部是《编辑忆旧》，一部是《编辑生涯忆鲁迅》，其实鲁迅也是一位伟大的编辑家。只要你能认真地读进去，你就会发现一位职业编辑做到极致就会成为一位学者或名家，进而成为大思想家、大文化家，编辑最有条件成为思想家、文化家。"近水楼台先得月，就看识月不识月"。我们的编辑同仁难道不应该从中得到启发吗？难道我们不应该为自己编辑职业的神圣性而感到由衷的自豪与骄傲吗？

这套丛书真正读进去的话，容易使人联想到正是这一批民国时期我国现代出版事业的拓荒者和奠基者，现代出版文化的开创者与建树者，为西学东渐，为文明传承，作出了巨大的历史性贡献。他们昌明教育、开启民智的出版努力，他们所举办的现代书、报、刊社及其载体实际上成为马克思主义向中国传输的重要通道，成为中西文化发展交融的重要枢纽，成为当时的中国先进知识分子寻求和探究救国、救民真理的重要精神园地。甚至现代出版事业的快速发展与现代出版文化的初步形成，乃是中国共产党成立、诞生的重要思想文化渊源。一些早期共产党人就是在他们旗下的出版企业担任编辑出版工作的，有的还是他们所在出版单位的作者或签约作者。更多的早期共产党人正是受到他们的感染和影响，出书、办报、办刊而走上职业革命道路的。从这个意义上讲，我们对民国出版家及其拓荒性论著的价值的重视还很不够。而这套论著丛书恰恰可以对这个问题有所补救，我们为什么不认真一读呢？

是为序。

郝振省

2018.3.20

目 录

——以上修辞

开头的话

一

《诗词例话》是从诗话词话和诗词评中选出来的。由于诗词的创作积累得多了，就有专论或漫谈诗词的书，诗话词话和诗词评是其中的两类。最早的诗的专论是南北朝时梁钟嵘的《诗品》，诗的漫谈是宋欧阳修的《六一诗话》，最早的词话当推宋王灼的《碧鸡漫志》。有关诗话的书，有宋朝阮阅编的《诗话总龟》，胡仔编的《苕溪渔隐丛话》，清朝何文焕编的《历代诗话》二十八种，一九一六年丁福保编的《历代诗话续编》二十八种，一九二七年他又编的《清诗话》四十三种，一九三四年唐圭璋先生编的《词话丛编》六十种。没有编进上述丛编的著名诗话词话还有很多。诗词评像元朝方回编的《瀛奎律髓》，附有纪昀的批语，明朝钟惺、谭元春评的《唐诗归》，清朝朱彝尊、纪昀、何焯批的《李义山诗集辑评》，一九三一年唐圭璋先生辑评的《宋词三百首笺》等。本书主要是从上述各书中选取极少的一部分编成的。诗话词话里包括的方面比较广，像诗人轶事，考证故实，评价作者，讲究诗词的渊源流变，研究声律等等，这些部分这里都不选。这里只选结合具体例子来谈诗和词的话，所以称为《诗词例话》。

我国有许多古今传诵的诗词，这些名篇都经过千锤百炼，有一定的思想性和艺术性。可是我们对这些诗词，有的不了解它们的时代背景，有的又有语言的隔阂，有的不了解它们的表现手法，不能作深入的体会；怎样提高我们的欣赏力，怎样从这些名篇里取得借鉴，就成为我们在阅读古今传诵的名篇时需要解决的问题。诗话词话和诗词评的作者，有的是诗人，有的是诗词的研究者，听听他们谈古今名篇的话，或许对我们可以有所启发。

举例来说，诗话词话里也讲修辞手法，讲得比较深细。像洪迈《容斋三笔》里讲博喻，沈德潜在《说诗晬语》里讲互文，王夫之在《姜斋诗话》里谈反衬，这些，在一般讲修辞的书里是不谈的。所以听听这种讲表现手法的话，对理解古典诗词是有帮助的。

再就诗话词话里谈到欣赏和阅读说，谭献在《谭评词辨》里指出对诗词的理解，有所谓"作者未必然，读者何必不然"。谢章铤在《赌棋山庄词话续编》里指出"断章取义则是，刻舟求剑则大非矣"，就是读者从诗词的形象里引起种种联想，这种联想是一件事，怎样解释诗意是另一件事，这两者不可混淆。因为读者的联想可能并不符合诗的原意，所谓"作者未必然"，有些牵强附会的解释，就是从这里来的。假如我们知道了这点，那么有些误解就不会产生了。

二

诗话词话里讲的，不光对欣赏和写作诗词有帮助，还可通于其他样式的作品。比方上面提到的博喻，《容斋三笔》里指出韩愈《送石处士序》里就运用这种手法。我们在鲁迅的作品里，也可看到这种手法。鲁迅在《白莽作〈孩儿塔〉序》里称赞革命青年作家殷夫的诗，说："这是东方的微光，是林中的响箭，是冬末的萌芽，是进军的第一步，是对于前驱者的爱的大纛，也是对于摧残者的憎的丰碑。"一连迭用六个比喻。高度的思想，生动的形象，博喻的手法，构成了震撼人心的艺术力量。

再像诗话词话里讲的仿效和点化，颇有推陈出新的意味，所谈的内容就不限于诗词。其中谈到有些意境和写法的继承发展，有从赋到诗的，有从诸子散文、历史散文到诗的，有从诗到戏曲的，已经关涉到各种体裁。比方讲到各种各样的仿效和点化：一种是就前人的意境加以点化，使它更具体、更丰富、更生动，这也就创造出更动人的新意境来；一种是把前人讲的意思，加以集中概括，提炼得更深刻，更尖锐，更凝练，因而更激动人心；一种是自己有意境，借用别人所描绘的景物来丰富自己的意境；一种是借用前人作品的结构或个别词语，内容和意境却是全新的；一种是从不同风格不同体裁中借用个别内容，改造它的风格，纳入新的体裁中（详见《仿效和点化》）。

诗话词话中谈到用词的精练，也谈到各种修改的例子，这对我们提炼语言也会有所启发。创造形象的语言需要加以提炼。怎样把语言写得有形象、有情感，怎样通过语言去概括生动的哲理和诗意，怎样写得简洁、含蓄，句子短而有力，在诗话词话里就接触到这些问题，其中所谈到的例子，尤其包括在《精警》《修改》《含蓄》中的，更可供我们借鉴。

诗话词话里接触到的问题，有些也不限于诗词，比方作品应该怎样反映生活，《完整和精粹》里就接触到这一问题；怎样写才能真切动人，在《逼真和如画》《隔与不隔》里也接触到这些问题；类似这些都可供我们探索。诗和文可以相通的地方更多。由于诗话词语写得比较简练，有时不够具体，因此在解释里间或也引了谈文的例子来互相参照，便于理解。像在《复迭错综》里引了顾炎武谈文章繁简的例子，《风趣》里引了林纾谈《汉书》中的例子等便是。再像在《境界全出》里接触到"通感"的修辞手法，这是以前讲修辞学的书里没有谈到过的。以上这些，可以给我们不少启发。

三

从诗话词话里借鉴前人论诗词的经验，也存在着一些问题，粗浅地说来，似有三点。

一是摘句。鲁迅先生说："还有一样最能引读者入于迷途的，是'摘句'。它往往是衣裳上撕下来的一块绣花，经摘取者一吹嘘或附会，说是怎样超然物外，与尘浊无干，读者没有见过全体，便也被他弄得迷离惝恍。最显著的便是上文说过的'悠然见南山'的例子，忘记了陶潜的《述酒》和《读山海经》等诗，捏成他单是个飘飘然，就是这摘句作怪。"（《鲁迅全集》6卷339页《＜题未定＞草》六）鲁迅先生指出摘句的两种毛病：第一种，摘出几句诗，用它来说明作者全部作品或作者这个人的风格特点。比方摘出陶渊明的"悠然见南山"来，说明陶渊明全部的诗和陶渊明这个人都是飘飘然的，这样抓住一点不及其余的讲法，自然是不正确的。因为陶渊明在《述酒》和《读山海经》这些诗里，还有金刚怒目式的句子。第二种，摘出几句诗，用它来说明全篇作品的风格特点，有时也有片面性的毛病。诗话里谈诗，往往采用摘句，尤其是谈到长篇，从修辞角度来谈，更其喜欢摘句。因为作者要谈的不是全篇，而是其中某几句的修辞手法。谈诗中某几句的修辞手法，同鲁迅先生上面指出谈作家的全部作品或全人或全篇作品的风格不同，自然可以摘句，像初唐诗里的骆宾王的"露重飞难进，风多响易沉"，说明他用蝉来比自己，这样的摘句还是可以的。即使这样，在引用这些诗话时，还是要注意全篇，防止鲁迅先生所指出的两种毛病。比方在《精警》里引了《东坡志林》，谈到陶渊明的"采菊东篱下，悠然见南山"，谈到杜甫的"白鸥没浩荡，万里谁能驯"，说其中的"见"字和"没"字用得怎样好。这里虽然摘句，并从句中摘字来谈，但我们在说明里面，还是联系陶渊明《饮酒》之五（即"采菊"那一首）和杜甫《奉赠韦左丞丈二十二韵》来考虑，结合摘句的上下文来说明"见"和"没"这两个字确实精练。总之，在引用诗话来说明各种手法时，尽量注意避免以偏概全的说法。

二是彼此矛盾。诗话里往往发挥作者对于文学批评的见解，这些见解有的是互相矛盾的，有的是后者要纠正前者论点的偏颇的，但后者的论点也不免偏到另一方面去。这些像清朝的神韵说、格调说、性灵说、肌理说，有可取处也各有不足处，结合诗话来谈这些问题时，就能够看到的，对它们的可取处和不足处都作些说明。再像诗话词话里谈到具体作品时，有时对同一作品作出不同评价，有时把几篇作品比较优劣，这些评价有时也各不相同。像对瀑布诗和梅花诗的讨论，本书试指出哪种说法比较正确，提供读者参考。

三是错误。古人写诗话往往凭记忆，因此，有的引用有错误，有的事实有出入。比方把杜甫《秋兴》的"香稻啄余鹦鹉粒"说成"红豆啄残鹦鹉粒"（见《侧重》）。王维是盛唐时人，李嘉祐是中唐时人，却说王维的"漠漠水田飞白鹭，阴阴夏木啭黄鹂"，是抄袭李嘉祐的"水田飞白鹭，夏木啭黄鹂"（见《描状》）。类似这些，看得到的，在说明里把它指出。至于议论不正确的，也就看到的作些说明。

最后，谈一下这次的修改。本书初版于1962年，这次重印时主要是作了一些补充，有《形象思维》《赋陈》《兴起》，在比喻方面补充了《喻之二柄》《喻之多边》，也就是对"赋、比、兴"都作了补充。还有清朝的四派诗论，《神韵说》《格调说》《性灵说》《肌理说》，在《诗词例话》初版里原来已经接触到神韵说，这次就把这四说都列入。不过这里谈到这四说，只是结合具体例子就欣赏和写作方面作一些粗浅的说明，不是对这四说作全面的探讨，所以还是列在例话中。对《形象思维》和这四节，都请钱锺书先生指教，作了不少修改。钱先生还把他没有发表过的李商隐《锦瑟》诗新解联系形象思维的手稿供我采用，在这次补充里还采用了钱先生《管锥编》中论修辞的手稿，谨在这里一并表示感谢。

本书的编选，一定有选择不当，说明错误的，也许还有原文中的错误没有加以指明的，统希读者不吝指教，以便改正。

诗 家 语

岑参《还高冠潭口留别舍弟》:"昨日山有信,只今耕种时。遥传杜陵叟,怪我还山迟。独向潭上酌,无上林下棋。东溪忆汝处,闲卧对鸲鹆。"钟惺评:"此诗千年来唯作者与谭子知之,因思真诗传世,良是危事。反复注疏,见学究身而为说法,非唯开示后人,亦以深悯作者。"谭元春批:"不曰家信而曰'山有信',便是下六句杜陵叟寄来信矣,针线如此。末四语就将杜陵叟寄来信写在自己别诗中,人不知,以为岑公自道也。'忆汝''汝'字,指杜陵叟谓岑公也。粗心人看不出,以为'汝'指弟耳。八句似只将杜陵叟来信掷与弟看,起身便去,自己归家,与别弟等语,俱未说出,俱说出矣。如此而后谓之诗,如此看诗,而后谓之真诗人。"(《唐诗归》卷十三)

《诗人玉屑》卷六里面提到王安石说的"诗家语,就是说诗的用语有时和散文不一样,因为诗有韵律的限制,不能像散文那样表达。要是我们用读散文的眼光去读诗,可能会忽略作者的用心，不能对诗作出正确的理解，那自然体会不到它的好处，读了也不会有真感受。明朝钟惺对此，运用了文学家的夸张手法，故作惊人之笔，说唐诗人岑参的这首诗千年来只有作者自己和谭元春懂得。这样耸人听闻，实际上是夸耀他们对诗的理解的深刻。从谭元春的批语看，他们对于诗家语也确是有体会的。不经他们指出，我们读这首诗，可能会有些迷糊，感到前言不搭后语，不知在说什么，也体会不到作者在运用诗家语的特点。诗的开头说：昨天山里有信来，说现在是耕种的时候，那么接下去该说要我回去才是，忽然来个"遥传杜陵叟"，把语气隔断了。接下说"怪我还山迟"，那和上文"只今耕种时"还可接起来，可是下面来个"独向潭上酌"又完全脱节了。这首诗是"留别舍弟"的，因此，"东溪忆汝处"中这个"汝"字又好像是指他的弟弟。所以用读散文的方法来读这首诗，就不知所云了。

从"诗家语"来看，诗要求精练，可以省去的话就不必说，叙述可以有跳动。"昨日山有信""遥传杜陵叟"，从字面看，是山里来信遥传杜陵叟"怪我还山迟"，是信里传杜陵叟的话，似不必说成杜陵叟来信。倘作"来自杜陵叟"，才是杜陵叟来信。这信大概不是长辈写的，不便直说，所以绕个弯子，不说写信的人怪他迟迟不回来，而借杜陵叟的口来怪他迟迟不回来。"杜陵叟"，称"叟"当然是他的长辈。用个"遥传"，说明杜陵叟跟他家不住在一处，隔得相当远。隔得相当远的杜陵叟都怪他迟迟不归来，那么同村的人家和家里的人怪他迟迟不回家，自然尽在不言中了。这些意思，就通过"遥传"两字表达出来。杜陵叟为什么要怪他"还山迟"呢？除了耕种时应该回来务农以外，还有别的用意，因为他不回来，杜陵叟只好"独向潭上酌，无上林下棋"。原来，他的家住在高冠潭边，环境好，有树林，过去，住在东溪的杜陵叟喜欢到高冠潭边的树林里找他一起喝酒下棋。他不回来，杜陵叟没有喝酒下棋的伴，就不想到高冠潭边的树林里去了，只在东溪的家门外躺着，对着溪里的鸂鶒感到无聊。这首诗就把这些情事都叙述出来了，可是用的是诗家语，极其简练。当我们从这几句简练的诗家语里探索到这些情事时，就体会到"诗家语"怎样和散文不同，读诗怎样和读散文不同了。

像这样的"诗家语"，我们从词里也可以碰到。像辛弃疾《西江月·夜行黄沙道中》的下半阕："七八个星天外，两三点雨山前。旧时茅店社林边，路转溪桥忽见。"这首词是写在月夜的乡村里走路所见。用"旧时茅店"四字，写出这条路是熟路，这家茅店以前也去过，茅店是在社林旁边。作者在走路时，过了溪桥，路转了弯，忽然在社林边看到了这家茅店。后两句也是诗家语，结构和散文不一样。要是从叙次先后看，先写茅店，次社林，次路转，次溪桥，好像是说在茅店旁、社林边上路转了，忽然看见溪桥。这是用读散文的方法来读"诗家语"了，那该作"路转忽见溪桥"。但把"忽见"放在最后，正说明在"路转溪桥"以后才忽见，忽见的是"茅店"，这不是一般的茅店，而是"旧时茅店"，提前写茅店是为把它突出来，透露出作者对它是有感情的。再像辛弃疾《鹧鸪天》的下半阕："呼玉友，荐溪毛，殷勤野老苦相邀。杖藜忽避行人去，认是翁来却过桥。"玉友指白酒，溪毛指生在水里的菜。先说准备好酒和菜，野老殷勤来苦苦相邀。下面忽然来个"杖藜忽避行人去"，好像前言不搭后语。杖藜承上是指野老，应该杖藜去请客，客推辞才苦苦相邀，现在先说"苦相邀"，后说"杖藜"，又来个"避行人"，使人难以理解。原来这位野老准备好酒菜，扶着手杖去请客人。走到桥边，看到桥那边有人过来，因为乡下的木桥窄，他准备让那边的人先过了桥，自己再过桥去请客，但他认出来那个准备过桥的人正是他要邀请的客人，就忙不叠的先过桥去迎接。

经过这样说明以后，是不是可以体会到诗家语的好处：第一，体会到诗的含蓄，比方岑参的诗，不说家里怪我还山迟，却说杜陵叟怪我，又是遥传杜陵叟怪我，这里含有不少情意，经过体会，就觉得诗人有许多话没有说出来，这就含蓄有味，给留下的印象比较深刻。第二，体会到诗要突出形象，"东溪忆汝处"，是讲忆汝，是想念你，却接个"闲卧对鸬鹚"，不说想念得很，却说对鸬鹚躺着，跟潭上酌、林下棋相对，都写想你。先是想到无人可以在林下下棋，是想你；只好独向潭上酌，无人作伴，也是想你；连独饮的兴趣都没有了，只好对鸬鹚躺着，更是想你。这里好像一层进一层，都是同形象结合着，林下棋、潭上酌、对鸬鹚，都有形象，通过形象来写情思。在这里又显出对比来，林下棋同独酌相对，独酌同对鸬鹚相对，从这相对中显出层次来。再像辛词，突出"旧时茅店"，也是反映作者的情思；突出野老形象，显示他的殷勤待客的感情，这里就不多说了。

完整和精粹

钱塘洪昉思（昇），久于新城^①之门矣，与余友。一日，并在司寇^②宅论诗。昉思嫉时俗之无章也，曰："诗如龙然，首尾爪角鳞鬣一不具，非龙也。"司寇哂^③之曰："诗如神龙，见其首不见其尾，或云中露一爪一鳞而已，安得全体？是雕塑绘画者耳！"

余曰："神龙者屈伸变化，固无定体，恍惚望见者，第指其一鳞一爪，而龙之首尾完好，故宛然在也。若拘于所见，以为龙具在是，雕绘者反有辞矣。"昉思乃服。（赵执信《谈龙录》）

①新城：清代诗人王士禛，新城人。②司寇：王士禛官至刑部尚书，清时俗称为大司寇。③哂（shěn 审）：笑。

这里指出对诗歌的文艺性的三种看法：洪昇要求完整，像画龙，要把整条龙画出来，连它的首尾鳞爪都不能忽略。王士禛反对这样求完整，要求精粹，认为神龙见首不见尾，有时只在云中露出一鳞一爪，就是只要把最精粹的部分写出来就行了，不必求完整。赵执信认为完整和精粹两者是不可分的，画出来的龙虽然见首不见尾，只有一鳞一爪，我们却可以从这里看到完整的龙。心目中有了完整的龙才可以画出一鳞一爪，才可以通过一鳞一爪来反映龙的全体；离开了完整的龙去画一鳞一爪是不成的。也就是精粹要从全体中来，离开了全体就谈不上精粹。这三种看法，赵执信的看法是最完整的。

就诗歌说，写出来的精粹的诗是从丰富的生活中提炼出来的，也就是精粹从全体中来。但就诗的本身说又要求完整。要写一鳞一爪而没有支离破碎之感，且能给人以完整的龙的感觉，这就要求作者的心目中先有一条完整的龙在。

王士禛对雕塑绘画的龙露出轻视的口吻，是一种片面看法。作者要是写龙，那么通过一鳞一爪来反映龙的全体是够了；作者倘要写更其广阔的境界，那也可以通过龙的全体来反映，在更其广阔的境界里，龙的全体已经退处于一鳞一爪的地位，写龙的全体正是写一鳞一爪。比方同样反映由于媳妇不得婆婆欢心被赶走而造成的婚姻悲剧，有的只写自己的片段感受，如陆游的妻子唐琬被婆婆赶走，唐琬后来改嫁赵士程，一天，陆游唐琬在城南沈园重逢，相见凄然，不久，唐琬抑郁死去。陆游写了《沈园》诗："城上斜阳画角哀，沈园非复旧池台；伤心桥下春波绿，曾是惊鸿照影来。""梦断香消四十年，沈园柳老不吹绵。此身行作稽山土，犹吊遗踪一泫然。"他写这两首诗的主旨不是在暴露封建礼教的罪恶，只是通过在沈园相会的片段印象，抒写他心头无限沉痛的感情，写出一生的遗恨，这样抒情，就不必把整个婚姻悲剧写出来，只需写这个悲剧的一鳞一爪。《古诗为焦仲卿妻作》的作者不这样，他是要通过婚姻悲剧来暴露封建礼教的罪恶，主题扩大了，那么写这个悲剧的一鳞一爪就嫌不够，需要把这个悲剧的全部过程写出来，写成叙事诗。在以暴露封建礼教为主题的叙事诗里，悲剧的全部过程已经退处于一鳞一爪的地位。这样看来，完整的龙还是可以画的，只要通过龙来反映更广阔的境界，使龙退处于一鳞一爪的地位就成。因此，说通过一鳞一爪来反映全体是对的，轻视雕塑绘画完整的龙，是一种片面的看法。

再回到洪昇、王士禛、赵执信三家的说法来看，洪昇"嫉时俗之无章"，恨当时人写诗没有章法，不完整，要求像画龙那样，要画出首尾爪角鳞鬣来。洪昇的这个要求，实际上是看到王士禛提倡的神韵派诗的流弊（参见《神韵说》）。神韵派诗，像画龙那样只在云中露出一爪一鳞。有的作者生活体验不够，没有看到整个的龙，只写一爪一鳞来掩饰生活的空虚，这样，神韵派诗的流弊就不免空疏。洪昇要纠正这种空疏的毛病，主张要把整个龙画出来，就是要求先看到整个的龙再画，不要借一爪一鳞来掩饰。后来的翁方纲也要纠正神韵派诗的空疏，提倡肌理说（见《肌理说》），肌理是肌肉的纹理，要细致切实，跟洪昇的说法相似。赵执信也是不满意神韵派诗的空疏的，所以主张先要有完整的龙，才可写一爪一鳞，洪昇同意他的说法，可见洪昇并不反对写一爪一鳞，只是反对神韵派诗的空疏而已。

逼真和如画

江山登临之美，泉石赏玩之胜，世间佳境也，观者必曰"如画"。故有"江山如画""天开图画即江山""身在画图中"之语。至于丹青①之妙，好事君子嗟叹之不足者，则又以逼真目之。如老杜"人间又见真乘黄②"，"时危安得真致此"，"悄然坐我天姥③下"，"斯须九重真龙④出"，"凭轩忽若无丹青"，"高堂见生鹘⑤"，"直讶松杉冷，兼疑菱荇香"之句是也。（洪迈《容斋随笔》卷十六）

①丹青：彩色画。②乘黄：古代名马的名字。③天姥：山名。④九重：九重门，指皇宫。真龙：龙马，指好马。⑤鹘（gǔ 骨）：猛禽之一。

逼真和如画是艺术批评的两个标准。看到一幅画，一个雕塑品，赞美它好，说逼真。用现代话来说，就是画得活像，雕塑得像真的一样，这是说"逼真"好。我们游览风景，赞美风景好，说风景如画，就是"如画"好。究竟作品像真的事物好呢，还是真的事物像作品好呢？再说"逼真"又有什么好？"如画"又有什么好呢？用到文学批评上来，作品描写一个人，写得活像，是好的。作品描写风景，诗中有画也是好的。就作品说，究竟"逼真"好呢，还是"如画"好呢？还是两者都好呢？弄清这些问题，对掌握这两个批评标准是有帮助的。

先说逼真，《水经注·沔水》："有白马山，山石似马，望之逼真。"山石像真的白马又有什么好呢？朱自清《论逼真与如画》里说："这就牵连到这个'真'字的意义了。这个'真'固然指实物，可是一方面也是《老子》《庄子》里说的那个'真'，就是自然，另一方面又包含谢赫的六法的第一项'气韵生动'的意思，唯其'气韵生动'，才能自然，才是活的不是死的。死的山石像活的白马，有生气，有生意，所以好。'逼真'等于俗语说的'活脱'或'活像'，不但像是真的，并且活像是真的。"（《朱自清文集》三）逼真的好处是有生气，有生意，是活的，所以光求外形相似是不够的。苏轼《书鄢陵王主簿所画折枝》："论画以形似，见与儿童邻。……边鸾雀写生，赵昌花传神。"就是光求外形相像，只是儿童的见识；好的画，要把东西写活，要传神，这才是逼真的要求。

再说如画，风景如画，或作品中所写的景物如画又有什么好呢？画是艺术品，艺术品是从生活中来的，但它又和生活不一样，它比普通的实际生活更高，更强烈，更有集中性，更典型，更理想，因此就更带普遍性。那么说风景如画，就是说这里的风景像艺术作品中所反映出来的，比起普通的风景来具有典型性，那自然是好的。如苏轼的《念奴娇》："乱石崩云，惊涛拍岸，卷起千堆雪。江山如画，一时多少豪杰。"这里写的景物极雄伟壮观，能表现出长江的壮阔景象，并反映作者的阔大胸襟，具有典型性，所以说如画是好的。

文学作品是语言的艺术，因此就文学作品来说，写得逼真，同真的一样，把人和物写活，写得有生气；或写得如画，写得形象，有画意，而这形象要具有典型性，这都不容易。能做到这样，都成为好作品。

这里引了一些诗句，说明诗人用逼真来赞美艺术作品。杜甫《韦讽录事宅观曹将军画马图》赞美曹霸画马，说"将军得名三十载，人间又见真乘黄"，乘黄是古代的千里马，这里说画得同真的乘黄一样。杜甫《题壁上韦偃画马歌》说："时危安得真致此，与人同生亦同死！"在乱世怎能真的得到这些马，可以和人同生死。杜甫《奉先刘少府新画山水障歌》说："悄然坐我天姥下，耳边似已闻清猿。"说画中的山像真的天姥山。又《丹青引》赞美曹霸画玉花骢马，说："斯须九重真龙出，一洗万古凡马空！"说画得像真的马。又《题李尊师画松树障子歌》："障子松林静杳冥，凭轩忽若无丹青。"说画里的松林像真的一样，使人忘掉它是画。他的《画鹘行》："高堂见生鹘，飒爽动秋风。"把画里的鸟看作活的。他的《奉观严郑公厅事岷山沱江画图十韵》："直讶松杉冷，兼疑菱荇香。"把画里的松杉菱荇说成是真的。这些都是用逼真来赞美画得好，可见杜甫在诗里也是运用这个标准的。他的本领是同样说画得逼真，却运用各种不同说法，并不使人感到重复。

形象思维

虞世南《咏蝉》："垂缕饮清露①，流响出疏桐。居高声自远，非是藉秋风。"沈德潜批："咏蝉者每咏其声，此独尊其品格。"（《唐诗别裁》卷四）

陈子昂《登幽州台歌》②，"前不见古人，后不见来者。念天地之悠悠，独怆然而泪下。"钟惺批："内'不见'好眼，'念天地之悠悠'，好胸中。"（《唐诗归》卷一）

王维《鹿柴》③："空山不见人，但闻人语响。返景入深林，复照青苔上。"钟惺批："'复照'妙甚。"（同上卷九）

李商隐《蝉》："本以高难饱，徒劳恨费声。五更疏欲断，一树碧无情。薄宦梗犹泛，故园芜已平。烦君最相警，我亦举家清。"纪昀批："起二句，意在笔先。前四句写蝉，即自喻，后四句自写，仍归到蝉。隐显分合，章法可玩。"朱彝尊批："三四一联，传神空际，超超玄著④，咏物最上乘⑤。"（《李义山诗集辑评》卷上）

李商隐《锦瑟》："锦瑟无端五十弦，一弦一柱思华年。

庄生晓梦迷蝴蝶，望帝春心托杜鹃⑥。沧海月明珠有泪，蓝田日暖玉生烟。此情可待成追忆，只是当时已惘然。"李商隐《锦瑟》一篇，古来笺释纷如。……多以为影射身世。何焯因宋本《义山集》旧次，《锦瑟》冠首，解为："此义山自题其诗以开集首者"（见《柳南随笔》卷三，《何义门读书记·李义山诗集卷上》记此为程湘衡说）；视他说之瓜蔓牵引、风影比附者，最为省净。窃采其旨而疏通之。自题其诗，开宗明义，略同编集之自序。拈锦瑟发兴，犹杜甫《西阁》第一首："朱绂犹纱帽⑦，新诗近玉琴⑧"；锦瑟玉琴，殊堪连类。首二句言华年已逝，篇什犹留，毕世心力，平生欢戚，清和适怨⑨，开卷历历。"庄生晓梦迷蝴蝶，望帝春心托杜鹃"，此一联言作诗之法也。心之所思，情之所感，寓言假物，譬喻拟象，如飞蝶征庄生之逸兴，啼鹃见望帝之沉哀，均义归比兴，无取直白。举事宣心，故"托"；旨隐词婉，故易"迷"。此即十八世纪以还，法国德国心理学常语所谓"形象思维"；以"蝶"与"鹃"等外物形象体示"梦"与"心"之衷曲情思。"沧海月明珠有泪，蓝田日暖玉生烟"，此一联言诗成之风格或境界，如司空图所形容之《诗品》。《博物志》卷九《艺文类聚》卷八四引《搜神记》载鲛人能泣珠，今不曰"珠是泪"，而曰"珠有泪"，以见虽化珠圆，仍含泪热，已成珍玩，尚带酸辛，具宝质而不失人气；"暖玉生烟"，此物此志，言不同常玉之坚冷。盖喻己诗虽琢炼精莹，而真情流露，生气蓬勃，异于雕绘夺情、工巧伤气之作。若后世所谓"昆体"⑩，非不珠光玉色，而泪枯烟灭矣！珠泪玉烟亦正以"形象"体示

抽象之诗品也。（钱锺书《冯注玉溪生诗集诠评》未刊稿）

　　①緌：帽带结好后挂在颔下部分，蝉的嘴像挂在颔下的帽带。
②幽州台：即燕昭王筑的黄金台。万岁通天元年（696），建安王武
攸宜率大军攻契丹，陈子昂参谋军事。子昂屡次进计，攸宜怒，徙
署军曹。子昂因登幽州台作歌。③鹿柴：即鹿栅，养鹿处。④玄著：
奇妙的创作。⑤上乘：佛教称最高的觉悟为上乘，指第一流作品。
⑥蜀国望帝死后魂化为杜鹃鸟。⑦朱绂：官印的带子。纱帽：当时
隐居人戴的帽子。即一做官就退隐。⑧近玉琴：用琴音比诗。⑨琴
音有清的、和谐的、调适的、哀怨的。⑩宋初杨亿、刘筠等所作唱
和的诗，效李商隐体，称《西昆酬唱集》。

　　"形象思维"就是用具体事物的形象来表达抽象的思想
感情。从上面举出的几首诗看，有几种表达方法。（一）光写
形象，从形象中表达作者的思想感情。（二）主要写思想感
情，没有描绘具体形象，但从抒写的思想感情中含蕴着具体形
象，从而感到诗中所写的思想感情不是抽象的，是跟唤起的具
体形象结合的。（三）既写形象，也写自己的思想感情，通过
两者的结合来表达。

　　（一）光写形象的。如虞世南的《咏蝉》，写蝉饮露水，
在高树上叫，所以声音传得远。作者的思想没有说出，只是从
咏蝉中透露出来。"居高"的"高"有两方面，一方面跟"饮
清露"联系，一方面跟疏桐联系。露是清的，桐是高洁的，所
以沈德潜批"尊其品格"。古代本有凤凰非梧桐不栖的说法。

所以这个"高"不光是地位高，还要品格高。品格不高，非常丑恶，即使地位高也不行。品格高而地位高，他的声音的影响才大。这个意思通过蝉的形象来表达，是形象思维。这是咏物。也有写景的，像王维的《鹿柴》写空山、深林、日光返照青苔，还听到人语，作者的思想感情没有直接写出。但从这些景物中间，显出环境的幽静，作者心情的安闲，所以他才会注意到"返景入深林，复照青苔上"。这是从写的景物中透露心情，也就是用形象来表达情思的形象思维。

从这两首诗看，作者写的是形象，但作者选择这些形象来写时，主要不是要写蝉的形象，不是要写空山、深林、日光、青苔，作者对这些形象产生了思想感情，借这些形象来表达作者的思想感情，这才构成形象思维。虞世南"居高声自远"的思想，当它没有跟咏蝉结合的时候，是抽象的逻辑思维，是他从生活经历中概括出来的。假使他写一篇居高声远论，那就属于逻辑思维。当他把这个逻辑思维同咏蝉结合起来，借蝉来表达时，这就成为形象思维。因此，形象思维同逻辑思维不是绝然分开的。"居高声自远"这种思想，是作者从生活中来的，作者在唐太宗手下做秘书监，深得唐太宗的信任和称赞，他的声誉同他的地位有关，也同他的品格有关。他从生活经历中体会到这种"居高声自远"的逻辑思维，一朝同蝉的居高声远的形象结合，这样构成的"咏蝉"，这种居高声远的思想就不再是抽象概念，成为形象思维了。王维的《鹿柴》，它的形象思维不是这样。他从空山、深林和返照中，体会到一种幽静的境界，反映出作者爱好这种境界的心情，这就构成形象思维。这种心情，就是从空山、深林的形象中产生的，并不是作者从生活中体会到某种逻辑思维，再把它同生活中的某种形象结合而产生的。这好比拍艺术照片，艺术照片不能看到什么景物就拍，是有选择的，不光对所拍的景物有选择，还要注意光线、距离和拍的角度，这些选择，就有逻辑思维在起作用。作者从景物中发现艺术美，这是形象思维，但这种艺术美怎样表现出来，这还有赖于逻辑思维。所以就像王维的创作《鹿柴》，形象思维同逻辑思维也是不可分割的。他怎样选择景物，怎样构思，怎样运用语言来表达，都和逻辑思维有关。

（二）主要写思想感情的，如陈子昂的《登幽州台歌》。"前不见古人"，只是一般地提到古人，没有具体地写某一古人的形象。"后不见来者"，来者也没有具体写。"念天地之悠悠"，这个"天地"跟"悠悠"结合，指对宇宙无穷所发的感叹，这里也没有具体的形象。只有"独怆然而泪下"，"泪下"是形象，但这个形象不能表达当时作者的形象思维。当时作者的形象思维是什么呢？作者在武攸宜手下参谋军事，进攻契丹。他屡次向武攸宜献计，不听，反而被贬为军曹。他受到打击，一次登上幽州的黄金台，想到燕昭王在台上接待四方来的人才，像乐毅等人。因此"前不见古人"的"古人"里，有具体的形象。"后不见来者"，这个"来者"指像燕昭王一类的人，当他登幽州台时，即使真有这样的"来者"，他也碰不到，他碰到的是跟昭王相反的武攸宜。昭王信用人才，武攸宜排斥打击人才，他亲身感受这种打击，所以登幽州台下泪。在武攸宜打击下，他不便具体地写，怕会受到更大的打击，只好用抽象的"古人""来者"来发感慨。因此，从幽州台和"古人"里面，可以接触到作者的思想感情，可以唤起黄金台、昭王等的具体形象，从而体会到作者的感情，于是作者的感情就不是抽象的而是具体的形象思维了。钟惺批语，注意"不见"，说是"好眼"，"好眼"指精神贯注处，就在不见昭王这样的人。又说："念天地之悠悠，好胸中"，胸中想的，天地悠悠，在封建社会的天地悠悠中，像作者那样遭遇的人又不知有多少，那么他的下泪不光是为自己，也在为自己同样遭遇的人下泪了。

（三）既写形象，也写自己的思想感情，如李商隐的《蝉》，前四句写形象，后四句写思想感情。"高难饱"，"恨费声"，既是写蝉，也在写自己。"五更疏欲断"，从白天叫到夜里，叫到五更，已经叫不动了，声疏欲断，可是找不到一点同情；"一树碧无情"，把身世遭遇借蝉来写出，不落痕迹，所以批语特别推重。后四句写自己，为了做小官像萍梗一样飘流，故乡的荒芜已经平治，可以回去，蝉鸣似相警戒，我亦举家清贫。这首诗，前四句的写法，同虞世南的《咏蝉》相似。作者长期在地方上当幕僚，有"本以高难饱"的感触。曾经托人引荐，只是徒劳。这种生活中的感触，跟蝉的形象结合，构成形象思维。后四句写自己，用萍梗的漂浮无定比自己的到处奔波，用"故园芜已平"来表自己思归的心情。再同蝉鸣联系，点明举家清贫。这后四句，用"梗泛"作比喻，联系故园的平整，用拟人化手法写蝉，称它为"君"，他的思想还是和形象结合的。这种写法在诗里比较多见，因为诗以抒情为多，容易抒写自己的感情，把抒情和咏物结合起来。

唐朝骆宾王《在狱咏蝉》的序里有几句写蝉的话，是又一种写法："故洁其身也，禀君子达人之高行；蜕其皮也，有仙都羽化之灵姿。候时而来，顺阴阳之数；应节为变，审藏用之机。有目斯开，不以道昏而昧其视；有翼自薄，不以俗厚而易其真。吟乔松之微风，韵恣天纵；饮高秋之坠露，清畏人知。"这里是一句写蝉，一句说明意义。如"洁其身"，写蝉的高洁；"禀君子达人之高行"，说明"洁其身"的意义，同于高尚的品行。以下都是这样。要是把写蝉的句子连起来，删去讲意义的句子，如"故洁其身也，蜕其皮也。候时而来，应节为变。有目斯开，有翼自薄……"那就是写蝉，就是形象思维，在写蝉的形象中有含义，含义就是每句下面说明意义的话。像这里把写蝉的形象和意义的话合在一起，是另一种表达形象思维的写法。

李商隐的《锦瑟》诗也是写形象和写自己思想感情的结合。对《锦瑟》诗原有各种不同解释，这里采用钱锺书先生的说法，因他是同形象思维结合起来谈的。这首诗前六句是写形象，即写锦瑟，后两句是写自己的感叹，"锦瑟无端五十弦"，指锦瑟有五十弦，"思华年"，兼写锦瑟在名手里弹奏出各种曲调。中四句写锦瑟的曲调，有适、怨、清、和。"庄周梦为蝴蝶，栩栩然蝴蝶也"，栩栩，自得之貌，是奏出使人感到舒适的音调。望帝化为杜鹃鸟，他的悲哀托杜鹃啼鸣，是弹奏出哀怨的音调。南海外有鲛人，他的眼泪化为珠，指音调像珠的清圆。蓝田出玉，比喻音调像玉的和润。但这六句又不光写锦瑟，也在写他自己的创作。"无端五十弦"，感叹自己已经接近五十岁了。"思华年"回想过去的盛年，作者一生经历在诗里有反映。"思华年"正是结合一生所作来回想过去。"迷蝴蝶"写他的诗也有写舒适的心情的。"托杜鹃"写他的诗也有像杜鹃的哀鸣的，写怨恨的。"珠有泪"写他的诗精莹如珠，但珠是死的，他的诗却是有感情的，像珠的精莹而带有热泪。"玉生烟"写他的诗像玉的和润，但玉是死的，他的诗却是含有蓬勃生气，像玉生烟。这样前六句既是写锦瑟，又是写他的诗篇，把对诗篇的评价同锦瑟的音调结合起来，构成形象思维。

庄周梦为蝴蝶，望帝化为杜鹃，都是形象。前者表示舒适，后者表示哀怨，通过形象来表达情思，就是形象思维。用形象来表情思，情思寄托在形象中，所以说"托"；这种寄托比较含蓄隐蔽，所以说"迷"。那么"托"和"迷"是互文，即"迷蝴蝶"也是托蝴蝶，"托杜鹃"也是迷杜鹃，即蝴蝶、杜鹃既用来寄托情思，也用来隐寓情思。"珠有泪""玉生烟"也是形象，也是借来寄托情思和隐寓情思的，所以也是形象思维。这样前六句是借锦瑟以寄托情思。后两句专写自己的情思，"此情可待成追忆"，即"思华年"之情，虽可待追忆，但当时已惘然，则现在更难追寻了。

对《锦瑟》为什么要这样讲呢？这里也作了说明。用锦瑟来比诗，这正同杜甫用玉琴来比诗一样。把《锦瑟》说成全集的自序，因为《锦瑟》诗作于晚年，可是宋本李义山集把它放在卷首，保留李义山原来的编次，所以知道他有把它作为序言的用意。怎么知道"玉生烟"是指诗呢？《困学纪闻》卷十八说："司空表圣云：'戴容州谓诗家之景，如蓝田日暖，良玉生烟，可望而不可置于眉睫之前也。李义山玉生烟之句，盖本于此。'"可见"良玉生烟"本是指诗家之景，用"玉生烟"来指诗是有根据的。"珠有泪"同"玉生烟"相对，所以也可解释做讲诗的。

上面提到的司空图的《诗品》，是文艺理论，也是形象思维。如《清奇》："娟娟群松，下有漪流。晴雪满竹，隔溪渔舟。可人如玉，步屧寻幽。载瞻载止，空碧悠悠。神出古异，淡不可收。如月之曙，如气之秋。"作者讲清奇这一种风格，他想的全是形象，没有一句抽象的话，把许多形象结合起来，使人体会什么是清奇，也足以说明形象思维的特点。

这样的形象思维又跟博喻结合着，这里用了很多比喻，有简单的，如月曙、气秋；有复杂的，如松下漪流，可人寻幽欣赏空碧悠悠。这又说明形象思维同比喻的关系。

隔与不隔

一

问"隔"与"不隔"之别，曰：陶谢之诗不隔，延年则稍隔矣。东坡之诗不隔，山谷则稍隔矣。"池塘生春草"①，"空梁落燕泥"等二句，妙处唯在不隔。词亦如是。即以一人一词论，如欧阳公《少年游》咏春草上半阕云："阑干十二独凭春，晴碧远连云。千里万里，二月三月，行色苦愁人。"语语都在目前，便是不隔。至云"谢家池上，江淹浦畔"，则隔矣。

"生年不满百，常怀千岁忧。昼短苦夜长，何不秉烛游？""服食求神仙，多为药所误。不如饮美酒，被服纨与素。"写情如此，方为不隔。"采菊东篱下，悠然见南山。山气日夕佳，飞鸟相与还。""天似穹庐，笼盖四野。天苍苍，野茫茫，风吹草低见牛羊。"写景如此，方为不隔。（王国维《人间词话》）。

---

① 《谢氏家录》说：谢灵运"在永嘉西堂，诗思竟日不就，寤

寐间，忽见（谢）惠连，即成'池塘生春草'，故尝云：'此语有神助，非我语也。'"（见钟嵘《诗品》中）谢灵运也喜欢用力雕饰，这句写得自然，所以故神其说。

抒情写景怎样才写得真切不隔？怎样就有隔膜？谢灵运《登池上楼》："池塘生春草，园柳变鸣禽。"这两句话不用典故，容易懂，写出蓬勃春意。薛道衡《昔昔盐》："暗牖悬蛛网，空梁落燕泥。"也不用典，写出楼中少妇因丈夫出征一去无消息，寂寞孤苦的心情。欧阳修《少年游》的上半阕，写一个妇女凭高望远，语语都在目前，所以是不隔。陶渊明《饮酒》第五的"采菊东篱下"，也是真切地写出所见所感。斛律金的《敕勒歌》写阴山下的景色"天似穹庐"等句，不仅写得很形象，也写出草原风光。

这里举出《古诗十九首》中的"生年不满百"等句，主要是说明作者把心里的真实感情表达出来，一点不掩饰。前四句说人生短促，还不如及时行乐。后四句说求仙虚幻，还不如饮酒和讲究衣着。王国维认为这些话是很可鄙的，一般人是不肯说的，作者敢于不加掩饰地说出来所以说不隔。王国维同过去的很多文人一样，认为像《古诗十九首》那样能够把真情写出来就是好诗。其实光是不隔不能决定一首诗的好坏。像上面举的两首，由于作者的志趣低下，只能给读者带来不好影响，虽然写得真切不隔，并不可贵。

这里举"谢家池上，江淹浦畔"为隔的例子，主要是因为它用典。谢灵运有"池塘生春草"句，所以"谢家池上"就是指春草。江淹的《别赋》里有"春草碧色，春水绿波，送君南浦，伤如之何！"因此"江淹浦畔"也是指春草。这样用典不容易懂，表情不真切，所以说隔。

对于隔与不隔还有两个问题：一，是不是用了典就是隔，就是不真切？二，是不是不用典就是不隔？

《人间词话》里还有一段话："以《长恨歌》之壮采，而所隶之事，只'小玉''双成'四字，才有余也。梅村歌行，则非隶事不办。白吴优劣，即于此见。"白居易的《长恨歌》写杨贵妃和唐明皇的故事，里面只有"小玉""双成"用典；吴伟业写了很多叙事诗，其中的《圆圆曲》写陈圆圆的故事，是继承《长恨歌》的写法的，里面却用了大量典故；也就是《长恨歌》不隔而梅村歌行隔，所以说梅村歌行不如《长恨歌》。从这些作品来看，王国维虽然只着眼在用典上，但他这样讲还是有理由的，不过这并不是说，用了典就是隔，就是不真切。

用典有两种：一种是隔的，一种是不隔的。如李商隐的《锦瑟》："庄生晓梦迷蝴蝶，望帝春心托杜鹃。"用了两个典故，不懂典故就不知道他在说什么，这是隔。懂得了这两个典故，知道一个说庄周梦里变成蝴蝶，一个说望帝杜宇死后化为悲啼的杜鹃鸟，但还是弄不清它是什么意思，这又是一种隔。（参见《形象思维》）李商隐《无题》："扇裁月魄羞难掩，车走雷声语未通。"照注释，这两句都有出典，那么也是用典了。可是光看字面意思也很清楚，说那女子用团扇来遮掩也难掩她的娇羞之态，明明看得见，可是她坐车走了，却无法接谈。这两句用典而并不隔。好的用典，看不出用典的痕迹。如鲁迅《自嘲》："横眉冷对千夫指，俯首甘为孺子牛。"孺子牛用《左传》中齐景公模仿牛给他的孩子牵着的故事，可是我们即使不知道这个典故，并不妨碍我们了解这句诗的含义，这样用典入化，即使用典而不隔。有些印象派的诗，即使用白话写，不用典，却写得迷离惝恍，也是隔的。

二

　　词忌用替代字。美成《解语花》之"桂华流瓦"，境界极妙。惜以"桂华"二字代"月"耳。梦窗以下，则用代字更多。其所以然者，非意不足，则语不妙也。盖意足则不暇代，语妙则不必代。此少游之"小楼连苑""绣毂雕鞍"，所以为东坡所讥也。①（王国维《人间词话》）

　　沈伯时《乐府指迷》云："说桃不可直说破桃，须用'红雨''刘郎'等字，说柳不可直说破柳，须用'章台''灞岸'等字。"若唯恐人不用代字者。果以是为工，则古今类书具在，又安用词为耶？宜其为《提要》所讥也。（同上）

　　说某物，有时直说破，便了无余味，倘用一二典故印证，反觉别增境界。但斟酌题情，揣摩辞气，亦有时以直说破为显豁者。谓词必须用替代字，固失之拘，谓词必不可用替代字，亦未免失之迂矣。美成《解语花》"桂华流瓦"句，单看似欠分晓，然合下句"纤云散，耿耿素娥欲下"观之，则写元夜明月，而兼用双关之笔，何等精妙！虽用替代字，不害其为佳。（蔡嵩云《乐府指迷笺释》）

　　①少游（秦观）自会稽入都见东坡（苏轼）。东坡问作何词，少游举"小楼连苑横空，下窥绣毂雕鞍骤。"东坡曰："十三个字只

说得一个人骑马楼前过。"（黄升《唐宋诸贤绝妙词选》卷二）

　　书上讲的话，有时是有为而发，我们要体会它的用意，光看字面，往往会看到这些话有片面性，忽略了它的用意，未免可惜，当然我们也应该注意这些片面性。比方沈义父的《乐府指迷》主张用代字，确实有片面性，举的例子也不一定恰当。比方用"红雨""刘郎"来代桃，其实"红雨"是指桃花乱落，要是讲桃花盛开，就不能用"红雨"；"刘郎"是讲刘晨、阮肇入山采药，迷了路，在山上采桃子吃，后来碰到仙女的故事，更不宜随便用。至于"章台柳"指唐朝长安章台街上的歌女柳氏，更不宜随便来代柳树；"灞岸"是长安灞桥，唐朝人多在这里折柳送别，也不宜随便用来指柳树。再像他主张用代字的说法，更不妥当，所以《四库全书总目提要》批评他："其意欲避鄙俗，而不知转成涂饰，亦非确论。"涂饰好像面上搽粉点胭脂，反而把原来的美掩盖了，这就是王国维反对的隔。但说沈义父的用意在"避鄙俗"，恐不确切。沈在《乐府指迷》的开头说："用字不可太露，露则直突而无深长之味。"就是认为写词要含蓄、婉转，不要显露、直突，这个意思还是可取的，只是他的说法有毛病。

　　王国维反对用代字，为了避免隔，为了使词的形象鲜明，有境界，这个意思是好的。但他并不一概反对所有的代字和用典，比方《人间词话》认为"咏物之词，自以东坡《水龙吟》为最工"。但《水龙吟》里的"落红难缀"，"红"是"花"的代字；"梦随风万里，寻郎去处，又还被莺呼起"，就用唐代金昌绪《春怨》："打起黄莺儿，莫教枝上啼。啼时惊妾梦,不得到辽西。"这是用典。可见用代字和用典,在诗词里很难避免。诗词受韵律的限制,比方要说"桃花乱落",是四个字,但限于字数,只能用两个字时,用"红雨"正好,所以一切都不该绝对化。王国维反对的,只是把用代字作为一种写词的方法提出罢了,只是主张都要用代字罢了,这个意见是对的。

蔡嵩云认为沈义父跟王国维都不对,各打五十板,不公正。沈义父把用代字作为一种写词的方法提出来是不对的,纵然他的意见里也有可取的成分,王国维针对这点提出批评是对的。对于王国维的批评,不应该理解作他反对一切用代字,应该看他的主要方面,即反对用代字作为一种写词的方法。至于"桂华流瓦,纤云散,耿耿素娥欲下","桂华"代月光,"素娥"代月儿。纤云散了,月儿更亮了。月光在瓦上流动,为什么说境界极妙?这首词是写元宵的灯市,"花市光相射""箫鼓喧人影参差",灯光照耀,游人拥挤,在这时候,作者周邦彦(美成)还注意到月光照在宫殿的琉璃瓦上,光采闪耀,像在流动一样。当时作者在荆南,回想京里元宵节的热闹情形,想到"桂华流瓦",含有对京朝的怀念,有感情,所以说有境界吧。因此,"桂华"改成"月华"也可以,不必定用代字。用"月华"比"桂华"更不隔,还是王国维说得对。

总之,写景的诗词,以少用代字或典为宜。感事抒怀的作品,意思多,感情深,而诗词的篇幅短,容纳不下,需要加以浓缩,那就免不了要用代字、用典,一切看具体情况而定。

三

"荒庭垂橘柚，古屋画龙蛇"……杜用事入化处。然不作用事看，则古庙之荒凉，画壁之飞动，亦更无人可著语，此老杜千古绝技，未易追也。（《诗薮内篇》卷四）

杜甫《禹庙》："禹庙空山里，秋风落日斜。荒庭垂橘柚，古屋画龙蛇。"三四（句），孙莘老云："苞橘柚、驱龙蛇皆禹事①。"愚按：妙在只是写景，有意无意。（浦起龙《读杜心解》卷三之四）

①苞橘柚：本于《书•禹贡》："厥包橘柚。"指把橘柚包裹好进贡。苞，通包。驱龙蛇：本于《孟子•滕文公》："（禹）驱蛇龙而放之菹（泽中有水草处）。"

"荒庭垂橘柚，古屋画龙蛇"，两句用了典故，都是根据古书里记载大禹的事。可是看不出它是用典，因为这两个典故正好配合着眼前景物，庭中有橘柚，壁上画龙蛇，是写景。这样用典，不光不隔，使人忘掉他在用典，所以说已入化境，说好像在有意用典，又像无意用典。它的好处是，对于看不出它在用典的，同样可以欣赏它写古庙的景物，领会诗人的感情；对于看出它是用典的，就觉得这两句的意味更深厚。这样才是用典成功的一例。

意新语工

圣俞尝语余①曰："诗家虽率意②，而造语亦难。若意新语工，得前人所未道者，斯为善也。必能状难写之景，如在目前；含不尽之意，见于言外，然后为至③矣。贾岛云：'竹笼拾山果，瓦瓶担石泉。'姚合云：'马随山鹿放，鸡逐野禽栖'等是山邑荒僻，官况萧条，不如'县古槐根出，官清马骨高'为工也。"

余曰："语之工者固如是④。状难写之景，含不尽之意，何诗为然⑤？"圣俞曰："作者得于心，览者会以意，殆难指陈以言也⑥。虽然，亦可略道其仿佛⑦。若严维'柳塘春水漫，花坞夕阳迟'，则天容时态，融和骀荡⑧，岂不如在目前乎？又若温庭筠'鸡声茅店月，人迹板桥霜'，贾岛'怪禽啼旷野，落日恐行人'，则道路辛苦，羁愁旅思⑨，岂不见于言外乎？"（欧阳修《六一诗话》）

①圣俞：宋诗人梅尧臣字。余：欧阳修自称。②率意：任意写作。③至：功夫到家，技巧极好。④固如是：确实是这样。⑤为然：

是这样。⑥"殆难"句：几乎很难具体指出来说明。⑦"亦可"句：也可以约略说个大概。仿佛：指不确切。⑧骀（dài 代）荡：舒适安闲。⑨羁旅：因事牵留在外作客。

作品中写景、抒情、达意，要怎样才算好，这里提出一个标准："状难写之景，如在目前；含不尽之意，见于言外。"就是要把不容易描写的景象，形象生动地写得使读者像亲自看到的一般；作者所要表达的情意，含蓄在形象里，让读者通过形象去领会。

贾岛《题皇甫荀蓝田厅》，"竹笼拾山果，瓦瓶担石泉"，姚合《武功县中作》之一，"马随山鹿放，鸡逐野禽栖"，这些话只是描写山居生活，从这里看不出作者的感情，所谓"含不尽之意，见于言外"这点没有做到。要用这四句来表现山城荒凉、官况冷落，可以说并不成功。因为从这四句里看不出作者是在写官况。"县古槐根出，官清马骨高"，上句写县城的古老，次句写官况的清贫，官坐的马饿得瘦瘦的，含蓄地透露出官的穷困，做到"含不尽之意，见于言外"，所以比前四句写得好。

严维《酬刘员外见寄》里用"柳塘春水""花坞夕阳"来写出春天景色，这是选择得比较好的。成荫的绿柳摇曳在绿波春水上，夕阳照在百花争艳的花坞里，这景象是有代表性的。作者再用"漫"和"迟"来作描绘。"漫"是春水弥漫，绿波浩渺，衬着柳阴，更显得春色的美好。"迟"是迟迟，花坞里的夕阳迟迟没有下去，好像对花坞的留恋似的，这里反映出作者的心情，是作者不愿夕阳下去，是作者对花坞的留恋。这样选择有代表性的景物，反映出作者感情，情景交融地写出春天迷人景色，所以是写得成功的例子。温庭筠《商山早行》写在鸡叫声中，住在茅店的旅人就起来了，这时天上还挂着月亮，天还没有亮，人就要赶路了，人的脚迹印在板桥的浓霜上。只写具体事物，旅客的辛苦就完全写出来了。贾岛《暮过山村》，写"怪禽啼旷野"，说明山村里看不到人，听不到人声，连鸡鸣狗叫声也没有，只听到怪鸟的叫，透露一个人走山路的害怕心情。接下去写"落日恐行人"，在这样内心害怕里，又碰上太阳要落山，天快夜了，心里更显得害怕。这是通过形象来反映心情的写法。

忌穿凿

一

《无题》诸诗,有确有寄托者,"来是空言去绝踪"之类是也;有戏为艳体者,"近知名阿侯"之类是也;有实有本事者,如"昨夜星辰昨夜风"之类是也;有失去本题而后人题曰《无题》者,如"万里风波一叶舟"之类是也;有与《无题》诗相连、失去本题、偶合为一者,如此"幽人不倦赏"是也。宜分别观之,不必概为穿凿。其摘诗中二字为题者,亦《无题》之类,亦有此数种。(《李义山诗集辑评》上《无题》二首"幽人不倦赏"上纪昀批)

清朝人纪昀把李商隐的诗集中的《无题》诗全面看了一下,按诗的内容分为五类。指出对李商隐的《无题》诗,应该按照诗的内容来看,不要一概认为有寄托,作穿凿附会的解释。李商隐的《无题》诗,有确有寄托的,因此有人就把他没有寄托的，也说成有寄托。"四人帮"的御用文人梁效、闻军在"四人帮"控制下的《历史研究》1975年第2期上的《论李商隐的〈无题〉诗》，便是搞影射史学、阴谋文学的一例。他们借《无题》诗"相见时难别亦难"那首，说："那种深沉的孤愤心情，常常直接针对着阻隔君臣遇合的腐朽势力迸发出来。"又说："他还有一首《无题》'来是空言去绝踪'，也是抒写这种君臣遇合受到阻隔的孤愤心情的。"于是引了《涉洛川》的"宓妃漫结无穷恨，不为君王杀灌均"，说"李商隐明确主张除掉灌均，他的矛头所指是清楚的"。"四人帮"的御用文人，就这样捏造了一个所谓"阻隔君臣遇合"的无稽之谈，用"腐朽势力"一词对无产阶级革命政权进行恶毒的污蔑和攻击，提出杀气腾腾的"杀灌均"来发泄他们罪恶的用心。其实，李商隐先是做秘书省校书郎的小官，调弘农尉，接着跟王茂元到河阳去掌书记，跟郑亚到桂州去当观察判官，还朝补太学博士，又跟柳仲郢到东川去当记室。他除在朝做小官外，长期在外做幕僚，根本谈不上什么"君臣遇合"。因为所谓"君臣遇合"，是指直接和君主打交道的大臣，受到君主的信任，而一般小官连君主的面也见不到，根本谈不上"君臣遇合"。至于"宓妃漫结无穷恨，不为君王杀灌均。"这个"君王"指陈王曹植，灌均是曹丕派去监视曹植的，他"奏（曹）植醉酒悖慢，劫胁使者"，请曹丕办他的罪。这里当指朝廷上的两派斗争，曹植是曹丕的弟弟，灌均是曹丕的亲信，这两人都跟做小官的李商隐的地位悬殊，他们跟李商隐本人无关，也跟他的《无题》诗无关。

再就"四人帮"御用文人所提出的两首《无题》诗看，一首是："相见时难别亦难，东风无力百花残。春蚕到死丝方尽，蜡炬成灰泪始干。晓镜但愁云鬓改，夜吟应觉月光寒。蓬莱此去无多路，青鸟殷勤为探看。"纪昀批："此亦感遇之作。"何焯批："东风无力，上无明主也；百花残，己将老至也；落句其屈子《远游》之思乎？"又批"东风无力"一联道："谓光阴难驻，我生行休也。"这两家都认为这是有寄托的诗。"东风无力"不论是指君权落到太监手里也好，是指唐朝衰落也好，只是一般地感叹人才的受摧残，都谈不到"阻隔君臣遇合"。另一首"来是空言去绝踪，月斜楼上五更钟。梦为远别啼难唤，书被催成墨未浓。蜡照半笼金翡翠，麝熏微度绣芙蓉。刘郎已恨蓬山远，更隔蓬山一万重。"这首诗的题目是《无题四首》，第四首是："何处哀筝随急管，樱花永巷垂杨岸。东家老女嫁不售，白日当天三月半。溧阳公主年十四，清明暖后同墙看。归来展转到五更，梁间燕子空长叹。"这四首《无题》诗的用意，在第四首里点明白了。第四首说，贵族的溧阳公主十四岁就出嫁了，而东家女没有地位已成老女却还嫁不出去。这是感叹自己像东家老女嫁不出去，即在仕途上的不得意。结合这一首，可以看到前一首"相见时难"的用意，"百花残""云鬓改"都是指老女说的，托青鸟去探看，为老女出嫁的事，即为自己出仕的事，蓬山是自己想望的地方。当然，李商隐的出仕，是想建功立业的，所以有"春蚕到死"的比喻，即目的不能达到死不甘心。把老女嫁不售的意思跟"来是空言"联系起来，可能是希望有力的人的提拔，像令狐绹那样的人原是跟他有交往的，但"来是空言去绝踪"，不和他交往了，他去信求情，只给他留下梦想而已。他求的只是像令狐绹那样的人的提拔，根本同"君臣遇合"无关。

再回到纪昀的批语，纪昀指出李商隐的《无题》诗有五类，上面举出的两首是有寄托的，是一类。还有一类是戏为艳体而没有寄托的，如《无题》："近知名阿侯，住处小江流。腰细不胜舞，眉长惟是愁。黄金堪作屋，何不作重楼。"纪昀批："藏于屋中，人不得见，楼上则或得见矣，此小巧弄姿，无关大雅。"这是写一个搔首弄姿的女子，想嫁个富家郎住在金屋里，那么不如住在楼上让人家看见了，好来娶去。所以是戏为艳体。还有一类是确实有本事的，即不是有寄托，是反映自己的生活的，如《无题二首》："昨夜星辰昨夜风，画楼西畔桂堂东。身无彩凤双飞翼，心有灵犀一点通。隔座送钩春酒暖，分曹射覆蜡灯红。嗟余听鼓应官去，走马兰台类转蓬。""闻道阊门萼绿华，昔年相望抵天涯。岂知一夜秦楼客，偷看吴王苑内花。"纪昀批："二首皆狭邪之作，无所寓意，深解之者失之。"纪昀认为这《无题二首》是连在一起的，同前面举出的《无题四首》是连在一起的一样。四首中的第四首点明"老女嫁不售"，说出诗的含意；这二首中的第二首，也点明含意。纪昀把第二首中的秦楼吴苑比作狭邪（妓院），认为是狭邪之作。倘真如他说的，对于狭邪中的女子，怎么不敢正视却要偷看呢？只有对于贵族的女子，才不敢正视。对于狭邪中的女子，怎么说"身无彩凤双飞翼"呢？只有对贵族中的女子，才恨自己没有双飞翼，不能飞到她那儿去。所以，把秦楼吴苑比作狭邪，是讲不通的。"秦楼客"指萧史娶了秦穆公的女儿，可以比作李商隐娶了王茂元的女儿，那么这位仙女萼绿华又是谁呢？又怎么和她"心有灵犀一点通"呢？这两首究竟指什么还不清楚，与其武断，不如缺疑。

　　还有失去本题而后人题曰《无题》者，如《无题》："万里风波一叶舟，忆归初罢更夷犹。碧江地没元相引，黄鹤沙边亦少留。益德冤魂终报主，阿童高义钲横秋。人生岂得长无谓，怀古思乡共白头。"这首诗的用意在最后两句，怀古就是怀念"益德冤魂""阿童高义"。"益德"是张飞，他在起兵攻吴时，被部下将官所杀，所以只有冤魂报主。"阿童"指晋国将军王濬，他在任巴郡太守时，"巴人生子皆不举，濬严其科条，宽其徭役，所活数千人"，所以称高义。"思乡"指上文的"忆归"。"忆归初罢"，当指他去东川当幕僚时，想到张飞、王濬的报主建功，"人生岂得长无谓"，希望也有所作为。所以这是感怀一类的诗，不是《无题》诗。有与《无题》诗相连，失去本题，偶合为一者，如《无题二首》："八岁偷照镜，长眉已能画。十岁去踏青，芙蓉作裙衩。十二学弹筝，银甲不曾卸。十四藏六亲，悬知犹未嫁。十五泣春风，背面秋千下。""幽人不倦赏，秋暑贵招邀。竹碧转怅望，池清尤寂寥。露花终裛湿，风蝶强娇娆。此地如携手，兼君不自聊。"这里第一首写一个女子是《无题》，第二首写幽人的赏玩景物，竹碧池清，露花风蝶，不是《无题》诗，是失了题，和前一首《无题》诗混在一起了。

纪昀的批语，把《李义山诗集》中所有的《无题》诗，按照内容分为五类，这样可以帮助我们认识李商隐的《无题》诗，防止作穿凿附会的理解，也可以帮助我们识破别有用心的影射。

二

《唐诗纪事》云："或说此诗①为议时之作，谓'太乙近天都②，连山接海隅③'，言势焰盘据朝野也。'白云回望合，青霭④入看无'，言有表而无其内也。'分野中峰变⑤，阴晴众壑殊'，言恩泽偏也。'欲投人处宿，隔水问樵夫'，言畏祸深也。"其说甚凿。

王友琢崖⑥尝辟之曰："诗有二义，或寄怀于景物，或寓情于讽谕，各有指归。乃好事之徒，每以附会为能。无论其诗之为兴为赋为比⑦，而必曲为之说，曰：此有为而言也，无乃矫诬实甚欤？试思此诗，右丞⑧自咏终南，于人何预，而或者云云若是。彼飞燕兴谗于太白⑨，蛰龙腾谤于眉山⑩，又何怪焉？

"黄山谷谓杜子美诗妙处，乃在无意于文。彼喜穿凿者，弃其大旨，取其发兴，于所遇林泉人物，草木虫鱼，以为物物皆有所托，如世间商度隐语者，则子美之诗委地⑪矣。"斯言也，岂仅读杜者当奉为金科哉！（赵殿成《王右丞集笺注·终南山》）

①此诗：王维《终南山》诗。②太乙：终南山的别称。天都：天帝住处。这句状山高。③接：当作到。④青霭：云气。⑤分野：按照天上星宿来划分地上区域。中峰变：中峰的两面发生变化，分属两个分野。⑥王友琢崖：清代王琦，字琢崖，以注李白诗著名。⑦赋、比、兴：见《赋陈》《比喻》《兴起》。⑧右丞：即王维，曾官尚书右丞。⑨李白《清平调》："可怜飞燕倚新妆。"用汉朝赵飞燕来赞美杨贵妃的美。高力士向杨贵妃进谗言，说李白用赵飞燕来侮辱她，李白因此被放还。⑩蛰龙：苏轼《咏桧》："根到九泉无曲处，人间惟有蛰龙知。"御史李定、王珪等以为毁谤皇帝。参见《比喻》三。眉山：苏轼，眉山人。⑪委地：抛弃在地上。

有的诗词，表面上在写景物，实际上是咏时事，是有寄托的；也有的诗词，诗人就是赞美风光的美好，祖国河山的壮丽，并不是咏时事。但有的读者深求作品的寓意，向单纯写景物的诗词中去追求寄托，不免发生种种穿凿附会的说法，引起了对诗词理解上的混乱。

古代有不少传诵的诗词，它的写作年月和写作时的背景都无从查考，因此不能不从诗词本身来考虑。有寄托的，即使着重在描写景物，一般总会从描写中透露出一点消息来的，透露的手法似有下列各种：一，着重写景物，中间插进几句寄托的话，暗示写景是有寓意的。如辛弃疾的《摸鱼儿》"更能消几番风雨"写春末景象，中间插进"蛾眉曾有人妒""玉环飞燕皆尘土"，不是写景，透露出全词是有寄托的。二，着重写景物，但从所用的典故里透露出寓意来。如王沂孙《齐天乐·蝉》，全首都是写蝉，其中说："铜仙铅泪似洗，叹移盘去远，难贮零露。"汉武帝在长安造铜人捧露盘来承受露水，蝉是吸风饮露的，所以这个典故也是咏蝉。铜仙即铜人，相传汉亡后，魏明帝把铜人搬到洛阳去，铜人眼中流泪，历来用它作亡国之痛的典故。这是从用典里透露出这词有寄托。三，从语气和感慨里透露。如陆游《卜算子·梅》："无意苦争春，一任群芳妒。零落成泥碾作尘，只有香如故。"这里在咏梅，可是说的话很有感慨，从中看出他是用梅花来自比，是有寄托的。总之，真有寄托的诗，总有一点消息透露出来的。要是全篇都写景物，没有一点寄托的意思透露出来，那就不要去追求寄托，避免牵强附会。

王维的《终南山》诗，"太乙近天都，连山到海隅"，说终南山高到接近上帝的都城，山脉绵延直到海边，极言山的高大。"白云回望合，青霭入看无。"四面望出去白云连接着，远看青色的云气，走近去却看不见了。"分野中峰变，阴晴众壑殊。"在中峰的两面就属于两个区域，在同一山里各山谷的阴晴就不一样。"欲投人处宿，隔水问樵夫。"山这样大，当天来不及回去，所以要问樵夫找个住处。整首诗里没有透露出一点寄托来，就不必从中去找寄托。

有人硬要去找寄托，那一定会弄得穿凿附会，前后矛盾。像说头两句指势焰盘据朝野，那当然是指李林甫、杨国忠那样的人了，那又怎么会"青霭入看无"——"有表而无其内"呢？倘虚有其表而没有实际，那就说不上势焰盘据朝野，也不必要去避祸了。这里指出穿凿附会的说法，结合全篇来讲是讲不通的。

三

元赵章泉涧泉①选唐诗绝句，其评注多迂腐穿凿。如韦苏州②《滁州西涧》一首，"独怜③幽草涧边生，上有黄鹂深树鸣"，以为君子在下小人在上之象。以此论诗，岂复有风雅④耶？（王士禛《唐人万首绝句选》凡例）

①赵蕃，字昌父，号章泉。韩淲，字仲止，号涧泉。②韦苏州：即韦应物，官苏州刺史，因称。③独怜：特别爱。④风雅：《诗经》中有国风和大小雅，风雅指诗，这里指诗意。

韦应物《滁州西涧》："独怜幽草涧边生，上有黄鹂深树鸣。春潮带雨晚来急，野渡无人舟自横。"诗人特别喜爱西涧的景物，那里有涧边幽草，深树黄鹂，春潮带雨，野渡舟横。这首诗给我们展开一幅画面，可以说是诗中有画。从诗里看不出有什么寓意来。把它说成君子在下小人在上，那不但下两句不容易解释，也跟传统的说法不合。黄鹂即黄莺，在树上叫有莺迁的说法，本于《诗·伐木》的"出自幽谷，迁于乔木"，并不把它比小人。这样讲，不光穿凿，也把诗中有画的美的意境破坏了，所以说"岂复有风雅耶"，不再有诗意了。

四

固哉，皋文之为词也①！飞卿《菩萨蛮》、永叔《蝶恋花》、子瞻《卜算子》②，皆兴到之作，有何命意？皆被皋文深文罗织③。阮亭《花草蒙拾》谓④："坡公命宫磨蝎⑤，生前为王珪、舒亶辈所苦⑥，身后又硬受此差排⑦。"由今观之，受差排者，独一坡公已⑧耶？（王国维《人间词话删稿》）

①固：固执。皋文：清张惠言字，他编有《词选》，这里指摘的，都是《词选》中评语。②飞卿：温庭筠字。永叔：欧阳修字。子瞻：苏轼字。③深文罗织：编织成罪状，这里指评语的牵强附会。④阮亭：王士禛号。⑤坡公：东坡的尊称。命宫磨蝎：磨蝎宫，天上星宿名，命运在磨蝎宫里，指命运不好，受到种种折磨。⑥王珪、舒亶要陷害苏轼，摘出他诗中的话，参见《比喻》三。⑦差排：犹拉扯、折磨。⑧已：止，说不止一人。

温庭筠《菩萨蛮》："小山重迭金明灭，鬓云欲度香腮雪。懒起画蛾眉，弄妆梳洗迟。　　照花前后镜，花面交相映。新贴绣罗襦，双双金鹧鸪。"这首词写一个富家女子，她还没有妆扮，所以以眉山上画的黛色显出重迭来，额上涂的黄色有明暗，当时的富家女子是画眉涂额黄的。头没有梳，鬓发落到面颊上。她懒懒地起来画眉妆扮。妆扮好了，插上花，用前后镜子照着，花和人面交相映照，显得很美。她穿的绣罗襦上，新贴上一双金鹧鸪鸟。这首词，从懒起里透露人物感情，她的物质生活很富丽，精神生活是空虚的，所以显得懒散。从新贴双双金鹧鸪里，透露出她是孤独的，苦闷的。此外，就看不出有别的什么深意。

张惠言《词选》里评道："此感士不遇也。篇法仿佛《长门赋》。'照花'四句，《离骚》初服之意。"把这首词里写的女子比作有才能而不得志的士人，把"照花"四句比作屈原《离骚》的"退将复修吾初服"，就是政治上不得志，退而加强德性的修养。这个意思在词里看不出来。从整首词看，也没有透露出仕不遇的消息。因此，这种深求的说法是不足取的。

欧阳修的《蝶恋花》："庭院深深深几许？杨柳堆烟，帘幕无重数。玉勒雕鞍游冶处，楼高不见章台路。　　雨横风狂三月暮，门掩黄昏，无计留春住。泪眼问花花不语，乱红飞过秋千去。"这首词也写一个女子，给关在深深的庭院里。她的丈夫骑着玉勒雕鞍的马在外游荡不归，她登上高楼也望不到丈夫游荡的处所。在这春天将尽的风雨里，担心自己青春的消逝，无可告诉，写出满腔痛苦的心情。

这首词，张惠言在《词选》里评道："'庭院深深'，'闺中既以邃远'也；'楼高不见'，'哲王又不悟'也；

章台游冶，小人之径；'雨横风狂'，政令暴急也；乱红飞去，斥逐者非一人而已，殆为韩范作乎？"把"庭院深深"说成是屈原《离骚》中讲的"闺中既以邃远兮，哲王又不悟"，宫中变得非常深远，楚怀王又不觉悟，屈原被放逐，感叹见不到怀王。这样解释，显然和词意不合。词里讲那个女子被关在深深庭院里，要是把女子比作不得志的士人，比作屈原一类人，那又怎么牵扯到楚怀王在深宫里不容易见到呢？这个开头就讲不通。这个女子被关在深深庭院里，无可告诉，所以泪眼问花，花也在飘零，不能回答她，是借花来衬托自己的痛苦，怎么又牵扯到宋朝韩琦、范仲淹的被排挤呢？用不相干的作品来比附，这显然也是讲不通的。

五

坡孤鸿词①，山谷以为非吃烟火食人句，良然。"铜阳居士云：'缺月，刺明微也。漏断，暗时也。幽人，不得志也。独往来，无助也。惊鸿，贤人不安也。'此与《考槃》相似"②云云。村夫子强作解事，令人欲呕。韦苏州《滁州西涧》诗，迷山亦以为小人在朝、贤人在野之象，令韦郎有知，岂不叫屈！（王士禛《花草蒙拾》）

以《考槃》为比，其言非河汉③也。此亦鄙人所谓作者未必然，读者何必不然。（谭献《谭评词辨》）

东坡《卜算子》云："缺月挂疏桐，漏断人初定。时有幽人独往来，缥缈孤鸿影。惊起却回头，有恨无人省。拣尽寒枝不肯栖,寂寞沙洲冷。"时东坡在黄州,固不免沦落天涯之感。
而铜阳居士释之云:……字笺句解,果谁语而谁知之?虽作
者未必无此意,而作者亦未必定有此意,可神会而不可言传。
断章取义则是,刻舟求剑则大非矣。(谢章铤《赌棋山庄词话
续编》一)

　　①苏轼《卜算子》有"缥缈孤鸿影"句。②铜阳居士:姓名未详,
　　见张惠言《词选》引。"此与《考槃》相似",是张惠言的话。《考槃》:
　　《诗经》篇名,那首诗赞美贤人隐居山间,心胸宽泰,毫无忧戚意。
　　③河汉:银河,喻距离远。

　　苏轼《卜算子》在讲什么,吴曾《能改斋漫录》里说,
张文潜去问潘邠老,懂得了它的意思,做了一首诗说:"空江
月明鱼龙眠,月中孤鸿影翩翩。有人清吟立江边,葛巾藜杖眼
窥天。夜冷月堕秋虫注,鸿影翘沙衣露湿。……"根据这诗来
看,这首词是说:在夜深人静时,缺月挂在桐树上,有个幽人
在月下徘徊,有孤鸿在飞。孤鸿惊起回头,有恨无人懂得。它
不肯栖宿树枝,却宁可栖在寂寞沙洲上。说孤鸿有恨,实际是
诗人自己有恨的反映,说孤鸿不肯在树枝栖宿,含有自己不肯
随便投靠人,宁愿在贬谪中过寂寞的生活。这是触景生情,诗
人借孤鸿来表达自己的感情。像这样的寓意,在词中是看得出
来的。

　　铜阳居士不是这样解释,他说"缺月"讽刺政治不清
明,"漏断"讽刺时局黑暗,这在词里看不出来,就牵强

了。张惠言说它同《考槃》相似，《考槃》讲贤人乐于隐居山间，而这首词说明有恨，情绪并不一样。

这里又接触到另一个问题，就是对作品的解释是一事，从作品中引起触发是另一事。由于作品通过形象来表现，读者读作品时接触到作品中的形象，读者可以用自己的生活经验和感受赋予形象以各种新的意义，这可以说是读者的再创造。这种再创造所赋予的含义，不一定是原作所有。比方欧阳修的《醉翁亭记》说："醉翁之意不在酒，在乎山水之间也"，"野芳发而幽香，佳木秀而繁阴，风霜高洁，水落而石出者，山间之四时也。"我们指出有人别有用心时说"醉翁之意不在酒"，说事情弄清楚了叫"水落石出"，这样说已经不是原作的意思，不能用来解释《醉翁亭记》中的原句。因此，在解释原作时要严格按照原作的意思，不该断章取义，离开原作而凭自己的感受来说。在这个意义上，我们说张惠言的评语是穿凿附会。

另一方面，离开了解释原作，那么在某种情况下，"断章取义"也可以容许。比方把"水落石出"说成把事情弄清楚了，那是借用这句话赋予新的意义，是可以的。所以说"作者未必然，读者何必不然"，作者未必有这个意思，但读者在他的再创造中却可以产生这种意思。所以说"断章取义则是，刻舟求剑则大非矣"。但张惠言是结合原作来解释，认为原作就是这个意思，那就错了。

对于苏轼《卜算子》词，还有"拣尽寒枝不肯栖"所引起的讨论，见《忌执着》五。

忌 执 着

一

杜牧之作《赤壁》诗云："折戟沉沙铁未消，自将磨洗认前朝。东风不与周郎便，铜雀春深锁二乔①。"意谓赤壁不能纵火，为曹公夺二乔置之铜雀台上也。孙氏霸业，系此一战。社稷②存亡，生灵涂炭③都不问，只恐捉了二乔，可见措大④不识好恶。(许颉《彦周诗话》)

彦周⑤诮杜牧之《赤壁》诗，社稷存亡都不问，只恐捉了二乔，是措大不识好恶。夫诗人之词微以婉，不同论言直遂也。牧之之意，正谓幸而成功，几乎家国不保，彦周未免错会。(何文焕《历代诗话考索》)

①铜雀：台名，曹操所筑，在邺城（今河南临漳县）。二乔：江南乔公二女，都极美。孙策娶大乔，周瑜娶小乔。②社稷：土地神及谷神，指国家。③生灵：百姓。涂炭：泥涂炭火中，喻苦难。④措大：指士人。⑤彦周：宋时诗话作者许颉字。

　　杜牧的诗说，要是东风不给周郎帮忙，他不好用火攻，那就会给曹操打败，弄到国破家亡，连二乔也保不住，就是说周瑜的打胜仗是侥幸成功。但许颉认为这次战争有关吴国存亡，百姓遭难，杜牧什么都不说，却只怕捉了二乔，显得不知轻重，不识好歹。

　　这里接触到怎样读诗的问题，如对于怀古的诗，要不要用读史的眼光来评价呢？就读史说，国家的存亡，人民的命运，自然远远比两个女子重要。用读史的眼光来评诗，那么，诗人只关心两个女子，而不关心国家和人民，自然也大成问题。

　　但诗和史论不同，诗是文学，文学的特点是通过个别来反映一般，所谓"言近指远"，不像史论那样可以作全面论述。言近，讲的是切近的事；指远，反映出一般的较深远的意义。这诗咏赤壁，赤壁之战的主将是周瑜，联系周瑜来说，倘二乔被掳正说明周瑜的国破家亡。诗人就是这样用个别的事来说明这一战关系到国家的存亡，人民的命运，这也就是诗的表达法不同于史论的地方。许颉执着史论的见解来评诗，没有注意到诗同史论的不同，所以"未免错会"了。

二

　　唐诗绝句，今本多误字①，试举一二。如杜牧之《江南春》云，"十里莺啼绿映红"，今本误作"千里"。若依俗本，千里莺啼，谁人听得？千里绿映红，谁人见得？若作十里，则莺啼绿红之景，村郭、楼台、僧寺、酒旗皆在其中矣。（杨慎《升庵诗话》卷八）

"千里莺啼绿映红，水村山郭酒旗风。南朝四百八十寺^②，多少楼台烟雨中。"此杜牧《江南春》诗也。升庵谓"千"应作"十"，盖千里已听不着看不见矣，何所云"莺啼绿映红"耶？余谓即作十里，亦未必尽听得着看得见。题云《江南春》，江南方广千里，千里之中莺啼而绿映焉，水村山郭无处无酒旗，四百八十寺楼台多在烟雨中也。此诗之意，意既广不得专指一处，故总而命曰《江南春》，诗家善立题者也。（何文焕《历代诗话考索》）

①杨慎要改杜牧诗，不说他自己要改，说是俗本错了。明朝人往往喜欢这样说。②南朝帝王贵族多好佛，兴建的寺庙很多，所以有四百八十寺的说法。

杨慎执着"千里"两字提出批评，认为千里之远，既看不见，又听不到，不合适，主张改作"十里"。实际上诗人写的不是他站在一处看到的景象，是指整个江南春色说的，"千里"正指江南范围的广阔。

三

又问："诗与文之辨？"答曰："二者意岂有异？唯是体制辞语不同耳。意喻之米，文喻之炊而为饭，诗喻之酿而为酒；饭不变米形，酒形质尽变；嚼饭则饱，可以养生，可以尽年，为人事之正道；饮酒则醉，忧者以乐，喜者以悲，有不知其所以然者。如《凯风》《小弁》之意，断不可以文章之道平

直出之，诗真可已于世乎？"（吴乔《答万季野诗问》）

世谓王右丞画雪中芭蕉，其诗亦然。如"九江枫树几回青，一片扬州五湖白"，下连用兰陵镇、富春郭、石头城诸地名，皆寥远不相属。大抵古人诗画，只取兴会神到，若刻舟缘木求之，失其旨矣。（王士祯《带经堂诗话》卷三）

《卫风·河广》言河之不广，《周南·汉广》言汉之广而"不可泳思"。虽曰河汉广狭之异乎，无乃示愿欲强弱之殊耶？盖情思深切，则视河水清浅，企以望宋，觉洋洋者若不能容刀、可以苇杭。此如《郑风·褰裳》中"子惠思我"，则溱、洧可"褰裳"而"涉"。苟有人焉，据诗语以为汉广于河之证，则痴人耳，不可向之说梦者也。不可与说梦者，亦不足与言诗，惜乎不能劝其毋读诗也！唐诗中示豪而撒漫挥金则曰"斗酒十千"，示贫而悉索倾囊则曰"斗酒三百"，说者聚辩，一若从而能考价之涨落、酒之美恶。吟风弄月之语，尽供捕风捞月之用。杨慎以还，学者习闻数有虚实之辨（杨有仁编《太史升庵全集》卷四三论《公羊传》记葵丘之会），而未触类园览。夫此特修词之一端尔；述事抒情，是处皆有"实可稽"与"虚不可执"者，岂止数乎？窃谓始发厥旨，当推孟子。《万章》说《诗》曰："不以文害辞，不以辞害志。……如以辞而已矣，《云汉》之诗曰：'周余黎民，靡有孑遗'；信斯言也，是周无遗民也！"盖文词有虚而非伪，诚而不实者。语之虚实与语之诚伪，相连而不相等，一而二焉。是以文而无害，夸而非诬。《礼记·表记》："子曰：'情欲信，词欲巧'，亦见"巧"不妨"信"。诚伪系乎旨，微夫言者之心意，孟子所谓"志"也；验夫所言之事，墨经所谓"合"也。所指失真，故不"信"，其旨非欺，故无"害"。言者初无诬罔之"志"，而造作不可"信"之"辞"；吾闻而"尽信"焉，入言者于诬罔之罪，抑吾闻而有疑焉，斤斤辩焉，责言者蓄诬罔之心，皆"以辞害志"也。高文何绮，好句如珠，现梦里之悲欢，幻空中之楼阁，镜内映花，灯边生影，言之虚者也，非言之伪者也，叩之物而不实者也，非本之心而不诚者也。《红楼梦》第一回大书特书曰"假语村言"，岂可同之于"诳语村言"哉？以辞害意，或出于不学，而多出于不思。《颜氏家训·勉学》记《兰辅决录》载殿柱题词用成语，有人误以为真有一张姓京兆，又《汉书·王莽传赞》用成语，有人误以为莽面紫而发声如蛙。视运典为纪事，认虚成实，盖不学之失也。若夫辨河汉广狭，考李杜酒价，诸如此类，无关腹笥，以不可执为可稽，又不思之过焉。（钱锺书《管锥编·毛诗正义·河广》）

这里提到诗和文的不同，也是诗和史的不同，就是不能用读历史的眼光读诗，也就是破除执着，避免一些对诗的不正确看法，更好地理会诗的特点。历史要注意时、地、人所构成的事件，要如实记载，所以这里比作炊而为饭，但不变米形。写诗也接触到时、地、人或事，但同历史不同，好比酿而为酒，酒的形质尽变。现以《诗经》里的《凯风》和《小弁》这二首的序及诗为例，来看文和诗的不同。《凯风》的《序》："虽有七子之母犹不能安其室，故美七子能尽其孝道以慰其母心而成其志尔。"《诗》："母氏圣善，我无令

（善）人"，"有子七人，莫慰母心"，"有子七人，母氏劳苦"。《序》好比饭，可以看到事实，是说有七个儿子的母亲要再嫁。《诗》好比酒，看不出事实，只看到赞美母亲的善良劳苦，七子自责不能安慰母心。因为写诗的目的只想感动母亲，让她得到安慰，但究竟为的什么，诗里根本不讲。再看《小弁》的《序》："刺幽王也。"《疏》："幽王信褒姒之谗，放逐（太子）宜咎，其傅亲训太子，知其无罪，悯其见逐，故作诗以刺王。"《诗》："靡（无）瞻非父，靡依非母；不属于毛，不离于里？天之生我，我辰安在！"《序》和《疏》讲明周幽王宠信褒姒，废太子宜咎。《诗》里不讲事实，只是说仰望的莫非父亲，依靠的莫非母亲，难道我不是父母的骨肉吗？为什么要抛弃我呢？这就说明文（或史）与诗不同，好比饭与酒的不同。这是诗里不讲事实而与史不同。

也有诗里讲事实，讲到时、地、人，但讲的跟史不同。如王维《同崔傅答贤弟》："洛阳才子姑苏客，桂苑殊非故乡陌。九江枫树几回青，一片扬州五湖白。扬州时有下江兵，兰陵镇前吹笛声。夜火人归富春郭，秋风鹤唳石头城。周郎陆弟为侪侣，对舞前溪歌白纻。曲几书留小史家，草堂棋赌山阴野。衣冠若话外台臣，先数夫君席上珍。更闻台阁求三语，遥想风流第一人。"这诗是写给崔傅和贤弟两个人的。说他们是洛阳才子，到苏州来作客，而桂苑在苏州，并不是他们的家乡。苏州和九江在汉朝属扬州，因而从苏州又联想到九江和扬州。枫树几回青，是说他们在苏州住了几年。这时期扬州有军事；兰陵在常州，富春在浙江，石头城在南京（这些地方，汉代也都属扬州），是指这次军事所涉及到的范围。在这时期，他们两人照样对舞，写字（王羲之曾在曲几上写字），下棋（谢安与谢玄下围棋，用别墅作赌注），非常从容。倘讲在地方上做官，先推崔傅；到朝廷上去当属员（晋代谢瞻因三语说得好，被聘去做掾属），要推荐贤弟。

这首诗里讲到时间，不说两人在苏州住了几年，却说"九江枫树几回青"，几回青就是几年，因为要说得形象，所以说"枫树几回青"。为什么不说"苏州枫树"却说"九江枫树"呢？他们两人是住在苏州。因为《楚辞·招魂》里有"湛湛江水兮上有枫，目极千里兮伤春心。"九江在古扬州，又联系到江水，所以用"九江枫树"。这样又同"目极千里"联系，所以说"一片扬州五湖白"，从苏州联系到太湖、九江，加上下江（长江下游）的战事，风声鹤唳，就同招魂联系起来。这样，"九江枫树几回青"有几层意思，一是住了几年，二是"目极千里伤春心"，三是在下江兵事中惊魂初定。历史上写时间就没有这些花样。这诗里也写人，不说姓甚名谁，却说周郎陆弟，说周郎指前一个有周瑜的本事，说陆弟，指后一个有陆机弟弟陆云的文才，这同历史也写得不同。再看写下江兵事，诗里不讲战事怎样起来，怎样影响到常州、南京和富春，只说兰陵吹笛，常州在吹军号；鹤唳石头，南京吓得风声鹤唳；人归富春，不知是不是有人逃到浙江去。历史上讲战事也不能这样讲的。当然，这首诗主要不在写下江兵，主要是借下江兵来做陪衬，写出两个人在这次战事中的态度镇静，依旧歌舞、下棋、写字，一点不惊扰，显出两人的能耐。但从中也可以看出，诗里写时间、人物和事件，写的同历史有多么不同。真像饭同酒的区别。

弄清楚诗的特点，有利于破除一些执着之见。《诗·河广》："谁谓河广，一苇杭（同航）之！谁谓宋远，跂余望之。"卫女嫁在宋国，被离婚后回卫，想念她的儿子，却不能渡过黄河去看他，所以说，谁说黄河宽，一叶苇草也可渡过去！谁说宋远，颠起脚来也可望到它，是反映她迫切想渡河去的心情。《汉广》："汉有游女，不可求思。汉之广矣，不可泳思。"汉水上有游女，不可追求，来比汉水的广阔，不可游过去。这两首诗都说到水面宽广，但不能据此认为汉水比黄河难渡。《诗·褰裳》："子惠思我，褰裳涉溱。"你想念我，我可拎起下裳渡过溱水来找你。这表示对对方的热诚，并不是说溱水可以随便渡过去。王夫之《姜斋诗话》卷下："其尤酸迂不通者，既于诗求出处，抑以诗为出处，考证事理。杜诗'我欲相就沽斗酒，恰有三百青铜钱'，遂据以为唐时酒价。崔国辅诗'与沽一斗酒，恰用十千钱'。就杜陵沽处贩酒，向崔国辅卖，岂不三十倍获息钱耶？求出处者，其可笑类如此。"诗里的酒价，有时夸富，有时示贫，不能作为考证的依据，这正是诗和史的不同。历史里记的要求切实可靠，应该是可以根据的；诗里往往有夸张，不能作为根据。说西周灭亡后，没有老百姓剩下来，是一种夸张的说法。"靡有"这个"靡"（无）字，并非真无，倘认为真无，那就会因这个字而影响对这句话的理解，并因这句话的关系，影响对作者用意的理解，所以说"不以文（字）害辞（句），不以辞害志（用意）。"夸张的说法是虚的，不确实的，但不是说假话，而是表达了作者的真感情，所以读诗不能以词害意。

以词害意，有的是由于知识不够。像《三辅决录》里讲：汉灵帝在殿柱上写："堂堂乎张，京兆田郎。""堂堂乎张"是《论语·子张》里称子张的话，这里是说京兆人田凤像子张那样堂堂。有一才士却说：这是指张京兆和田郎两人。

《汉书·王莽传赞》："紫色蛙声，余分闰位。"是说王莽的政权像紫色蛙声和闰位，即是伪政权，因为古以赤是正色，紫不是正色；蛙声比做靡靡之音，不是正音；阴历每年多余的日子积成闰月，不是正式的月。有一才士却说：王莽的皮肤是紫的，声音像蛙鸣。那也是"以文害辞，以辞害志"了。

四

　　山阴阎百诗，学者也。《唐贤三昧集》初出，百诗谓余曰："是多舛错，或校者之失，然亦足为选者累。如王右丞诗：'东南御亭上①，莫使有风尘。''御'误'卸'，江淮无卸亭也。孟襄阳诗：'行侣时相问，涔阳何处边②。''涔'误'浔'，涔阳近湘水，浔阳则辽绝矣③。祖咏诗：'西还不遑宿，中夜渡京水④。''京'误'泾'，京水正当圃田之西⑤，泾水则已入关矣⑥。余深韪其言，寓书阮翁。阮翁后著《池北偶谈》，内一条云：诗家唯论兴会，道里远近，不必尽合。如孟诗："暝帆何处泊，遥指落星湾。"落星湾在南康云云⑦。盖潜解前语也。噫，受言实难！夫遥指云者，不必此夕果泊也，岂可为浔阳解乎？（赵执信《谈龙录》）

　　李太白诗："汉家秦地月，流影照明妃。一上玉关道，天涯去不归。"按《史记》言："匈奴左方王将直上谷以东⑧，右方王将直上郡以西⑨，而单于之庭直代、云中⑩。《汉书》言："呼韩邪单于自请留居光禄塞下⑪。"又言："天子遣使送单于出朔方鸡鹿塞⑫。后单于竟北归庭。"乃知汉与匈奴往来之道，大抵从云中、五原、朔方⑬，明妃之行亦必出此，故江淹之赋李陵，但云："情往上郡，心留雁门⑭。"而玉关与西域相通⑮，自是公主嫁乌孙所经。太白误矣。《颜氏家训》谓：文章地理，必须惬当，其论梁简文《雁门太守行》，而言"日逐康居，⑯大宛月氏⑰"，萧子显《陇头水》而云"北注黄龙⑱，东流白马⑲"。沈存中论白乐天《长恨歌》"峨嵋山下少人行"，谓峨嵋在嘉州⑳，非幸蜀路。文人之病，盖有同者。（顾炎武《日知录·李太白诗误》）

> ①御亭：在苏州西。②涔阳：涔水的北岸，在湖南。③浔江：江西九江县。④京水：即河南贾鲁河，自郑县以上称京水。⑤圃田：在河南中牟县东。⑥泾水：从甘肃流到陕西入渭水。⑦南康：在江西。⑧上谷：汉郡名，治所在河北怀来县。⑨上郡，汉郡名，治所在陕西绥德县东南。⑩代、云中：汉郡名。代郡治所在河北蔚县东北，云中郡治所在内蒙古托克托县。⑪光禄塞：在阴山北。⑫鸡鹿塞：在内蒙古黄河西北岸。⑬五原、朔方：汉郡名，五原郡治所在内蒙古五原县，朔方郡治所在内蒙古鄂尔多斯。⑭雁门：汉郡名，治所在山西右玉县南。⑮玉关：玉门关，在甘肃敦煌县西。⑯日逐：匈奴日逐王，统领西域诸国。康居：汉时西域国名。⑰大宛、月氏：汉时西域国名。⑱黄龙：在河北承德县一带。⑲白马：白马河，在河北饶阳县南。⑳嘉州：今四川乐山县。

这里讨论诗中的地名问题。上一节里谈到诗与史不同，诗中的地名跟历史上记的地名有时不一样，如"一片扬州五湖白"，五湖即太湖，唐时的扬州在江都县，那里和太湖不相接，所以诗里的扬州指汉朝的扬州，用古地名，所以不能据这句诗说唐朝的扬州接近太湖。这句话里用古扬州，它的用意，是因为诗里谈到当时发生战争，战事牵涉到常州、南京和浙江的富阳，都属于古扬州范围，所以用古扬州这个地名。可见诗里用的地名，虽说和当时的地名不一样，也有它的道理，不是可以乱来的。上一节里引王士禛的话，说诗里用地名，只取"兴会神到"，也有他的道理。像上引的诗句"九江枫树几回青"，忽然用个九江，九江原属楚地，《楚辞·招魂》里"湛湛江水兮上有枫"，因为想到枫树，就从《楚辞》联系到九江，而九江又正在古扬州，所以一起联上，这就是诗人的"兴会"。但王士禛说这话，还有他的用意，像赵执信指出的，那就不对了。

王士禛选了《唐贤三昧集》，当时的汉学家即精于考证的阎若璩看到诗里的地名有错字，就告诉赵执信，赵告诉王，王不以为然，后在《池北偶谈》里讲了，说诗里的地名"道里远近，不必尽合"。再看看阎提出的三个地名。王维《送元中丞转运江淮》："东南御亭上，莫使有风尘。"题目是"转运江淮"，御亭在苏州西，正是江淮都运官管理税务所管辖的范围，写成卸亭，没有这个地方，是错的。孟浩然《夜渡湘水》："行侣时相问，涔阳何处边。"孟浩然在渡湘江时，想到屈原的《九歌·湘君》"望涔阳兮极浦"，就问道不知涔阳在哪里，这是很自然的。倘作浔阳，在九江，那跟渡湘水就毫无关涉，不能拿诗里的地名可以不管远近来自解了。祖咏《夕次圃田店》："西还不遑宿，中夜渡京水。"他停在河南的圃田，半夜里渡过京水西去，倘作泾水，一下到陕西，显然不对。

顾炎武批评李白《王昭君》"一上玉关道，天涯去不归"，认为昭君嫁给北方的匈奴，不走玉门关的路，弄错了。光看这两句，还不能断定李白是否真的错了。因为唐朝人喜欢借汉指唐，如白居易《长恨歌》"汉皇重色思倾国"，借汉皇来指唐明皇。要是这两句是借王昭君来比唐朝公主出嫁，那么说"一上玉关道"还是对的。但诗里有"死留青冢使人嗟"，青冢只能指昭君，不能比别人；可见顾的批评是对的。江淹《恨赋》写得比李白正确。《颜氏家训·文章》里说："梁简文《雁门太守行》，乃云'鹅军攻日逐，燕骑荡康居，大宛归善马，小月送降书'；萧子晖《陇头水》云：'天寒陇水急，散漫俱分泻，北注祖黄龙，东流会白马。'此亦明珠之颣，美玉之瑕，宜慎之。"这话是对的，因为雁门太守在山西，管不到西域各地，既管不到日逐王，更管不到康居、大宛、月氏；陇水在甘肃，流不到河北的黄龙、白马。但批评"峨嵋山下少人行"，却不恰当。因为峨嵋山是代四川，只是说在四川的山路上本是少行人罢了。"蒋介石躲在峨嵋山上"，这个峨嵋山，就是四川的代称，所以完全可以的，倘说"太行山下少人行"就不行，因为太行山不代表四川。这说明诗里用地名与历史不同，但不论用古地名或借用，都有一定的范围，不能乱来的。

五

茗溪渔隐①曰，"拣尽寒枝不肯栖"，或云鸿雁未尝栖宿树枝，唯在田野苇丛间，此亦语病也。此词本咏夜景，至换头②但只说鸿。正如《贺新郎》词，"乳燕飞华屋"本咏夏景，至换头但只说榴花。盖其文章之妙，语意到处即为之，不可限以绳墨也。（胡仔《苕溪渔隐丛话》前集卷三十九）

东坡雁词云，"拣尽寒枝不肯栖"，以其不肯栖，故云尔。盖激诡之致，词人正贵其如此。而或者以为语病，是尚可以言哉！近日张吉甫复以"鸿渐于木"③为辩，而怪昔人之寡闻，此益可笑。《易》象之言，不当援引为证也，其实雁何尝栖木哉？（王若虚《滹南诗话》）

①苕溪渔隐：宋朝胡仔住在湖州，因号苕溪渔隐。②换头：词分上半阕和下半阕，下半阕的开头称换头。③《易·渐卦》："鸿渐于木。"说鸿从水边上升，升到岸上，升到树上，比喻官位逐步上升。这是比喻，并不说明鸿是停在树上的。

胡仔提到有人执着鸿雁的生活习性是不停息在树上的，便认为苏轼《卜算子》讲孤鸿"拣尽寒枝不肯栖"的话有语病：鸿既然不会栖息在树上，那就没有肯不肯栖的问题。这里接触到另一理解诗的问题，就是诗的说法不同于科学的记载。诗人抒情，运用比喻、夸张等手法，如"黄河之水天上来"，倘作为科学记载，那就不行。同理，诗人借孤鸿来自比，借鸿雁的不栖息在树上来比喻自己的不肯去投靠人，用的是比喻和拟人手法，所以说"拣尽寒枝不肯栖"，我们正当从中体会诗人自喻的用意，不该把诗同科学记载混同起来。这是一方面。另一方面，也要注意诗人体物不该违反生活的真实。像"黄河之水天上来"，是由于诗人向黄河上游望去，看到水天相接，写出他的真实感受；并不在说明黄河的源流，不会引起误解。像"拣尽寒枝不肯栖"，同雁不栖在树上的说法是符合的，也就是诗的语言并不是可以违反生活真实而随便说的。这是又一方面。因此《易经》里说"鸿渐于木"，即大雁从水边上升，渐渐升到树上，是不符合生活真实的，是不恰当的。但"黄河之水天上来"，符合我们的感觉，是可以容许的。这就是诗要求生活真实而不同于科学的地方。

忌 片 面

一

《学林新编》云：“《杜鹃》诗上四句非诗，乃题下自注，后人误写。”①某谓此句非子美自注，盖皆诗也，自四句而下，继曰：“我昔游锦城，结庐锦水边。有竹一顷余，乔木上参天。”盖“鹃”字继之以“边”字“天”字可见矣。又子美绝句云：“前年渝州杀刺史，今年开州杀刺史。群盗相随剧虎狼，食人更肯留妻子。”此诗正与《杜鹃》诗相类，乃自是一格也。（胡仔《苕溪渔隐丛话》前集卷七）

东坡云：“南都王谊伯谓‘西川有杜鹃，东川无杜鹃，涪万无杜鹃，云安有杜鹃’，盖是题下注，断自‘我昔游锦城’为首句。谊伯误矣。且子美诗备诸家体，非必率合程度侃侃者然也。是篇句处凡五杜鹃，岂可以文害辞、辞害意耶？原子美之诗，类有所感，托物以发者也，亦六艺之比兴，《离骚》之法欤？按《博物志》：杜鹃生子，寄之他巢，百鸟为饲之，故江东所谓'杜宇曾为蜀帝王②，化禽飞去旧城荒'是也。且禽鸟之微，犹知有尊，故子美诗云'重是古帝魂'，又云'礼若奉至尊'。子美盖讥当时刺史，有不禽鸟若也。

"唐自明皇以后，天步多棘。刺史能造次不忘于君者，可得而考也。严武在蜀，虽横敛刻薄，而实资中原，是'西川有杜鹃'耳。其不虔王命，负固以自抗，擅军旅，绝贡赋，如杜克逊在梓州，为朝廷西顾忧，是'东川无杜鹃'耳。至于涪万云安刺史，微不可考，凡其尊君者为有也，怀贰者为无也，不在夫杜鹃真有无。谊伯以为来东川，闻杜鹃声烦而急，乃始疑子美跋寔③纸上语。又云：'子美不应叠用韵。'子美自我作古，叠用韵，无害于诗。"（同上）

《王直方诗话》云："《杜鹃诗》识者谓前四句非诗也，乃题下注而后人写之误耳。余以为不然。此正与古谣谚无以异，岂复以韵为限耶？"（同上）

世间有所谓"就事论事"的办法，现在就诗论诗，或者也可以说是无碍的罢。不过我总以为倘要论文，最好是顾及全篇，并且是顾及作者的全人，以及他所处的社会状态，这才较确凿。要不然，是很容易近乎说梦的。（鲁迅《"题未定"草》七）

①杜甫《杜鹃》："西川有杜鹃，东川无杜鹃。涪万无杜鹃，云安有杜鹃。我昔游锦城，结庐锦水边。有竹一顷余，乔木上参天。杜鹃暮春至，哀哀叫其间。我见常再拜，重是古帝魂。生子百鸟巢，百鸟不敢嗔，仍为喂其子，礼若奉至尊。……君看禽鸟情，犹解事

杜鹃。"②蜀王杜宇魂化杜鹃，悲鸣。③跋前疐后，见《诗·狼跋》，指狼向前脚踩住自己颈上垂肉，向后脚踩自己的尾，这里指出错。

鲁迅指示我们读诗的方法，要顾及全篇顾及全人，顾及他所处的社会状态，才能够免于说梦。在读诗时产生的误解，大都是违反这个道理所造成的。这里举杜甫诗的一例，可以说明这个道理。

有人认为杜甫《杜鹃》诗的前四句是题注，不是诗，理由是：一，这四句有两三个字相同，不像诗；二，这四句末一字相同，不像诗；又指出东川有杜鹃，而杜甫却说"东川无杜鹃"是错误的。这些意见是错的，它的错误就由于没有作全面考虑，看得片面所造成的。先说这四句有两三个字相同，这里指出古谣谚就是这样的。像乐府《江南》："鱼戏莲叶东，鱼戏莲叶西，鱼戏莲叶南，鱼戏莲叶北。"四句中有四个字相同，也可以，也是诗。再像杜甫《三绝句》之一："前年渝州杀刺史，今年开州杀刺史"，两句都用"史"字押韵。这说明这四句是诗而非题注。再从全诗的内容看，写百鸟供养杜鹃子像供养天子一样，再结合唐代的历史，于是知道"有杜鹃"指那里地方大吏供奉朝廷说的，"无杜鹃"指那里不供奉朝廷说的，这就把对这四句诗的疑问解决了。这就是顾及全篇，顾及作者所处的社会情况，顾及古体诗在用韵用词上的特点所得出的解释。

再像杜甫的《哀江头》："清渭东流剑阁深，去住彼此无消息。"仇兆鳌《杜少陵集详注》卷四："唐（唐汝询）注谓托讽玄肃二宗。朱（朱鹤龄）注辟之云：肃宗由彭原至灵武，与渭水无涉。朱又云：渭水，杜公陷贼所见；剑阁，玄宗

适蜀所经。去住彼此，言身在长安，不知蜀道消息也。今按此
说亦非。上文方言马嵬赐死事，不应下句突接长安。考马嵬
驿在京兆府兴平县，渭水自陇西而来，经过兴平，盖杨妃槀
葬渭滨，上皇巡行剑阁，是去住西东，两无消息也。"对这
两句，有三种解释：一说清渭指肃宗，剑阁指玄宗，讽刺两
人。按肃宗在灵武，不在清渭；又肃宗同玄宗是通消息的，不
是无消息，这说不合。二说清渭是杜甫自指他陷在长安的叛军
中，不知唐明皇在蜀消息。按上文是"明眸皓齿今何在，血污
游魂归不得"，写杨妃被勒死在马嵬坡，不可能接下去写作
者。又"彼此无消息"，彼此是相对的，杜甫地位低，唐明皇
根本不会想到他的消息，也不合。三说较全面，马嵬坡靠近渭
水，与清渭合。去住指生死，一生一死，消息永远隔绝，与
"彼此无消息"合。

二

　　诗人贪求好句而理有不通，亦语病也。如"袖中谏草朝
天去，头上宫花侍宴归"，诚为佳句矣，但进谏必以章疏，无
直用稿草之理。唐人有云："姑苏台下①寒山寺，半夜②钟声到
客船。"说者亦云："句则佳矣，其如三更不是打钟时。"（欧阳
修《六一诗话》）

　　"姑苏城外寒山寺，夜半钟声到客船"，此唐张继题城西
枫桥寺诗也。欧阳文忠公尝病其夜半非打钟时，盖公未尝至吴
中。今吴中山寺实以夜半打钟。继诗三十余篇，余家有之，往

往多佳句。（叶梦得《石林诗话》卷中）

《王直方诗话》云："欧公言：唐人有'姑苏城下寒山寺，半夜钟声到客船'之句，说者云：'句则佳矣，其如三更不是打钟时。'余观于鹄送宫人入道诗云：'定知别往宫中伴，遥听缑山③半夜钟。'而白乐天④亦云：'新秋松影下，半夜钟声后。'岂唐人多用此语也？倘非递相沿袭，恐必有说耳。温庭筠诗亦云：'悠然逆旅频回首，无复松窗半夜钟。'⑤庭筠诗多缵⑥在白乐天诗后。"（胡仔《苕溪渔隐丛话》前集卷二十三）

①台下：原文作城外。②半夜：原文作夜半。③缑山：即缑氏山，在河南，相传周太子晋在此山骑白鹤成仙。④乐天：白居易字。⑤逆旅：旅馆。按《全唐诗》温庭筠诗中没有这两句，有《盘山寺留别成公》："悠然旅榜（客船）频回首，无复松窗半偈同。"可能是王直方记错了，也可能有另一本子。据阎简弼同志说。⑥缵（zuǎn 纂）：接续。

唐诗人张继《枫桥夜泊》："姑苏城外寒山寺，夜半钟声到客船。"有人认为半夜不是打钟的时候，诗句有毛病，欧阳修同意这个批评，这是由于他不了解具体时代具体地方的生活真实。据唐朝人的诗，在唐朝，不少寺里都打半夜钟。到了宋朝，寒山寺里还在打半夜钟。可见张继写的半夜钟是真实的，欧阳修仅凭片面的理解，因而对它作出不正确的批评。欧阳修指出上朝不用"谏草"这话是对的。"谏草"应改作"谏疏"。

三

杜少陵《绝句》云:"迟日①江山丽,春风花鸟香。泥融飞燕子,沙暖睡鸳鸯。"或谓此诗与儿童之属对何异。余曰:不然。上二句见两间②莫非生意,下二句见万物莫不适性。于此而涵咏之,体认之,岂不足以感发吾心之真乐乎?大抵古人好诗,在人如何看,在人把做甚么用。如"水流心不竞,云在意俱迟""野色更无山隔断,天光直与水相通""乐意相关禽对语,生香不断树交花"等句,只把做景物看亦可,把做道理看,其中亦尽有可玩索处,大抵看诗要胸次玲珑活络。(罗大经《鹤林玉露》卷八)

①迟日:春日迟迟,春日较冬日长,所以这样说。②两间:天地间。

有人只看到杜甫《绝句》是两副对子,看不到这两副对子的联系,看不到它的好处,根据这个片面理解,便把它贬低到只像儿童的对对子。实际上这两联构成了一幅画面,描绘春光的艳丽,上联写背景,显得阔大,有江山花鸟,下联写重点,较具体,飞燕子,睡鸳鸯,一动一静,所谓"两间莫非生意""万物莫不适性",描绘出明媚春光,蓬勃生意,透露出诗人对美丽春光的赞赏心情。写得极为艳丽,构成杜诗的另一种风格。再像杜甫《江亭》,用"水流""云在",衬出"心不竞""意俱迟",情景交融。就是石曼卿《题章氏园亭诗》,从"禽对语"里看出"乐意相关","树交花"里看出

"生香不断"，这里的乐意生香，既是指花鸟，也含有诗人的情意在内。至野色无尽，天水相通，纯然写景，但也可以看出诗人通过景物透露出一种开朗的心情，所以"看诗要胸次玲珑活络"，不要作片面的判断。

拔高和贬低

　　岑参《寄左省杜拾遗》:"联步趣丹陛,分曹限紫薇。^①晓随天仗入,暮惹御香归。白发悲花落,青云羡鸟飞。圣朝无阙事,自觉谏书稀。"纪昀批:"五六寓意深微。末二句语尤婉至。圣朝既以为无阙,则谏书不得不稀矣,非颂语,乃愤语也。或乃缕陈天宝阙事驳此句,殆不足与言诗。"(方回《瀛奎律髓》卷二)

　　岑参《寄杜拾遗》云:"圣朝无阙事,自觉谏书稀";退之《赠崔补阙》云:"年少得途未要忙,时清谏疏尤宜罕";皆谬承荀卿有听从无谏诤之语,遂使阿谀奸佞,用以借口。以是知凡造意立言,不可不预为天下后世虑。(黄彻《䂬溪诗话》卷一)

　　李商隐《安定城楼》:"迢递高城百尺楼,绿杨枝外尽汀洲。贾生年少虚垂泪,王粲春来更远游。永忆江湖归白发,欲回天地入扁舟。不知腐鼠成滋味,猜意鹓雏竟未休。^②"纪昀批:"'欲回天地入扁舟',言欲投老江湖,自为世界,如收缩天地,归于一舟然,即仙人敛日月于壶中,佛家缩山川于粟颖之意。注家谓欲待挽回世运,然后退休,非是。"(方回《瀛奎律髓》卷

三十九）

《统签》："五六，王荆公深爱之，以为老杜无以过。五六，言所以垂泪与远游者，岂为此腐鼠而不能舍哉！吾诚永忆江湖，欲归而优游白发，但俟回旋天地功成，却入扁舟耳。此二句亦是荆公一生心事，故酷爱之。""成滋味"，在彼自成一滋味也。（《李义山诗集辑评》卷中何焯评）

①岑参在右署做右补阙，杜甫在左署做左拾遗，故称分曹。中书省中种紫薇花，故称限紫薇。②《庄子·秋水》："夫鹓雏发于南海，而飞于北海，非梧桐不止，非练实（竹实）不食，非醴泉不饮。于是鸱得腐鼠，鹓雏过之，仰而视之曰'吓'。"

我们读诗，对诗的评价，有时偏高，有时偏低，这可能由于看得不全面所致。比方对唐朝岑参的两句诗，清朝纪昀看得高，认为是婉转的讽刺，是愤语，是批评唐朝自以为没有缺点，拒绝进谏，所以谏书就少了。在纪昀以前的黄彻，批评了这两句，认为这是《荀子·臣道》"事圣君，有听从，无谏争"所造成的害处；不是唐朝没有缺点，而是阿谀歌颂唐朝的话。跟纪昀的说法相似的，有张燮荪的《唐诗三百首注》，说："白发"句，"自伤老也"；"青云"句，"羡杜之如鸟高飞也"；"圣朝"两句，"谏书之稀，由于无阙事也，则有阙之待谏可知，意在言外"。认为是婉讽。对末联的解释，确实和上联有关。"青云"句是羡慕杜甫吗？杜甫跟岑参都是谏官，地位相同，所以说杜甫在青云里是讲不通的。或者是说岑参老了，杜甫年轻，所以羡慕他吗？但杜甫《奉答岑参补阙见赠》写道："故人得佳句，独赠白头翁。"杜甫自称白头翁，可见杜甫也老了。因此这两句只好解释做感叹自己老了，却在做小官，羡慕在青云中高飞的大官。在这种羡慕里正含有向上爬的意味，那恐怕只会歌颂圣明，怎敢得罪王朝去谏争呢？所以"圣朝无阙事"，该是替唐朝掩饰的颂圣之词，而不是什么规讽了。纪昀的批语，没有联系上两句，是把末联的含意拔高了。

李商隐在《安定城楼》这首诗里说："永忆江湖归白发，欲回天地入扁舟。"是说要像范蠡那样，年老后归隐，坐船泛五湖。那么年轻时怎样呢？"贾生年少虚垂泪"，贾谊本想替汉朝建立一套新的政治制度的，但受到大臣的排挤，贬官出去，李商隐也受到排挤在外，可见在"虚垂泪"里，在"贾生年少"里，都含有政治抱负在内，他想的是范蠡在成功以后才泛舟五湖。最后用鹓雏自比，也说明自己有远大的政治抱负。把这几点联系起来看，那么"欲回天地"正说明这种政治抱负，所以何焯说的"回旋天地功成"是符合诗意的。纪昀把它解释成为躲进小船自成世界，是贬低了原意。这种贬低，大概认为李商隐那样地位，谈不到什么旋乾转坤，这是把他的两句诗孤立起来造成的。其实，一个人的地位是一事，一个人的志愿又是一事，不能认为地位低的就不能有大志。照纪昀的说法，那么不论什么时候都可躲进小船自成世界，何必"永忆江湖"呢？正因为要在回天地以后才归隐，而回天地是不容易做到的，所以值得"永忆"；正因为"欲回天地"有待于毕生奋斗，所以只能在老去时归隐。而躲进小船的说法，跟鹓雏的"发于南海而飞于北海"的气概是完全不同的。这都说明，对诗的拔高或贬低，都由于对诗句作了孤立的理解，没有从诗的全面来看所造成的。

比　较

一

《诗眼》云："余旧日尝爱刘梦得《先主庙》诗，山谷使余读李义山汉宣帝诗，然后知梦得之浅近。"（《苕溪渔隐丛话》前集卷九）

《隐居诗话》云："唐人咏马嵬之事者多矣，世所称者：刘禹锡云：'官军诛佞幸，天子舍天姬。群吏伏门屏，贵人牵帝衣，低回转美目，风日为无辉。'白居易云：'六军不发争奈何，宛转蛾眉马前死。'此乃歌咏禄山能使官军叛，逼迫明皇，明皇不得已而诛杨妃也。岂特不晓文章体裁，而造语蠢拙，抑亦失臣下事君之礼。老杜则不然，其《北征》诗曰：'忆昨狼狈初，事与古先别。不闻夏商衰，中自诛褒妲。'乃见明皇鉴夏商之败，畏天悔过，赐妃子以死，官军何预焉。《唐阙史》载郑畋《马嵬》诗，命意似矣，而词句凡下，比托无状，不足道也。"（《苕溪渔隐丛话》前集卷一二）

俗语说："不怕不识货，只怕货比货。"以上举出两个比较的例子，通过比较，可以看到两种不同写法也可以看到批评者的眼光。

刘禹锡的《蜀先主庙》："天地英雄气，千秋尚凛然。势分三足鼎，业复五铢钱。得相能开国，生儿不象贤。凄凉蜀故妓，来舞魏宫前。"李商隐的《鄠杜马上念〈汉书〉》："世上苍龙种，人间武帝孙。小来惟射猎，兴罢得乾坤。渭水天开苑，咸阳地献原。英灵殊未已，丁傅尽华轩。"第一首是写刘备的。"业复五铢钱"，指要恢复汉业（汉武帝最早冶铸五铢钱），但阿斗不像刘备能干，终于为魏所灭，既赞美刘备，又发感慨，是属于咏史。第二首是写汉宣帝的，说他是汉武帝之孙，少年时喜射猎，后来即帝位。何焯批："渭水一联，言祖宗所传继者，乃天开地献之乾坤也。"丁傅，指汉哀帝时，帝舅丁明封阳安侯，皇后父傅晏封孔乡侯。华轩，富贵者所乘的车。纪昀批："此有感外戚之事，而托之汉宣，寓意全在末句。"何焯的批语，"曰'人间'"，指出汉宣帝小时在民间生活，了解民间情事。又说他不善于替子孙打算，使汉朝的元气日削，到汉哀帝时，丁傅尽华轩，外戚兴起。这是说，刘禹锡写刘备，光讲刘备，没有什么寓意，写得不深。李商隐写汉宣帝，不光写汉宣帝，还在影射唐宣宗，指出他对于大好江山，不能打下稳固基础，使得外戚起来，唐朝衰亡，因为有寓意，所以写得深。

按刘禹锡的诗没有寓意，李商隐的诗有寓意，这是两种不同写法，通过比较，知道同样咏史，可以有这两种不同写法。但这并不等于说，有寓意就写得好，没有寓意就不好。这里说有寓意深，没有寓意浅，就含有分别好坏的意味，这个批评不够正确。刘禹锡的诗，《唐诗三百首》里选了，知道的人较多，李商隐的一首知道的人较少，因为他的寓意不够确切。汉朝的衰落，从汉元帝手里开始，元帝曾经劝他父亲宣帝任用儒生，宣帝听了脸色变了，说："汉家自有制度，本以霸王道杂之。"又感叹道："乱我家者，太子也。"所以汉朝的衰落，不从宣帝开始。又诗里讲到外戚丁家傅家，是哀帝任用外戚，从宣帝经过元帝、成帝到哀帝，哀帝的事不能归罪到宣帝身上，宣帝并没有把大权交给外戚，这个寓意并不恰当。因此，从这两首诗看，还是刘的一首写得好。批评者光从有没有寓意着眼，不看这个寓意用得是否恰当，是片面的，因此他的看法不够正确。

另一例子，是四个诗人都写杨贵妃事，写的不同，看谁写得好，谁写得不行。看魏泰《隐居诗话》的意见，他认为杜甫的《北征》写得最好，因为杜甫把唐明皇写得最有觉悟，比商朝、周朝的天子都高，商朝的纣王没有杀妲己，周朝的幽王没有杀褒姒，可是唐明皇把杨贵妃给杀了。认为这样写才得体，这样写显得杨贵妃的死同官军没有关系，也写出了唐明皇的悔过。郑畋的《马嵬坡》："玄宗回马杨妃死，云雨难忘日月新。终是圣明天子事，景阳宫井又何人！"这首诗称赞唐明皇是圣明天子，从这点说，同杜甫的用意相同，所以说它"命意似矣"。但它开头写唐明皇从四川回来，想到杨贵妃早死了，恩情难忘，虽然日月重新，他又可以回到长安了，这样写还显唐明皇缺少"悔过"之心，所以认为"词句凡下"。又"景阳宫井"是用典，隋兵打进南京时，陈后主和他的妃子张丽华、孔贵嫔一起躲在景阳井里，被隋兵俘虏，这是说像陈后主和他的妃子又算得了什么！魏泰认为用陈后主来比唐明皇，这就污辱了唐明皇，所以说"比托无状"。其实这是用陈后主来反衬唐明皇，把陈后主的昏庸，反衬唐明皇的"圣明"，是对唐明皇的歌颂，但魏泰认为这样的反衬也不行，这样反衬也是贬低了唐明皇。刘禹锡的《马嵬》诗，写出了官军杀了杨国忠，逼唐明皇杀杨贵妃，唐明皇只好放弃杨贵妃。刘把杨贵妃称为"夭（妖）姬"，含有女人是祸水的错误观点，又把杨贵妃说成"贵人"，以降低她的地位，即使这样，魏泰大概看不下去，所以改成"争奈何"，改成怎么办呢。魏泰认为像刘、白两人的写法，显得唐明皇昏庸，连部下也管不住，失去臣下事君之礼，应该像杜甫那样，说唐明皇在这件事上比商周的天子都好才行。

从魏泰的批评里，我们可以看到他是站在封建统治阶级的立场上，要求美化唐明皇，不惜歪曲事实。这种极端错误的观点产生出这种错误的批评。当然，白居易、刘禹锡也都是站在封建统治阶级的立场上，但他们还注意事实，在这件事上还不愿美化唐明皇，比魏泰要高多了。从这四首诗来看，白居易写得最好，写出了事实的真相，写出了唐明皇无可奈何的心情，也写出了在危急时牺牲杨贵妃的丑恶表现。刘禹锡写的不如白居易，刘虽然也写了事实，但他用"妖姬"两字，具有"女人是祸水"的错误观点。郑畋歌颂唐明皇是圣明天子，违反官军迫死杨贵妃的事实，是不对的。杜甫还要替唐明皇美化，写得最不行。这说明一个作家的思想观点会影响他的作品，也会影响他对作品的看法。在这里专就写马嵬这一件事来说的，并没有要贬低杜甫《北征》的意思。《北征》是杜甫的名篇，但名篇中也不免有败笔，《北征》中写马嵬的几句，可以说是败笔。这种败笔，在白居易的《长恨歌》里也有。《长恨歌》的开头："汉皇重色思倾国，御宇多年求不得。杨家有女初长成，养在深闺人未识。"我们知道，杨贵妃原来是唐明皇的儿子寿王的妃子，是唐明皇把她夺来作贵妃的。所以"杨家有女"两句也是"为尊者讳"，同杜甫的"为尊者讳"一样，也是《长恨歌》中的败笔。在这点上李商隐的诗，"夜半宴归宫漏永，薛王沉醉寿王醒"，用来讥讽唐明皇，就比白居易的替唐明皇讳饰高明一些。参见《含蓄》二。

二

陶渊明诗云："尔从山中来，早晚发天目？我居南窗下，今生几丛菊？"①王介甫诗云："道人北山来，问松我东冈。举手指屋脊，云今如许长。"与右丞此章同一杼柚②，皆情到之辞，不假③修饰而自工者也。然渊明、介甫二作下文缀语稍多，趣意便觉不远。右丞只为短句，一吟一咏，更有悠扬不尽之致，欲于此复赘一语④不得。（赵殿成《王右丞集笺注》按语）

①这首诗的题目叫《问来使》，这里引的是开头四句。《容斋五笔》卷一说："诸集中皆不载，惟晁文元家本有之，汤东涧以为晚唐人伪为。"这首诗不是陶渊明作的，作者不详。②杼柚：织机，指结构。③不假：不借，不用。④赘一语。加上一句就多余。赘，多余。

王维《杂诗》之一："君自故乡来，应知故乡事。来日绮窗前，寒梅著花未？"这首诗写得浅显好懂，初看起来，好像只是讲了一些没有道理的话。一个朋友从家乡来，诗人向他打听家乡的事，别的什么都不问，只问他自己家里窗前的梅花开了没有，在生活中，好像不会这样问的。它好在哪里，为什么要选入《唐诗三百首》中，也不容易理解。要弄清这个问题，找一些写法相同的诗来比较一下，是有帮助的。

这里找了一首《问来使》诗："尔从山中来，早晚发天目？我居南窗下，今生几丛菊？"你从山里来，多早晚（什么时候）从天目山出发的？我家的南窗下面，现在生了几堆菊花？又找了王安石的《道人北山来》诗："道人北山来，问松我东冈。举手指屋脊，云今如许长。"有个道人从北山来，问他我家东面山冈上的松树长得怎样了。他举手指指屋脊，说现在已经长得这样高了。后两首诗的开头四句同王维的诗写法一样，都说有人从家乡来，都向他打听家乡的事，问的是梅花、菊花、松树。从问的东西里可以看出其中有一致的地方，就是梅花、菊花、松树都是耐寒的，梅花是冰肌玉骨，冲寒开放；菊花能够傲霜，所谓"黄花晚节香"；松树是《论语》里称赞为"岁寒然后知松柏之后凋"，是用来象征"高风亮节"的。梅花、菊花、松树，古人都用来象征人品的。这三首诗的问梅花、菊花、松树，可见其中是有含意的。

我们知道诗是最精练的语言，是要写出诗人的心灵来。有人从家乡来，我们自然要向他打听家乡的情况和家中的情况，这是不在话下的。因此，像这样一般的询问，家常谈话，没有什么精辟的内容，就不适宜于写入诗里。倒是诗人对梅花、菊花、松树的怀念，它的含意不仅在于怀念家里的花木，更重要的是由于这些花木象征一种高洁的品格，这才引起诗人的怀念。读这些诗，引起我们对诗人这种心情的体会，就有余味。这种含意在有意无意之间，诗人并不说煞，这才有"悠扬不尽之致"。就这点说，王维的诗比其他两首更写得精练而含蓄。其他两首，除了上引的开头四句外，下面还有不少话，这在精练含蓄方面就显得差些了。这样通过比较，对我们理解王维那首诗，是有帮助的。

出 处

　　"落日照大旗，马鸣风萧萧"，岂以"萧萧马鸣，悠悠旆旌"为出处耶？用意别，则悲愉之景原不相贷，出语时偶然凑合耳。必求出处，宋人之陋也。（王夫之《姜斋诗话》卷下）

　　作诗用事，要如禅家语"水中着盐，饮水乃知盐味"。此说，诗家秘密藏也。如"五更鼓角声悲壮，三峡星河影动摇"，人徒见凌轹造化之工，不知乃用事也。《祢衡传》："挝《渔阳操》，声悲壮。"《汉武故事》，"星辰动摇，东方朔谓民劳之应。"则善用事者，如系风捕影，岂有迹耶！（《西清诗话》，见《诗人玉屑》卷七）

　　苏子卿曰："明月照高楼，想见余光辉。"子美曰："落月满屋梁，犹疑照颜色。"梁简文曰："湿花枝觉重，宿鸟羽飞迟。"韦苏州曰："漠漠帆来重，冥冥鸟去迟。"三者虽有所祖，然青愈于蓝矣。（谢榛《四溟诗话》卷一）

　　这里指出读诗时讲究出处要防止两种偏向：一种是只注

意两者的相同处，忽略了两者的相异处。其实两首诗的字句有相同处，它们所以都成为名作，正由于两者的相异。只看到它们的相同，忽略它们的相异，就看不到它们的好处了。如杜甫《后出塞》："落日照大旗，马鸣风萧萧。"只说它本于《诗·小雅·车攻》："萧萧马鸣，悠悠斾旌。"这话好像很确切。但《诗经》里的萧萧写马叫，显得军容整肃，没有人声。说旗子悠悠飘荡，显得士兵心情悠闲，因为那是出去打猎，不是作战。杜甫写出军作战，落日句气象壮阔，风萧萧有悲凉意，心情是悲壮的。两者情绪不同，境界不同，所以都成名句。而两者的相同，可能由于偶合，那么光注意它的相同，讲究出处，便没有意义了。要是我们拿它们来作比较，从而看出字面虽有相同处，但怎样写得境界不同，那才有意义。

再像杜甫《阁夜》："五更鼓角声悲壮，三峡星河影动摇。"这是著名的一联，这一联的好处并不像《西清诗话》所讲的是由于有出处，何况它所讲的出处并不确切。浦起龙《读杜心解》对这两句解释道："'鼓角'不值'五更'，则'声'不透。'五更'，最凄切时也。再着'悲壮'字，直刺睡醒耳根也。'星河'不映'三峡'，则影不烁。'三峡'，最激流处也。再着'动摇'字，直闪朦胧眼光也。"这里讲的是"鼓角"，同祢衡击鼓时的《渔阳操》毫无关系，"悲壮"又不限于《渔阳操》。再说，《汉武故事》里讲的是"星辰动摇"，诗句讲的是"星河影动摇"，"星河"即银河，银河的影倒映在三峡的长江里，由于江水湍急，所以星河倒影也在动摇，不是天上的星辰动摇。这两句，是写所闻所见，是写实，不是用典。把这两句看成用典，看不到它是写实，把人从反映生活引导到钻古书上去，这是错误的。这是没有出处而说是有出处。

也有确有出处，但它的好处是青出于蓝而胜于蓝，就是它的好处不在于有出处，而在超过它的出处。怎样超过出处呢？看这些例句。杜甫《梦李白》："落月满屋梁，犹疑照颜色。"这是写做梦梦见李白来了，迷茫中看到落月照在屋梁上，好像还照在李白的脸上。这是半醒半睡状况，看到月光，是半醒；看到李白，是半睡。既写出对李白的怀念，又写出半醒半睡的迷糊，是很有名的句子。不管这两句是不是从"明月照高楼，想见余光辉"来的，但是杜甫确切表达了他的心情和情境，写的真实而细致，超过了"明月"两句。梁简文帝的"湿花枝觉重，宿鸟羽飞迟"，只是说因下雨而花重鸟迟。韦应物《赋得暮雨送李胄》："漠漠帆来重，冥冥鸟去迟。"联系暮雨中送客，加上"冥冥"，形容暮，"重"、"迟"都指雨，由于送客又联系到帆，内容比前两句更丰富。它们的写得好，不因为有出处，是因为借鉴前人之作用来反映生活，写得更丰富、生动、真切。当然，借鉴前人的写法也有作用，但它写得好还在于真实地反映生活。

真 切

唐人徐凝多吟绝句，曾吟《庐山瀑布》诗云："瀑泉瀑泉千丈直，雷奔入江无暂息。今古长如白练飞，一条界破青山色。"（《郡阁雅谈》，见阮阅《诗话总龟》卷十五）

乐天典杭日，江东学子奔杭取解①。张祜自负诗名，而徐凝亦至，宴于郡中。乐天讽二子矛盾②。祜曰："仆宜为解首。"凝曰："有何佳句？"祜曰："《甘露寺》诗曰：'日月光先到，山河势尽来。'《金山寺》诗曰：'树影中流见，钟声两岸闻'。"凝曰："善则善矣，奈无野人《瀑布》诗曰：'今古长如白练飞，一条界破青山色'。"祜愕然，一座尽倾。（《古今诗话》，见《诗话总龟》卷三）

是日，有以陈令举《庐山记》见寄者，且行且读，见其中云徐凝、李白之诗，不觉失笑。旋入开元寺，僧求诗，因作一绝云："帝遣银河一派垂，古来唯有谪仙辞。飞流溅沫知多少，不为徐凝洗恶诗。"（《百斛明珠》，见《诗话总龟》卷一八）

……其后东坡云，世传徐凝《瀑布》诗，至为尘陋。又伪作乐天诗称美此句,有"赛不得"之语。乐天虽涉浅易,岂至是哉!乃作绝云:"帝遣银河一派垂……"余以为此之相去,何啻九牛一毛也。(《直方诗话》,见《诗话总龟》卷九)

……然观《天台山赋》:"赤城霞起以建标,瀑布飞流而界道。"则是凝所云"界破",其亦有所本矣。曹松诗:"庐山瀑布三千仞,画破青霄始落斜",其意亦同。(吴景超《历代诗话》卷五十一)

茗溪渔隐曰:"太白《望庐山瀑布》绝句云:'日照香炉生紫烟③,遥看瀑布挂长川。飞流直下三千尺,疑是银河落九天。'东坡美之,有诗云:'帝遣银河一派垂……'然余谓太白前篇古诗云:'海风吹不断,江月照还空。'磊落清壮,语简而意尽,优于绝句多矣。"(胡仔《茗溪渔隐丛话》后集卷四)

①解:唐进士由乡而贡曰解,指请白居易推荐去考进士。②矛盾:指二人都想当解首。③香炉:峰名。

这里,对徐凝和李白的《瀑布》诗提出了不同的评价。先看徐凝的诗,跟张祜在这里引的作比较。张祜的"日月光先到",说镇江北固山上的甘露寺的地势高,"山河势尽来",说甘露寺的形势好。"树影中流见"写金山寺在长江中,四围多树,在长江中流先看到树影。"钟声两岸闻",说从钟声才知道有寺。这四句写两个寺庙,从旁衬托,也写得不差。不过这样从旁衬托的写法,当时比较多,不突出。徐凝用比喻来写瀑布像白练飞动,界破青山,这样的比喻形象生动，比较突出，所以胜过张祜的几句。徐凝用白练来比瀑布，李白用银河来比瀑布，李白用的比喻就超过了徐凝的。白练取其白，银河也取其白，用"银"比用"白"显得更有光采；银河在天上，银河落九天，正写出瀑布从高山上落下，像从天上落下，更显得生动而有气势；瀑布是飞流，银河的河也具有流水的含意，比起白练来，就显得更为真切；加上"直下三千尺"比"一条"更有气势。这样一比，徐凝的诗就显得平凡，不生动，所以说"尘陋"。因为有人推重这首诗，所以苏轼特意要加以贬低，称它为"恶诗"，用来抬高李白这一首，大概是矫枉必须过正吧。后人震于苏轼的大名，不敢替徐凝说话，但又不同意"恶诗"的说法，于是婉转地说，徐凝的诗用"界破"是有来历的，本于孙绰的《游天台山赋》。因为《游天台山赋》是名篇，既然徐凝诗本于它，这也说明徐凝诗不是"恶诗"了。这岂不是迷信诗要有出处，认为有出处就好吗？不知写景的诗不需要讲出处的。再说，徐凝的诗，它的特点还在于用比喻，不在于有出处。其实，像上面指出的，它比张祜的几句高明，并不是"恶诗"。至于曹松的诗，说"画破青霄"，即划破青天，似不真切，所以它还不如徐凝。

胡仔提出一个新的意见，说李白的"飞流直下三千尺，疑是银河落九天"，不如他的"海风吹不断，江月照还空"。就这四句看，看不出"海风吹不断"两句胜过"飞流直下"两句。前两句用风吹、月照来衬托瀑布，后两句直接写瀑布，后两句形象生动，气势雄壮，不是前两句可比，那么胡仔为什么这样说呢？要是就全首诗来说，《望庐山瀑布二首》之一："西登香炉峰，南见瀑布水。挂流三百丈，喷壑数十里。欻如飞电来，隐若白虹起。初惊河汉落，半洒云天里。仰观势转雄，壮哉造化功。海风吹不断，江月照还空。空中乱潈射，左右洗青壁。飞珠散轻霞，流沫沸穹石。而我乐名山，对之心益闲。无论漱琼液，且得洗尘颜。且谐宿所好，永愿辞人间。"

就这首诗看，把那首七绝中的形象和夸张都包括在内了。如"银河落九天"，即"初惊河汉落，半洒云天里"；如"飞流直下三千尺"，即"挂流三百丈"，"欻（同忽）如飞电来"。但这首诗里写的，像"欻如飞电来，隐若白虹起""海风吹不断，江月照还空""飞珠散轻霞，流沫沸穹石"，在七绝这首诗里都没有，所以就内容说，这首诗比那首七绝更丰富，写得也更细致，比喻用得更多。又这里的"欻如飞电来"，"电"字一本作"练"，看来作"练"是对的，因为闪电一闪就消失了，用来比瀑布不确切，作"飞练"更合。那就同徐凝的"今古长如白练飞"一样了，这也可以说明徐凝的诗不是"恶诗"了。

但胡仔的意思不是这样，他就举"海风吹不断"两句，说是"磊落清壮，语简而意尽，优于绝句多矣。"提"语简"，可见不是指全首诗；提"清"，也对，这两句是白描，不用典故。提"磊落"，那是指俊伟说的，即写得突出而不同寻常，看来"飞流直下"两句，比"海风吹不断"两句更突出而不同寻常；提"壮"，有雄壮有气势的含意，"飞流直下"两句显得更壮。再说，"海风吹不断"两句，配合在全首诗里才显出它用风吹月照来衬托瀑布的好处，胡仔把它从全诗中割裂出来，单看这两句，那是不是使人看不清它在讲什么吗？苏轼赞美"帝遣银河一派垂，古来惟有谪仙辞"，这话是对的，不论就形象生动说，就"磊落清壮"说，绝句都比"海风吹不断"两句好。

通过这个例子，接触到怎样来读这些名篇，怎样来评价这些不同的评论。对于这种描写景物的诗，是不是看它描写得是否真切，是否形象鲜明，是否写得突出而不一般化，是否给读者留下深刻的印象。这样来读这些诗，这样来评价各种不同的意见，是不是有助于我们的欣赏。

偶　合

　　《蔡宽夫诗话》云:"元之①本学白乐天诗。在商州尝赋《春日杂兴》云:'两株桃杏映篱斜,装点商州副使家②。何事春风容不得,和莺吹折数枝花。'其子嘉祐云:'老杜尝有"恰似春风相欺得,夜来吹折数枝花"之句,语颇相近',因请易之。王元之忻然③曰:'吾诗精诣,遂能暗合子美耶!'更为诗曰:'本与乐天为后进,敢期杜甫是前身!'卒不复易。"(胡仔《苕溪渔隐丛话》前集卷二十五)

　　①元之:宋诗人王禹偁字。②王禹偁得罪了宋太宗,被贬为商州团练副使。③忻然:欣然。

　　在写作上要求创新,所以陆机《文赋》里说:"谢朝花之已披,启夕秀于未振。"朝花已开,指别人已经写过的意境,要辞谢掉,不再去写它。夕秀未振,晚上还没开的花朵,指别人没有写过的,要开放,要写。可是这里也有分别，有的是自己没有意境，袭用别人的意境，那是要不得的。有的是偶合，不是有意抄袭，情形就不同。由于有些作家生活环境相类似，他们在描写同类生活、表现同一主题如离愁别恨等，有时可能发生类似的构思。这样的偶合，仔细辨别起来一定会有不同，可供我们比较，还是可取的。这里讲王禹偁不肯改掉他同杜甫偶合的诗，是对的。

王禹偁本来是学白居易的诗，他写的《春日杂兴》却同杜诗暗合。试把这两首诗比较一下。杜诗《绝句漫兴》："手种桃李非无主，野老墙低还是家。恰似春风相欺得，夜来吹折数枝花。"桃李是亲手种的，有主的。只是墙低，不能保护好桃李花，虽在家内，还像被春风欺负，吹落数枝。这里反映杜甫漂泊到成都作客的失意心情。王禹偁得罪了宋太宗，被贬官为商州团练副使；在商州，想欣赏桃杏花，看到花的吹折，产生春风容不得的感想。两人都在失意中，都对着落花感叹，所以产生相类似的感情。不过由于两人的处境不同，所以说法也不一样。王禹偁是被贬，所以说即使想要桃杏来装点一下都容不得，不自觉地流露出自己的不平。杜甫是因乱漂泊，所以在感叹中没有这种不平的质问。这两诗虽然相类似，还是真切地写出两人不同的处境和感情，可见偶合的诗还是有不同的。

——以上欣赏与阅读

立　意

一

老杜《剑阁》诗云："吾将罪真宰①，意欲铲②迭嶂。"与太白"捶碎黄鹤楼""铲却君山好"语亦何异！然《剑阁》诗意在削平僭窃③，尊崇王室，凛凛有义气；"捶碎""铲却"之语，但一味豪放了。故昔人论文字，以意为主。（黄彻《䂬溪诗话》）

老杜《茅屋为秋风所破歌》云："自经丧乱少睡眠，长夜沾湿何由彻④？安得广厦千万间，大庇天下寒士俱欢颜，风雨不动安如山。呜呼，何时眼前突兀见此屋，吾庐独破受冻死亦足。"乐天《新制布裘》云："安得万里裘，盖裹周四垠⑤。稳暖皆如我，天下无寒人。"《新制绫袄成》："百姓多寒无可救，一身独暖亦何情。心中为念农桑苦，耳里如闻饥冻声。争得⑥大裘长万丈，与君都盖洛阳城！"皆伊尹自任一夫不获之辜⑦也。或谓子美诗意宁苦身以利人，乐天诗意推身利以利人，二者较之，少陵为难。然老杜饥寒而悯人饥寒者也，白氏饱暖而悯人饥寒者也。忧劳者易生于善虑，安乐者多失于不思，乐天宜优。或又谓白氏之官稍达，而少陵尤卑，子美之语在前，而长庆在后。达者宜急，卑者可缓也；前者唱导，后者和之耳。同合而论，则老杜之仁心差贤矣。（同上）

①真宰：犹天公。②铲（chǎn 产）：削，平。③僭（jiàn 剑）窃：越分冒用名物，这里指封建割据。④指屋漏，衣被给雨淋湿，夜长，等天亮很难熬。彻：通，指天亮。⑤四垠（yín 银）：四面边界。⑥争得：怎得。⑦《孟子·万章》篇里说，伊尹认为要是有一个人没有得到仁政的好处，好像自己把他推落到水沟里一样，认作自己的罪过。辜，罪。

有些诗句就字面看好像写得同样豪迈，由于含意的深浅，就分出高下来。比方李白《江夏赠韦南陵冰》，他在江夏和友人韦冰喝酒，看到那里的"头陀（寺）云月多僧气，山水何曾称人意"，对于黄鹤山上的古迹像头陀寺、黄鹤楼都看不上眼，对于长江边的鹦鹉洲也觉得讨厌，酒中忽发狂言，说要捶碎这些古迹，倒却鹦鹉洲，使得眼前空阔，所以说"我且为君捶碎黄鹤楼，君亦为我倒却鹦鹉洲"。又《陪侍郎叔游洞庭醉后三首》，第二首说，"醉后发清狂"。要铲却君山，正是醉后的狂言。君山在洞庭湖中，遮住人们望洞庭湖的视线，比鹦鹉洲更讨厌，所以想铲除。"铲却君山好，平铺湘水流"，望出去更加扩大了，更好喝酒来欣赏洞庭湖的风光，所以说"巴陵无限酒，醉杀洞庭秋"。这些话写得意气豪迈，但并没有什么深意。杜甫《剑阁》诗讲到剑门形势险要，野心家利用它来进行封建割据，所以说："并吞与割据，极力不相让。吾将罪真宰，意欲铲迭嶂。"杜甫反对野心家的封建割据，所以说要责备天公，想铲除重重叠叠的山峰。这样说就有含意，在当时反对割据是进步的，所以有思想性。

这里也引了杜甫和白居易的名篇，这三首诗的含意都比较深刻，所以经常为人称道。杜甫在茅屋给秋风吹破后，又淋了雨，可是他却不是首先想到自己，而是想到天下寒士，只要天下寒士都有广厦住，自己就是冻死也感到满足。白居易在自己新制布裘时，想到天下挨冻的人；新制绫袄时，想到人民的啼饥号寒。这在当时都是比较难得的。这种关心人民的思想，给他们的作品奠定了较高的思想性，使它们成为传诵的名篇。

有人在讨论这几首诗谁写得更好，都从用意着眼，有的认为白居易更难得，有的认为杜甫的用心更好。假如从用意着眼，杜甫想到的是寒士，白居易想到是百姓，好像白居易比杜甫更高一些。其实杜甫的"朱门酒肉臭，路有冻死骨"，以及其他关心人民的诗，他何尝不想到人民。只是写这几首诗时，两人联系各自的处境着想，白居易在做地方官，自然想到他治下的百姓。杜甫当时的处境比较困苦，自然想到寒士。因此，要评价这几首诗，不能脱离两人的处境来看用意，还要结合用意和艺术成就来看。就用意说，都是好的；就艺术成就说，杜甫的就比白居易的两首高，因为他还有"呜呼，何时眼前突兀见此屋，吾庐独破受冻死亦足！"进一层写，就更有力量，在艺术上的成就更高了。

二

范元实《诗眼》云:"尝爱崔涂《孤雁》诗,云'几行归塞尽'者八句。豫章先生①使余读老杜'孤雁不饮啄'者,然后知崔涂之无奇。"(郭知达《九家集注杜诗》引赵彦材说)

杜甫《孤雁》:"孤雁不饮啄,飞鸣声念群。谁怜一片影,相失万重云?望尽似犹见,哀多如更闻。野鸦无意绪,鸣噪自纷纷。"飞鸣念群,一诗之骨,片影重云,失群之所以结念也。惟念故飞,望断矣而飞不止,似犹见其群而逐之者;惟念故鸣,哀多矣而鸣不绝,如更闻其群而呼之者。写生至此,天雨泣矣。末用借结法。(浦起龙《读杜心解》卷三之五)

崔涂《孤雁》:"几行归塞尽,念尔独何之。暮雨相呼失,寒塘独下迟。渚云低暗度,关月冷相随。未必逢矰缴②,孤飞自可疑。"(《全唐诗》卷六七九)

①豫章先生:宋诗人黄庭坚。豫章,即江西,黄庭坚,江西分宁人。②矰缴(zēngzhuó 增灼):箭和系箭的绳子。

上文指出风格相同的诗,即同样刚健,由于立意不同而分高下。这里指出同一题材,写得同样工巧,也因立意不同而分高下。如唐诗人崔涂的《孤雁》诗很有名,刻画孤雁,用暮雨、寒塘、渚云、关月来烘托气氛,很成功。一结说孤飞可疑,刻画孤凄心情,诗写得很有技巧。黄庭坚认为它不及杜甫的《孤雁》，主要还是从立意上来考虑。杜甫的诗不同于崔涂的诗，在于他不光写孤雁，还把自己的心情写进去了，也把乱离漂泊中失群的人的痛苦心情写进去了，它概括得更广更深，它的思想性比崔涂的诗就强多了。"望尽似犹见，哀多如更闻"，深刻地写出失群者的心情，事实上望不到自己的一群了，可是还好像看到的那样，好像听到的那样，这显出他对群的无限思慕、迫切追求的心情，所以浦起龙说它会使天都感泣。这也是以立意决定作品高下的一例。

三

张芸叟①作《渔父诗》曰："家在耒江②边，门前碧水连。小舟胜养马，大罟③当耕田。保甲原无籍④，青苗不着钱⑤。桃源⑥在何处？此地有神仙⑦。"盖元丰⑧中谪官湖湘时所作。东坡取其意为《鱼蛮子》云。（陆游《老学庵笔记》卷一）

①芸叟：宋诗人张舜民字。②耒（lěi 垒）江：在湖南省。③大罟（gǔ 古）：大网，指捕鱼。④在水上生活，不编入保甲的名册中。⑤王安石实行新法，在苗青时由公家借钱给农民，称青苗钱，这是说不用借青苗钱。⑥桃源：指陶渊明写的《桃花源记》中的桃花源。⑦神仙：指渔民的生活像桃花源中人。⑧元丰：宋神宗年号。

作品的思想性的强弱，同是否符合生活真实有关。张舜民同苏轼同样写湖南的渔民，张诗说"门前碧水连""小舟胜养马"，生活很美好，所以"此地有神仙"，把渔民说成神仙。题目叫《渔父诗》，渔父是对渔民的美称。这样写是不真实的，这是因他在思想上有问题，要美化渔民生活来反对王安石比较进步的新法，保甲、青苗都是针对新法说的。

苏轼写渔民的生活就不同了，他说："破釜不着盐，雪鳞芼（mào帽）青疏。一饱便甘寝，何异獭与狙（jū俱）。人间行路难，踏地出赋租。不如鱼蛮子，驾浪浮空虚。空虚未可知，会当算舟车。蛮子叩头泣，勿语桑大夫。"这里写渔民只有破釜，连吃的盐也没有。他们煮鱼，只是同青菜一起煮，芼是合煮的意思。再写他们的生活像水獭和猴子，是比较原始的。这就真实地写出渔民的痛苦生活，所以题目也称为《鱼蛮子》。最后说渔民的不纳税也是靠不住的，将来可能对渔船也要抽税。桑大夫是汉朝的桑弘羊，他对车和船都要抽税。他讲究理财，王安石也讲究理财。一结说"蛮子叩头泣，勿语桑大夫"，写出渔民对那样贫困的生活也害怕保不住，他们怕桑大夫，这里似含有讽刺王安石的意味，这是不对的。不过苏诗比较真实地写出渔民的痛苦生活，表达了深切同情，在思想性上远胜张作。

四

《尧山堂外纪》曰：有王昭仪清蕙①者，题《满江红》于驿壁，传播中原。文文山②读至卒章，"愿嫦娥相顾肯从容，随圆缺③。"

乃曰："惜哉！夫人于此少商量矣。"为之代作二首，有云："算妾身不愿似天家，金瓯缺④。"（沈雄《古今词话》卷上）

①《尧山堂外纪》：明蒋一葵著。王清惠：南宋末年被选入宫作昭仪。昭仪，女官名。宋亡，被元人掳往燕京。②文文山：文天祥，号文山。③《文山先生全集》里引这首词作"若嫦娥于我肯相容，从圆缺。"④金瓯缺：比喻国家残破。

这里指出思想性的强弱，同人的志气节操有关。王清惠被掳北去，说，要是嫦娥肯照顾我，那我愿意同月亮一同圆缺。她这里的"嫦娥相顾"，指谢太后能够照顾她。当时，她同谢太后一同被掳北去，她表示愿意同谢太后取同一态度，想一起出家。文天祥就不同了，他不愿苟且偷生。因此他认为王清惠的话欠考虑，代她说，自己不愿像宋朝那样屈辱，要保持民族气节，后来他实践了这个诺言。这也是立意决定作品高下的一例。

真 实

一

《西清诗话》曰："欧公嘉祐中见王荆公诗①：'黄昏风雨
暝②园林，残菊飘零满地金。'笑曰：'百花尽落，独菊枝上枯耳。'
因戏曰：'秋英不比春花落，为报诗人子细吟。'荆公闻之曰：'是
岂不知《楚辞》"夕餐秋菊之落英"，欧九不学之过也。'"（《高
斋诗话》以"秋英"二句为子瞻③跋。《渔隐丛话》云："于《六一
居士全集》及《东坡前后集》并无此二句，不知西清、高斋④
何从得此。"）（吴景旭《历代诗话》卷五十七）

①欧公：下文的欧九（排行九）、六一居士（号），都指欧阳修。
嘉祐：宋仁宗年号（1056-1063）。王荆公：王安石，封荆国公，字
介甫。②暝：当作"打"字。③子瞻：与下文东坡，都指苏轼。他
字子瞻，号东坡居士。④西清：宋蔡绦《西清诗话》。高斋：宋曾慥《高
斋诗话》。

　　史正志《菊谱后序》里指出菊花有落有不落的，花瓣结密的不落，盛开之后，浅黄的转白，白的渐转红，枯于枝上；花瓣不结密的多落，盛开之后，遇风吹雨打，就飘散满地。又指出"夕餐秋菊之落英"，认为菊花初开才可餐，枯落了就不好餐了。这个"落"是始开的意思，像《诗经》中的《访落》，就是开始访问。（刘灏《广群芳谱》四十九）

　　这里讲到王安石和欧阳修讨论菊花诗的故事，这个故事不一定可靠，这里主要是借它来说明写作中的问题。王安石做了一首《残菊》诗，有两句说："黄昏风雨打园林，残菊飘零满地金。"虽说根据种菊花的史正志的话，菊花有两种，一种花瓣结密的不落，一种花瓣不十分结密的会落，但就一般所见的菊花说，以不落的为多。倘王安石真的看到罕见的落的菊花而作诗，应该加以说明，他没有说明，可见他没有看到这种罕见的菊花，因此欧阳修提出批评，说"秋英不比春花落，为报诗人子细吟"是对的。王安石指出屈原《离骚》里有"夕餐秋菊之落英"，他是根据屈原这话来的。这样说就有问题了。因为屈原讲服食菊花，初开的菊花有香气，才可采下来服食，要是枯萎的菊花就不适宜服食。因此有人说，屈原讲的"落英"，不是指落下来的花瓣，这个"落"字有开始的意义，指刚开的花瓣。这样说来，王安石误解了屈原的意义，再根据这种错误的理解来写诗，那自然也不对了。

　　从这里看，诗人作诗应该从生活出发而不该从书本出发。从书本出发，看到屈原说过秋菊落英，认为屈原是说菊花的花瓣会落掉的，因而写出"残菊飘零满地金"，那就不符合屈原的原意了。从这里，也看到理解诗句也要从生活出发。由于一个字可以有几个解释，所以"落英"可以指落下来的花瓣，也可以指刚开的花瓣。哪个解释恰当，结合服食菊花来讲，在生活中只服食刚开的菊花，不会服食枯萎的菊花，那么哪个意义恰当也就可以判断了。

二

杜甫《春夜喜雨》："好雨知时节，当春乃发生。随风潜入夜，润物细无声。野径云俱黑，江船火独明。晓看红湿处，花重锦官城。"纪昀批："此是名篇，通体精妙，后半尤有神。随风二句，虽细润，中晚唐人刻意或及之。后四句传神之笔，则非余子所可到。"（方回《瀛奎律髓》卷十七）

起有悟境，从次联得来。于"随风""润物"悟出"发生"，于"发生"悟出"知时"也。仇（兆鳌）曰："曰'潜'曰'细'，脉脉绵绵，写得造化发生之机，最为密切。"写雨切夜易，切春难，此为着眼。（浦起龙《读杜心解》卷三）

写诗要从生活中来。杜甫的《春夜喜雨》是一个好例子。他住在成都，观察到成都地区春雨的特点，"当春乃发生"，在春天下的，是细雨，所以"润物细无声"；因为细，所以随风飘拂，主要在夜里下，所以"潜入夜"。这是成都地区春雨的特点，不从生活中体察，是写不出来的。别处的春雨，不一定这样细，不一定主要在夜里下，不一定当春就下。这样的雨有利于春天植物的生长，所以说"好雨"。当时杜甫住在成都郊区，雨主要在夜里下，所以"野径云俱黑"，更显得"江船火独明"。这种雨一到早上就停了，所以"晓看红湿处"，"红湿"所以"花重"。

浦起龙说："起有悟境"，这个"悟"也是从生活体验中来。因为成都地区的春雨，不是偶然这样，是经常这样的。在成都住久了，自然悟到这一点，"好雨知时节"。于"发生"悟出"知时"，即好雨"知"时，把无知的雨写成有知，这里正透露出"喜雨"的感情来。纪昀从风格上看，认为随风二句写得细润，中晚唐人刻意或及之。他大概没看到，这两句是从生活体验中来，抓住成都地区春雨的特点，可见不仅写诗要有生活体验，读诗也要有生活体验，否则光从文字风格上看，就不会看到它的真正好处。

结合生活的真实来写，由于生活是变化多样的，所以同样写雨后的花，也可以写得不同。比方杜甫作"红湿""花重"，而王勃《郊兴》作"雨去花光湿，风归叶影疏。"钟惺批："'雨去''去'字妙，才于'花光湿'，'光'字有情。若直言'雨'，则'湿'在花而不在'光'矣。"谭元春批："'湿'，言'光'，'疏'言'影'，即不寻常。"（《唐诗归》卷一）杜甫写的是下了一夜的细雨，所以雨止以后，看到"红湿""花重"。王勃写的也是春雨，雨下的时间短，雨后日出，所以看不出"红湿""花重"，花上已经没有雨水，在日光照耀下更见滋润，所以说"花光湿"，这个"光"字显得花有精神，所以说"光"字有情。风停了，在日光照耀下，叶影清疏，一个"疏"字，显得日光从叶影中透出。两种雨后的花，按照生活的样子写出，所以写得完全不同。同样写细雨，杜甫写的是春雨，曾几写《仲秋细雨》："竹树惊秋半，衾裯惬夜分。"中秋天还热，下雨就凉快，所以说"衾裯惬夜分"。方回批："惬字当屡锻改乃得此字。"纪昀批："此字微妙，此评亦得其甘苦。"（《瀛奎律髓》卷二十）这里写感觉。结合感觉、结合思想感情来写景物，从生活中来，更可以写得丰富多彩。曾几有一首《悯雨》就写出了思想感情来："梅子黄初遍，秧针绿未抽。若无三日雨，那复一年秋。薄晚看天意，今宵破客愁。不眠听竹树，还有好音否？"这里关心农业生产，写得有感情。

体 察

一

诗语固忌用巧太过，然缘情体物，自有天然工巧而不见其刻削之痕。老杜"细雨鱼儿出，微风燕子斜"，此十字殆无一字虚设。细雨着水面为沤①，鱼常上浮而淰②，若大雨则伏而不出。燕体轻弱，风猛则不能胜，唯微风乃受以为势，故又有"轻燕受风斜"之语。至"穿花蛱蝶深深见，点水蜻蜓款款③飞"，"深深"字若无"穿"字，"款款"字若无"点"字，无以见其精致如此。然读之浑然全似未尝用力，此所以不碍其气格超胜。唐末诸子为之，便当入"鱼跃练江抛玉尺，莺穿丝柳织金梭"体矣。（叶梦得《石林诗话》卷下）

①沤（ōu 欧）：水泡。②淰（niǎn 捻）：跳。③款款：状缓缓。

描写景物要进行细致的体察，要看到景物的特点，抓住它的特点来写。这要靠诗人锐敏的观察，也跟诗人对景物的深切爱好有关，所以称为缘情体物。这里对怎样体察举出了具体的例子。

第一例是杜甫《水槛遣兴二首》之一，描写江边景物，一句是写他低头看到江里的景物，一句是写他抬头看到岸上的景物，正是仰观俯察，表示他赞赏景物的美，透露出他对景物的爱好。他看到细雨落在水面上，水面上有一个个水泡，鱼儿在这水泡中跳跃着；风轻，燕子借着风势飞行。这正是鱼儿和燕子自由自在地活动的时候，这里显示出万物的生机，诗人就这样细致地捕捉了这个景象把它描绘出来。第二例是杜甫《曲江二首》之二，写蝴蝶和蜻蜓，作者把蝴蝶放在花丛中写它，不是写静止的蝴蝶，写动的穿花的蝴蝶，还要透过深深的花丛才看见。写蜻蜓也是写动的蜻蜓，是在点水，还写出它点水时飞的姿态是款款的，即缓缓的。这样写真是工细极了，就是高明的画家也不容易画出。他后面两句说："传语风光共流转，暂时相赏莫相违。"诗人传话给大好风光，尽管跟着时光流转吧，只求让诗人暂时相赏，暂时不要违背人意匆匆溜走。作者抱着这种欣赏美好景物的心情，所以能够做出这样工细的描写。这种描写又是符合于景物的特点，所以是自然工巧的。

"鱼跃练江抛玉尺，莺穿丝柳织金梭"，是个写得不好的例子。这是说，江水像条白色的丝带子，鱼儿跃起来像抛起一支玉尺，柳条像丝线，黄莺在柳条中穿来穿去像黄金梭子在织丝。对比杜甫的诗句，细雨，所以鱼儿跃出，微风，所以燕子斜飞，穿花，所以说深深，点水，所以说款款，彼此都密切相关。鱼跃练江，莺穿丝柳，并没有说出在怎样情况下鱼跃莺穿，显得作者缺乏细致的观察。把鱼跃比

做抛玉尺，这是个很拙劣的比喻。作者只在辞藻上用功，像
"练""玉""丝""金"等的涂饰，并没有注意表现事物的
特色。所以这是做作的，不自然的，雕镂之迹毕露。

二

可言之理，人人能言之，又安在诗人之言之？可征之事，
人人能述之，又安在诗人之述之？必有不可言之理，不可述之
事，遇之于默会意象之表，而理与事无不灿然于前者也。今试
举杜甫集中一二名句，为子晰而剖之，以见其概，可乎？

如《元元皇帝庙①》作"碧瓦初寒外"句，逐字论之，言乎外，
与内为界也。初寒何物，可以内外界乎？将碧瓦之外，无初寒
乎？寒者天地之气也，是气也，尽宇宙之内无处不充塞，而碧
瓦独居其外，寒气独盘踞于碧瓦之内乎？寒而曰初，将严寒或
不如是乎？初寒无象无形，碧瓦有物有质，合虚实而分内外，
吾不知其写碧瓦乎？写初寒乎？写近乎？写远乎？然设身而处
当时之境会，觉此五字之情景，恍如天造地设，呈于象，感于目，
会于心。竟若有内有外，有寒有初寒，将借碧瓦一实相发之。

又《宿左省②》作"月傍九霄多"句，从来言月者，只有
言圆缺，言明暗，言升沉，言高下，未有言多少者。今曰多，
不知月本来多乎，抑傍九霄而始多乎？不知月多乎，月所照之
境多乎？试想当时之情景，非言明言高言升可得，而唯此多字
可以尽括此夜宫殿当前之景象。他人共见之而不能知不能言，

惟甫见而知之，而能言之。其事如是，其理不能不如是也。

又《夔州③雨湿不得上岸》作"晨钟云外湿"句，以晨钟为物而湿乎？云外之物何啻以万万计；且钟必于寺观，即寺观中，钟之外物亦无算，何独湿钟乎？然为此语者，因闻钟声有触而云然也。声无形，安能湿？钟声入耳而有闻，闻在耳，止能辨其声，安能辨其湿？曰云外，是又以目始见云，不见钟，故云云外。然此诗为雨湿而作，有云然后有雨，湿为雨钟，则钟在云内，不应云云外也。不知其于隔云见钟，声中闻湿，妙悟天开，从至理实事中领悟，乃得此境界也。

又《摩诃池泛舟》作"高城秋自落"句，夫秋何物，若何而落乎？时序有代谢，未闻云落也。即秋能落，何系之以高城乎？而曰高城落，则秋实自高城而落，理与事俱不可易也。(叶燮《原诗》)

　　①元元皇帝庙：即老子庙。②左省：亦称东台，宫里的机关之一。③夔（kuí 逵）：州名。

上面讲体察是要抓住景物的特点，这里讲体察是要写出诗人独特的感受。一般的景物，人们都看得到想得到的，可以不用去描绘。那些对诗人具有独特感受的景物，通过描写写出诗人的感受来，那样描写景物才具有特色。

"碧瓦初寒外"，老子庙是用碧琉璃瓦盖的，这点当时人都看到；时令正是初冬，这点当时人都感到；但"碧瓦初寒外"是诗人独特的感受。诗人感到碧瓦在初寒以外，其实碧瓦不会感到寒暖，这是诗人的感觉。诗人看到老子庙的壮丽，所谓"山河扶绣户，日月近雕梁"，在初寒中给人以温暖之感，所以说它在初寒外，写出诗人对壮丽建筑的赞美。

又"月傍九霄多"，九霄指天上极高处，古人把皇宫比做天上，这里带有消极的封建尊君思想。诗人当夜在宫里值宿，用九霄来比宫殿，说在宫里显得月亮的光明特别多一些，正反映了那种消极思想。

又"晨钟云外湿"，那时船泊夔州城外，因天雨不能上岸，所以只能在船里听到晨钟。夔州地势高，寺又在山上，所以说钟声从云外传来。从云外传来的钟声要通过云和雨才传到船里，所以说钟声要被沾湿。说钟声被沾湿这是一般人所想象不到的，这样写，正显出诗人感到雨的又多又密，所以上句说"江鸣夜雨悬"。

又"高城秋自落"，这是在晚秋写的，诗人坐船在摩诃池上，"湍驶风醒酒"，水急，风把人的酒意吹醒，说明诗人已感到秋末冬初景象，所以面对高城，好像秋正在消失中。这些都结合写景来反映感情，写出诗人独特的感受。

三

司空图表圣①自论其诗，以为得味于味外。"绿树连村暗，黄花入麦稀"，此句最善。又云："棋声花外静，幡②影石坛高。"吾尝游五老峰，入白鹤院，松荫满庭，不见一人，唯闻棋声，然后知此句之工也。但恨其寒俭有僧态。若杜子美云："暗飞

萤自照，水宿鸟相呼。""四更山吐月，残夜水明楼。"则才力高健，去表圣之流远矣。（苏轼《书司空图诗》）

东坡称陶靖节③诗云："平畴④交远风，良苗亦怀新'，非古之耦耕植杖者⑤，不能识此语之妙也。"仆居中陶⑥，稼穑是力⑦。秋夏之交，稍早得雨。雨余徐步，清风猎猎⑧，禾黍竞秀⑨，濯尘埃而泛新绿，乃悟渊明之句善体物也。（张表臣《珊瑚钩诗话》卷一）

①司空图表圣：唐诗人司空图，字表圣。②幡：佛家用的幡帜。③陶靖节：陶渊明，谥靖节。④平畴（chóu 酬）：平整的田亩。⑤耦耕：古代两人并耕。植杖：老农把手杖插在田里下田。⑥仆：我的谦称。中陶：陕西南郑县。⑦稼穑是力：用力种庄稼。⑧猎猎：状风声。⑨竞秀：争着抽穗。

诗人要善于细致地体察生活，读者也需要能体察作者所经历的类似的生活，才能对作品有深入体会。司空图的残句，"棋声花外静"，写出庙宇中极幽静的境界，正因为境界极幽静，所以棋声传来特别清晰。苏轼亲自经历到庙宇中这种境界，才体会到"棋声花外静"这句诗的工巧。陶渊明《癸卯岁始春怀古田舍》："平畴交远风，良苗亦怀新。"宋代张表臣参加农业劳动，在雨后的清风中，体察到庄稼经过雨水的洗濯，争着抽穗，泛出新绿，从而领会到"良苗亦怀新"工于体物。

苏轼指出同样工于体物，也分高下。棋声两句写出庙宇中的幽静境界，没有更深的含意。司空图的《独望》："绿树连村暗，黄花入麦移。"树荫茂密，村庄给遮盖住，望去有暗的感觉，黄花是黄的，麦子也黄熟了，所以入麦移。这里反映农村丰收在望的景象，就比棋声一联有意思。"良苗亦怀新"，反映出诗人对庄稼的热爱，自然更高了。

杜甫《倦夜》："暗飞萤自照，水宿鸟相呼。"他夜里困倦而睡不着，看到萤飞，听到鸟呼，写得工细。从萤自照、鸟相呼里，透露出寂寞的心情，有所感慨，不光是写景，所以接下去说："万事干戈里，空悲清夜徂（消逝）。"杜甫《月》："四更山吐月，残夜水明楼。"从一更到三更月被山遮住，到四更忽然见月从山那边显出。夜将尽了，看到月光照在水面，水光反照使楼上显得明亮。这两句写景，不光体物极工，境界也显得明朗开阔，比棋声两句的寒俭枯寂不同，也比较高。

赋 陈

赋之言铺，直铺陈今之政教善恶……则诗文直陈其事不譬喻者，皆赋辞也。（《毛诗正义·关雎传·疏》）

《诗·周南·葛覃》："葛之覃①兮，施于中谷②。维叶萋萋③，黄鸟于飞，集于灌木，其鸣喈喈。"朱熹注："赋者，敷陈其事而直言之者也。盖……追叙初夏之时，葛叶方盛，而有黄鸟鸣于其上也。"（《诗经集传》）

赋者铺也，铺采摛文，体物写志也。……原夫登高之旨，盖睹物兴情。情以物兴，故义必明雅；物以情观，故词必巧丽。丽词雅义，符采相胜，如组织之品朱紫，画绘之著玄黄，文虽新而有质，色虽糅而有本，此立赋之大体也。（刘勰《文心雕龙·诠赋》）

杜甫《吹笛》："吹笛秋山风月清，谁家巧作断肠声。风飘律吕④相和切，月傍关山几处明。胡骑中宵堪北走⑤，武陵一曲想南征⑥。故园杨柳今摇落，何得愁中却尽生⑦？"杜甫《秋兴八首》之一："蓬莱宫阙对南山⑧，承露金茎霄汉间⑨。西望瑶池降王母⑩，东来紫气满函关⑪。云移雉尾开宫扇，日绕龙鳞识圣颜。一卧沧江惊岁晚，几回青琐⑫点朝班。"于"吹笛关山"篇，则曰次联应前联"风"字"月"字，三联叹美，有何关涉？不知此前六句皆兴，末二句方是赋，意只在"故园愁"三字耳。论者谓"蓬莱宫阙"篇，首句刺土木，次句刺祷祠，次联应首句，三联应次句，有何关涉？不知此诗全篇皆赋，前六句追述昔日之繁华，末二句悲叹今日之流落耳。（吴乔《答万季野诗问》）

①罩：蔓延。②施：伸展。中谷：谷中。③萋萋：茂盛。④律吕：指曲调。⑤《世说新语》讲晋朝刘琨被胡骑所围，他在中夜吹胡笳，使胡骑皆有思乡的念头。⑥后汉马援南征武陵，作了《武溪深》的曲子。⑦笛中吹出《折杨柳》的曲调。⑧南山：终南山，正对蓬莱宫。⑨汉武帝造铜柱承露盘，要喝盘中露水来求长生。⑩《汉武故事》讲到西王母从瑶池下来看望汉武帝。⑪函谷关的关令尹喜，望见东方有紫气西来，是老子来到。⑫青琐：宫门上漆的青色连环纹。

赋、比、兴是《诗经》注里提出的三种写作修辞手法，赋属于写作，比兴属于修辞。赋是直接叙述或描写，不用明比或暗比。《诗经》里第一首注明赋的诗，是《周南·葛覃》。这首诗的第一章，写葛藤蔓延，伸展到山谷里。叶子长得茂密。那时黄鸟停在灌木上叫。这是描写景物，不用比兴，所以是赋。此外，像叙事诗，直接叙述事件的也是赋，如杜甫的《北征》诗。"皇帝二载秋，闰八月初吉。杜子将北征，苍茫问家室。"讲肃宗至德二年八月初一，杜甫要北去回家探亲。下面写他请假上路到家的种种情况，所以全诗都是赋。一路上写他看见的景物："山果多琐细，罗生杂橡栗，或红如丹砂，或黑如点漆。"丹砂、点漆是比喻，可见用赋来写的，其中也可以夹着比喻。到家以后，想到安史叛乱，唐朝约回纥出兵帮助，"阴风西北来，惨淡随回纥"。回纥出兵助唐，为什么说阴风惨淡呢？因为回纥兵到处抢劫掳掠，给人民造成苦难，所以用阴风惨淡来作暗比，这是兴。《北征》总的说来，是叙事，是用赋的手法，但其中也夹杂着比兴手法。

毛主席给陈毅同志谈诗的一封信里说："赋也可以用，如杜甫之《北征》，可谓'敷陈其事而直言之也'，然其中也有比兴。"毛主席讲《北征》是用赋来写的，然《北征》里面也有比兴，上面就是对《北征》里也有比兴的说明。

赋既可写景、叙事，也可述志抒情。描绘景物，讲究文采，所以说"铺采摘文"。古称"登高能赋"，看到景物引起情思，写感情要鲜明，写思想要正确，所以称"明雅"。《诗经》里赋的手法后来有了发展，构成一种文体。这种文体是从《诗经》中赋的手法演变来的，所以称为"古诗之流"。赋的源头是诗，诗的流是赋。赋的手法既可以写景、叙事、述志、抒情，而这种写景、叙事、述志、抒情的作品，它的体裁越来越扩大，不是诗体所能限，这就成了赋的文体。《文选》里的赋，有写京都的，祭祀的，打猎的，纪行的，游览的，宫殿的，江海的，物色的，鸟兽的，情意的，音乐的等，真是附庸蔚为大国。

成为一种文体的赋，更要讲究文采，里面包含了比兴手法。像《屈原》的《离骚》，既是长篇的诗，又是最早的辞赋。里面讲了许多草木鸟兽，都有寓意，是属于比兴手法。这样，作为文体的赋，是包括比兴在内，与写作手法之一的赋又不同了。

赋的意义有这样变化。到清朝吴乔讲的赋又同以前讲的两种赋稍有不同。吴乔讲杜甫的《吹笛》诗，认为前六句是引起题意的，后两句是直接点明题意的。因为兴有引起的意思，所以称前六句为兴；称后两句点明题意的为赋。又认为"蓬莱宫阙"首八句都是叙事，所以都是赋。这样讲赋和兴，和《诗经》里讲的赋比兴有什么不同呢？《诗经》里讲的赋是不用比兴的，吴乔讲的赋是包括比兴的。比方"蓬莱宫阙"篇，"承露金茎""西望瑶池""东来紫气"，都是用典，前两句用汉朝典故，后一句用春秋时典故，用这三个典故比方唐朝相信神仙道教，实际上是比，他却说是赋。再像《吹笛》，"胡骑中宵""武陵一曲"，也是用典，用刘琨马援的事来比，也是比，他却说是兴。

那么吴乔这样讲赋和兴有什么意思呢？意思是便于体会诗的主旨；把直接点明主旨的话称为赋，把引起主旨的话称为兴，更容易理解全诗的主旨。他从全诗的用意来看，只要是引起主旨的，不管它是比或赋，从它引起主旨这一点说，都说它是兴；从它说明主旨来说，不管它是比不是比，都说是赋。再从全诗用意看，凡是说明事情的，即使用比，也认为是赋。不是把兴和赋作为一种写作手法，是作为理解一首诗的分解方法。认为"蓬莱宫阙"首没有起兴话，都是赋。这样来讲赋和兴，可以帮助我们理解这首诗。按照吴乔的说法，诗从月下闻笛说起，由月下引起月照关山，由月照关山到闻笛，想起胡骑北走，因为胡骑正是月下闻胡笳声而思乡北走的。这里就归结到思乡，以思乡为旨。认为另一首以昔日繁华与今日流落对比。但这两首在杜甫诗中都算不得思想性强的诗。

　　总起来说，《诗经》里的赋，是一种叙述手法，跟比兴不同。后来用叙述手法来写的诗，其中也可以包含比兴。这种叙述手法，又变成了一种文体，不再是一种叙述手法了。最后，又把赋同兴作为一种理解作品的分析方法。

描　状

一

诗下双字极难，须使七言五言之间，除去五字三字外，精神兴致全见于两言，方为工妙。唐人记"水田飞白鹭，夏木啭黄鹂"，为李嘉祐诗，王摩诘①窃取之，非也。此两句好处，正在添"漠漠""阴阴"四字，此乃摩诘为嘉祐点化以自见其妙。如李光弼将郭子仪军②，一号令之，精彩数倍。不然，如嘉祐本句，但是咏景耳，人皆可到。要之，当令如老杜"无边落木萧萧下，不尽长江滚滚来"，与"江天漠漠鸟飞去，风雨时时龙一吟"等，乃为超绝。近世王荆公，"新霜浦溆绵绵白，薄晚林峦往往青"，与苏子瞻"沉沉炉香初泛夜，离离花影欲摇春"，皆可以追配前作也。（叶梦得《石林诗话》卷上）

①摩诘：王维字。②李光弼、郭子仪：唐朝平定安史之乱的两位大将。郭宽而李严，李代替郭带兵，一易旌帜，号令一新。

　　"水田飞白鹭，夏木啭黄鹂"，这两句诗有画意，白鹭黄鹂的色彩也很鲜明，是好的写景句。不过它的境界还不够开阔。有了"漠漠"和"阴阴"两词，就不同了。漠漠有广阔意，白鹭在广阔的水田上飞，比起光说在水田上飞来，境界要开阔多了。"阴阴"有一片浓阴意，黄鹂在一片浓阴的夏天的树林里叫，比起光说在夏天的树上叫，意境也不同。

　　从这个例子里，也看到了写景诗中双字描状的作用。如"无边落木（叶）萧萧下，不尽长江滚滚来"，加上"萧萧"，秋天落叶的声音描绘出来了；加上"滚滚"，长江的波涛汹涌的形象也写出来了。"江天漠漠鸟飞去"，加上"漠漠"，更显出江天境界的广阔。"新霜浦溆绵绵白，薄晚林峦往往青"，加上"绵绵"显出新霜的一片白，加上"往往"见得霜后的树林还大部分是青的。

　　这里讲叠词的描状作用是对的，说王维袭用李嘉祐诗是错的。高步瀛《唐宋诗举要》卷五王维《积雨辋川庄作》的注里，指出《石林诗话》根据李肇《国史补》卷上说王维窃李嘉祐诗，未及考正。"晁子止（公武）《郡斋读书志》（卷十七）曰：'李肇讥维"漠漠水田飞白鹭，阴阴夏木啭黄鹂"之句，以为窃李嘉祐，今嘉祐之集无之。岂肇之厚诬乎？'胡元瑞《诗薮内编》（卷五）曰：'世谓摩诘好用他人诗，如"漠漠水田飞白鹭"乃李嘉祐语，此极可笑。摩诘盛唐，嘉祐中唐，安得前人预偷来者，此正嘉祐用摩诘诗。'"

二

　　《西清诗话》："三吴①僧义海，以琴名世。六一居士尝问东坡：'琴诗孰优？'东坡答以退之②《听颖师琴》。公曰：'此只是听琵琶耳。'或以问海。海曰：'欧阳公一代英伟，然斯语误矣。"昵昵儿女语，恩怨相尔汝"③，言轻柔细屑，真情出见也。"划然变轩昂④，勇士赴敌场"，精神余溢，竦⑤观听也。"浮云柳絮无根蒂，天地阔远随飞扬"，纵横变态，浩乎⑥不失自然也。"喧啾⑦百鸟群，忽见孤凤凰"，又见颖孤绝⑧，不同流俗下俚声也。"跻攀分寸不可上，失势一落千丈强"，起伏抑扬，不主故常⑨也。皆指下丝声妙处，惟琴为然⑩。琵琶格上声，乌能尔邪⑪！退之深得其趣，未易讥评也⑫。'"（胡仔《苕溪渔隐丛话》前集卷十六）

　　①三吴：地名，指苏州到绍兴等地。②退之：韩愈字。③这是韩愈的《听颖师琴》诗，颖师是弹琴的人名。昵昵（nì 泥）：状亲昵。琴的声音开始像小儿女讲恩怨。相尔汝：彼此你我相称。④轩昂：高昂。⑤竦（sǒng 耸）：惊动。⑥浩乎：状广大。⑦喧啾：状众鸟声。⑧见颖孤绝：锋芒毕露，孤高突出。⑨不主故常：不守老一套。⑩丝声：弦声。为然：是这样。⑪乌能尔邪：怎么能够这样呢！⑫未易句：不宜轻易批评。

韩愈写了一首听颖师弹琴的诗,苏轼认为是写弹琴诗中最好的。欧阳修提出批评,说这是听弹琵琶的诗,不是听琴诗。义海和尚是弹琴专家,他说欧阳修的话错了,韩愈写的确实是听琴诗,不是听琵琶诗。关于是不是听琴诗,这是个音乐问题,这里不谈。光就描写音乐看,这首诗确实是写得好的。它的好处有下列几点。

第一,作者用具体景物来描绘音乐,并写出音乐的变化,使得我们可以从具体景物中体会到音乐的情味。开始时,音调柔婉,像小儿女在谈情;忽然变得声调高昂,像勇士奔赴前线;有时像柳絮飞扬,飘得很远;有时有一个声音显得很突出,像在众鸟叫声中突然有凤凰的叫声;有时声音高到不能再高,突然声音一落变到极低像从千丈高空掉下来似的。这样描绘音乐,确实是很形象的。

第二,作者运用语言的音韵跟音乐相配合。当音调柔和婉转时,作者用"语"和"汝"押韵,声调也比较柔和。音调转入昂扬时,作者的韵变了,改用"昂""场"押韵,声调比较昂扬,这两句的意气也是昂扬的。再下去描写声调的飞扬,像凤凰叫那样的高昂突出,总的说来都是昂扬的,所以也都用"阳"韵字。像这样让诗的音韵和音乐的声调相配合,更显出诗人用语的精练。

第三,作者描写音乐,不光用各种音调来比,像儿女语、鸟语,还用勇士昂扬的气概、柳絮的飞扬、跻攀坠落的动作来比,这就属于修辞上的"通感",参见《通感》节。

描写音乐的诗,李贺的《李凭箜篌引》也很有名。他的写法跟韩愈的写法不同,构成两种不同的风格。李贺写音乐的声音:"昆山玉碎凤凰叫,芙蓉泣露香兰笑。十二门前融冷光，二十三弦动紫皇。女娲炼石补天处，石破天惊逗秋雨。"他也用"凤凰叫"，韩愈也用凤凰叫，但两人写法不同。韩愈写声音由低到高，"喧啾百鸟群，忽见孤凤凰"，把凤凰的叫声从百鸟中突显出来。李贺把"凤凰叫"同富有神话色彩的昆仑山玉碎结合起来，再配合天上的紫皇，女娲炼石的神话。又用"江娥啼竹素女愁"来衬托，神话中的江娥素女都工于奏乐，也因自愧不如而发愁啼哭，"梦入神山教神妪"，神山的神妪要请他教，用了神话故事来呈现出一种奇幻的色彩。写音乐不但使人感动，也使花感动，芙蓉感泣香兰发笑，又使长安城的十二门前的冷光变得融和。这样写带有浪漫主义的色彩，同韩愈的描写带有现实主义的色彩不一样。

三

"燕燕于飞，差池①其羽。之子于归②，远送于野。瞻望弗及，泣涕如雨。"此真可泣鬼神矣。张子野③长短句云："眼力不如人，远上溪桥去。"东坡送子由④诗云："登高回首坡陇隔，惟见乌帽出复没。"皆远绍⑤其意。（许颉《彦周诗话》）

昔人临歧执别⑥，回首引望⑦，恋恋不忍遽去，而形于诗者，如王摩诘云："车徒望不见，时见起行尘。"欧阳詹云："高城已不见，况复城中人。"东坡与其弟子由别云："登高回首坡陇隔，但⑧见乌帽出复没。"咸纪行人已远，而故人不复可见。语虽不同，其惜别之意则同也。（陈岩肖《庚溪诗话》）

①差池：状不齐。②之子：这个女子。于归：回娘家。③子野：
张先字。④子由：苏轼弟苏辙字。⑤绍：继承。⑥临歧执别：在三
岔路口分别。⑦引望：引领望，伸长头颈望。⑧但：当作惟。

诗人往往通过具体景物来抒写感情，这又是一种描状手法。

这里引了几首写送别诗来作比较，可以看出同样表达恋恋
不舍的感情时所运用的各种手法。《诗·邶风·燕燕》是庄姜
送戴妫的诗，春秋时卫庄公的妻子庄姜没有儿子，就以妾戴妫
的儿子名完的做己子。庄公死了，完即君位，被杀。戴妫没有
依靠，只好回娘家去，庄姜送她，写了这首诗。一般送行，客
人的车子走了，主人也就回去了，庄姜不这样，直到戴妫的车
子已经望不见了，她还没有回去，哭得那样悲痛，这里显出两
人感情的深挚，当然也包括身世遭遇在内，由于戴妫回去不再
来了，生离等于死别，更感悲痛，所以说"真可泣鬼神矣"。

王维《观别者》说："车徒望不见，时见起行尘。"去
的人坐着车子已经走得望不见了，送行的还不走，还在望，
只看见车子走时扬起的尘土。欧阳詹《初发太原途中寄太原
所思》："驱马觉渐远，回头长路尘。高城已不见，况复城
中人。"这诗不是送行的人写的，是行人写的。行人走得远
了，回头望送行的人，只看到路上的尘土，连城墙都望不见
了，更说不上城中送行的人。张先的词，也写送行。行人走
了，看不见了，所以想登上较高的溪桥，可以望得远些。苏轼
《辛丑十一月十九日既与子由别于郑州西门之外，马上赋诗一
篇寄之》，当时，苏轼同苏辙在郑州分别，两人向不同方向走
去后，苏轼登高回头望，只看见苏辙的乌帽忽隐忽现，有时给

东西遮住了就隐，有时又看见就现。

　　这几首诗都写恋恋不舍之情，就这点说，都写得很成功。就写得具体说，那么"时见起行尘"比"瞻望弗及"具体些；"眼力不如人"从另一角度来写，别具匠心；就写得形象说，苏轼的"惟见乌帽出复没"，写得最为鲜明生动。

　　"惟见乌帽出复没"，同李白《黄鹤楼送孟浩然之广陵》的后两句可作比较。那诗说："故人西辞黄鹤楼，烟花三月下扬州。孤帆远影碧空尽，惟见长江天际流。"孟浩然坐船走了，李白在岸上望他，人已望不见，只望见孤帆远影，同苏轼的只望见乌帽出没，同样形象鲜明。孤帆句是写老朋友去远了，望不见了，连他坐的船也望不见了，只能望见孤帆，李白还在岸上望着；直到孤帆也看不见了，只看到遥远的帆影，还在岸上望着；连帆影也在碧空里消失了，还在岸上望着，只看见长江在天边流着。这样写，就比乌帽出没更有力，所以最为传诵。

情景相生

一

"萧萧马鸣，悠悠旆旌"，以萧萧悠悠字，而出师整暇①之情状宛在目前。此语非唯创始之为难，乃中的之为工也。荆轲云："风萧萧兮易水寒，壮士一去兮不复还！"自常人观之，语既不多，又无新巧；然而此二语遂能写出天地愁惨之状，极壮士赴死如归之情，此亦所谓中的也。古诗"白杨多悲风，萧萧愁杀人"。萧萧两字，处处可用。然唯坟墓之间，白杨悲风，尤为至切，所以为奇。乐天②云："说喜不得言喜，说怨不得言怨。"乐天特得其粗尔。此句用悲愁字，乃愈见其亲切处，何可少耶？诗人之工，特在一时情味，固不可预设法式也。（张戒《岁寒堂诗话》卷上）

兴在有意无意之间，比亦不容雕刻。关情者景，自与情相为珀芥③也。情景虽有在心在物之分，而景生情，情生景，哀乐之触，荣悴之迎，互藏其宅④。人情物理，可哀而可乐，用之无穷，流而不滞，穷且滞者不知尔。"吴楚东南坼⑤，乾坤日夜浮"，乍读之若雄豪，然而适与"亲朋无一字，老病有孤舟"相为融浃。当知"倬彼云汉⑥"，颂作人⑦者增其辉光，忧旱甚者益其炎赫⑧，无适而无不适也。（王夫之《姜斋诗话》卷上）

①整暇：军容整肃，士卒心情悠闲。②乐天：白居易字。③珀芥：琥珀把它磨擦一下，可以吸引芥子，比喻互相关联。④互藏其宅：即景中有情，情中有景。⑤坼（chè 彻）：裂开。⑥倬（zhuó 卓）：大。云汉：天河。⑦作人：鼓舞人改造人。⑧炎赫：状阳光的强烈。

情和景的关系是密切结合着的，诗人写景抒情，有各种各样的手法。

一种是情景分写，如上句侧重写景，下句侧重写情，或上联侧重写景，下联侧重写情，或上文侧重写景，下文侧重写情。

上下句各有侧重的，如荆轲《易水歌》，上句"风萧萧兮易水寒"，侧重写风和水，也含有悲壮的情绪；下句"壮士一去兮不复还"，写决死的感情。情景结合，更见悲壮。古诗"白杨多悲风"，侧重写景，也透出悲来；"萧萧愁杀人"，侧重写愁，反映的感情很深切。

上下联各有侧重的，像杜甫《登岳阳楼》，上联指出洞庭湖的浩渺无边，好像吴楚的东南部裂开了，天地在其中浮着，是写景。下联说亲朋没有一个字的来信，自己老病只在孤舟中漂泊，是抒情。蘅塘退士（孙洙）在《唐诗三百首》里批道，亲朋句承吴楚句，老病句承乾坤句。当时杜甫从四川东下，在岳阳楼上想念吴楚的亲友，所以吴楚跟亲友就这样连接起来了。他坐船东下，在水上漂泊，所以看到"乾坤日夜浮"，就同自己的老病孤舟联系起来了。景同情还是结合的。诗里所抒写的情虽是孤苦，但描写的景物是壮阔的，从壮阔的景物中见得杜甫处境虽孤苦，但意气并不消沉。

上下文各有侧重的，像《诗·大雅·云汉》："倬（大）彼云汉，昭回（光转）于天。"广大的银河，光芒照耀在天上，这是写景。中间隔了别的许多话，再说"旱既大（太）甚"，旱得太厉害了，看到银河的光芒照耀，感叹天还不下雨。这里上面侧重写景，下面侧重抒情。所不同的是，上引的"倬彼云汉"用来表达忧天旱的感情，可是在《诗·大雅·棫（yù域）朴》里说："倬彼云汉，为章于天。周王寿考，遐（远）不（助词）作人。"广大的银河，照耀在天上，周文王老寿，他深远地鼓舞人改造人。这是借银河的光芒来赞美周文王作育人才的光辉。由于各有侧重，所以同一写景句可以和不同的抒情句结合。

这里提出"中的"，认为描写景物，不仅要创造，还贵"中的"。人家已经写过的，也写一下，这没有意义，要写新的感受。写景主要是为了抒情，一定要所写的景物能够恰好地表达要抒的情，这就是"中的"。所以问题不在于写景中能不能用表达感情的字，如能不能用"喜"字"悲"字，而在于所写的景物是否"中的"。如"白杨多悲风"，用了"悲"字，跟"萧萧愁杀人"抒情的话结合起来，用来写墓地的景物，就恰好地衬出悲凉情味，就是"中的"。

这里又提出情景"互藏其宅",即情藏在景中,不是随便写景,要写含有情的景,离开了情的景就不宜写。景藏在情中,不是抽象写情,说悲说喜,而是在写悲喜时藏有景物。前者以写景物为主,写可以表达感情的景物;后者以抒情为主,不是空写抒情。如"吴楚东南坼,乾坤日夜浮",写洞庭湖的浩渺无边,这里正含自己漂泊无归的感情在内,即情藏在景物中。"亲朋无一字,老病有孤舟",写投老无归的感情,这里就含有在湖上漂泊的景物,从孤舟里透露出来,即景藏在情中。有时候,同一个写景的话,可以藏不同的感情,像"倬彼云汉"这句话,可以藏喜的感情,也可以藏忧的感情。这个例子说明写景的句子中可以不带表感情的字,或喜或忧就藏在景物里面,让下面写情的话来透露,不过那样的景物,一定要既可以表喜,也可以表忧的,而"互藏其宅"是情景相生所要求的写法。

二

知"池塘生春草""蝴蝶飞南园"之妙,则知"杨柳依依""零雨①其濛"之圣于诗,司空表圣所谓"规以象外,得之圜中"②者也。(王夫之《姜斋诗话》卷上)

"池塘生春草""蝴蝶飞南园""明月照积雪",皆心中目中与相融浃,一出语时,即得珠圆玉润,要亦各视其所怀来,而与景相迎者也。"日暮天无云,春风散微和③",想见陶令当时胸次④,岂夹杂铅汞人⑤能作此语。程子谓见濂溪一月坐春风中⑥,非程子不能知濂溪如此,非陶令不能自知如此也。(同

上卷下）

不能作景语，又何能作情语耶？古人绝唱句多景语。如"高台多悲风""蝴蝶飞南园""池塘生春草""亭皋木叶下""芙蓉露下落"皆是也，而情寓其中矣。以写景之心理言情，则身心中独喻之微，轻安拈出。（同上）

①零雨：微雨。②规：圆规，作动词用；圜：圆；指从大处着眼，看到的在现象以外，写的只是现象，从中显出现象以外的含意。③散微和：当作扇微和。④陶令：陶渊明为彭泽令。胸次：犹胸襟抱负。⑤道家用铅汞（水银）炼丹，夹杂铅汞人当指杂有道家思想的人。⑥程子：宋理学家程颢。濂溪：指周敦颐，因他住濂溪上。又朱光庭从程颢学，也说"在春风中坐了一月"。

一种是从写景中抒情，情包含在景中，如谢灵运《登池上楼》："池塘生春草，园柳变鸣禽。"诗人从春草中，从园柳和鸣禽中，感到春天的蓬勃生机，这里就透露出诗人喜悦的感情。又像张协《杂诗》："借问此何时，蝴蝶飞南园。"诗人在到边城去时，想到当时正是南园蝴蝶飞的季节，唤起一种美好的回想。谢灵运《岁暮》："明月照积雪，北风劲且哀。"侧重写景，只有一个"哀"字写情，用雪月寒风来抒发诗人的悲哀。柳恽《捣衣诗》："亭皋木叶下，陇首秋云飞。"亭皋是水边的原野，是妇人捣衣处；陇首即陇头，是妇人的丈夫远去的边远地区。从原野的叶落联想到陇头的云飞，从中透露出思妇望远怀人的感情。萧悫《秋思》："芙蓉露下落,杨柳月中疏。"写月下景物非常细致,反映出诗人那种安静闲适的心情。陶渊明《拟古》:"日暮天无云,春风扇微和。"诗人写出对美好春光的赞扬。这些都是写景句,或侧重写景句,从景中透露出感情来。

再像上文指出过的,《诗·车攻》:"萧萧马鸣,悠悠旆旌。"马在叫,旗子在悠闲地飘扬,这两句也是写景。从写景里,反映出军容整肃,所以不听见人声;旗子悠扬,反映战士准备去打猎,所以心情悠闲。

这里指出"杨柳依依""零雨其濛"是圣于诗,就是比别的写景名句更好,为什么?《诗·采薇》是写军士出征回来的诗:"昔我往矣,杨柳依依。今我来思(犹"兮"),雨雪霏霏。"上两句是写出征时的情形,下两句是写回来时的情况。出征时是春天,回来时是下雪天。出征时看到柳条柔弱随风飘动的样子,这个"依依"是写柳条,又不限于写柳条。这时征人怀念家室,不说自己和亲人的依依不舍,说"杨柳依依",是杨柳多情依依不舍,把杨柳拟人化,把自己和亲人的感情寄托在杨柳上,这样写同上引的写景名句不同。如"池塘生春草""蝴蝶飞南园"的写景里,没有用拟人化手法,所以和"杨柳依依"不同。

《诗·东山》是写军士到东山出征了三年才回来的诗:"我徂(往)东山,慆慆(状久)不归。我来自东,零雨其濛。"回来时细雨迷濛。这个"濛"既指细雨的迷濛,又不仅指细雨迷濛。军士出征了三年才回来,在这三年中同家人音讯不通,不知家里情况怎样。有的想到也许是"鹳鸣于垤(土丘),妇叹于室";有的想到也许那个姑娘已经出嫁了:"之子于归(这个姑娘出嫁),皇驳(指马的毛色)其马。亲结其缡（她母亲亲自把佩巾替她结在带上），九十其仪（礼物很多）。其新孔嘉，其旧如之何？（新人很好，旧人怎么样）"正因为军士在回家路上有各种各样想法，心里感到迷茫。所以这个"濛"字不光写细雨，也反映了军士迷茫的心情。所以说"圣于诗"。

三

　　诗以用事为博，始于颜光禄①而极于杜子美；以押韵为工，始于韩退之而极于苏黄②。然诗者，志之所之③也，情动于中而形于言，岂专意于咏物哉？子建④"明月照高楼，流光正徘徊"，本以言妇人清夜独居愁思之切，非以咏月也；而后人咏月之句，虽极工巧，终莫能及。渊明"狗吠深巷中，鸡鸣桑树颠"，本以言郊居闲适之趣，非以咏田园；而后人咏田园之句，虽极其工巧，终莫能及。故曰："言之不足，故长言之；长言之不足，故咏叹之；咏叹之不足，故不知手之舞之足之蹈之。"后人所谓"含不尽之意"者此也。用事押韵，何足道哉！（张戒《岁寒堂诗话》卷上）

　　①颜光禄：南朝宋诗人颜延之，官做光禄大夫。②苏黄：苏轼、黄庭坚。③志之所之：志所到达，指诗用来表达思想。④子建：曹植的字。

这里指出写景句要怎样才能写得富有诗意，富有情味，也就是从另一角度来说明景中含情。写景诗有的写得很用力，极工巧，却是诗味不够；有的写得很自然，好像并不费力，却写得很有诗味：这两者的分别在哪里？前者是由于诗人的感情不够真挚，所以虽用力刻划景物，还是诗味不足；后者是由于有了真挚的感情，所以好像并不用力刻划景物，却能在景物中透露作者的情思，这样的写景句就有诗味。像曹植《七哀》："明月照高楼，流光正徘徊。"这是写景，但不光是写景，诗人在这首诗里主要是写出思妇的痛苦心情，流光徘徊正好衬出愁思的萦回。陶渊明的《归田园居》，写狗吠鸡鸣，正显出乡间的幽静，如同"鸟鸣山更幽"那样，透露出诗人喜爱田园闲适之趣。这说明写景不能专在景物上用工夫，先要有真实感情，才能写好景物，这里就接触到下文谈的触景生情和缘情写景了。

四

有有我之境，有无我之境。"泪眼问花花不语，乱红飞过秋千去""可堪①孤馆闭春寒，杜鹃声里斜阳暮"，有我之境也。"采菊东篱下，悠然见南山""寒波淡淡起，白鸟悠悠下"，无我之境也。有我之境，以我观物，故物皆著我之色彩；无我之境，以物观物，故不知何者为我，何者为物。古人为词，写有我之境者为多，然未始②不能写无我之境，此在豪杰之士能自树立耳。（王国维《人间词话》）

万楚《题情人药栏》："敛眉语芳草，何许太无情。正见离人别，春心相向生。"钟惺评："'太无情'，望之以有情也，横得妙。"谭元春评："此诗骂草，后诗托花，可谓有情痴矣，不痴不可为情。"

又《河上逢落花》："河上逢落花，花流东不息。应见浣纱人，为道长相忆。"钟惺评："此与前诗同法，'正见'相向着'芳草'上，'应见'为道着'落花'上。怒语'芳草'，温语'落花'，皆用无情为有情，无可奈何之词。"（《唐诗归》卷一三）

①可堪：那堪。②未始：未尝。

王国维在《人间词话》里讲"有我之境"和"无我之境"，其中的"无我之境"和"以物观物"是根据叔本华的说法。叔本华认为人在直观（直觉）中与万物无异，所以说"无我"，说"以物观物"，即指写直觉中的境界。直觉中的境界用触景生情来解释，是比较合适的。

从"无我之境"看，实际上就是触景生情。作者当时的心里比较平静，没有什么激情，王国维称这种心境为"物"，这时凭直觉去观察外物，他称为"以物观物"。这时受到外界景物的刺激，激起感情，由于这种感情是从外物引起的，好像是从外物那里传过来的，所以说"不知何者为我，何者为物"。实际上，触景生情的情还是作者本身所具有的，所以一接触到某种景物，又被唤起了。比方陶渊明《饮酒》之五："采菊东篱下，悠然见南山，山气日夕佳，飞鸟相与还。"说"采菊",说"悠然","见南山",显然有个"我"在，可见"无我之境"还是有"我"的。只是当时诗人的心情是平静的，在东篱下采菊时，偶然抬头看到南山的气象很好，看到飞鸟一块回去。飞鸟回去有什么好呢？诗人在《归去来兮辞》里把自己的辞官归隐比做"鸟倦飞而知还"，所以看到"飞鸟相与还"，引起了自己的感触，觉得气象很好，是触景生情。

元好问《颖亭留别》："寒波淡淡起，白鸟悠悠下。怀归人自急，物态本闲暇。"诗人急于想归去，心情并不悠闲。可是他看到寒波淡淡，白鸟悠悠，很悠闲的样子，跟自己的心情并不相同。诗人于是把悠闲的物态写出来，用来同自己的心情对照，收到反衬的作用。当时诗人的心情并不悠闲，这种悠闲的感觉是外界的景物唤起来的，所以也是触景生情。这种情当然也是诗人所本有的，所以能够被外界景物所唤起。

"有我之境"指的是诗人当时的心情比较激动，把这种激动的心情加到景物上去，高兴时看到一切景物也都在高兴，悲哀时看到一切景物也都在悲哀，所谓"物皆著我之色彩"，构成缘情造境。像欧阳修《蝶恋花》："门掩黄昏，无计留春住。泪眼问花花不语，乱红飞过秋千去。"这位女子因为她所想念的人在外游荡不归，无法留住，所以在"无计留春住"中感慨很深，非常悲苦。她把这种感情加到景物上去，把花人格化而去问它，又写花的飘零，来显示自己的感触。秦观《踏莎行》："雾失楼台，月迷津渡，桃源望断无寻处。可堪孤馆闭春寒，杜鹃声里斜阳暮。"作者遭到贬谪，把自己悲苦的心情移到景物上去，所以看到的是孤馆春寒，再加上个

"闭"字，显得孤独寂寞而凄冷，听到的是杜鹃哀鸣，又在斜阳暮的时候，更显得悲苦。

这样看来，触景生情和缘情写景不同，但也有类似处。触景生情，情是由景引起的；缘情写景，情不是由景引起的，这是两者的不同处。情由景引起，同样的景往往会唤起类似的情；情不是由景引起，不同的情会给景物着上不同的感情色彩。比方杜牧的《山行》："停车坐爱枫林晚，霜叶红于二月花。"枫叶的美引起诗人的喜悦，是触景生情，可喜的景物引起了诗人喜悦的感情。《西厢记》的长亭送别里说："朝来谁染霜林醉，点滴是离人泪。"枫叶是可喜的景物，反而引起诗人的悲哀，这是诗人给它着上悲哀的色彩。

缘情写景也可以采用拟人化的手法，像"泪眼问花花不语"，好像花跟人那样，所以要问它，是化无情为有情。唐诗人万楚的两首诗，骂草托花，把花草看成有情之物。唐人的所谓"情人"，与现在的意义不同，可指亲密的朋友。芳草正见知交分别，却相向着欣欣向荣，对离别之苦显得太无感情，在这个埋怨里把芳草拟人化了。第二首写"逢落花"，用个"逢"字，好像碰到朋友那样，要托它带口讯。因为在河上，河水能流到浣纱人处，所以托它。

这里指出诗人缘情写景的三种手法：一种是选取适于抒情的景物来写。比方上引秦观的词，诗人要表达愁苦的心情，就选择使人感到愁苦的景物来写，像"可堪孤馆闭春寒，杜鹃声里斜阳暮。"一种是对那不适于抒情的景物，把它改造一下。比方把枫叶说成"点滴是离人泪"。经过这样改造，就把它改得适于抒情了。三是用拟人化的手法，化无情为有情，感情的色彩就更强烈了。

五

隋任希古《昆明池应制诗①》曰："回眺牵牛渚,激赏镂鲸川。"便见太平宴乐气象。今一变云:"织女机丝虚夜月,石鲸鳞甲动秋风。"读之则荒烟野草之悲,见于言外矣。

《西京杂记》云:"太液池②中有雕菰③,紫箨④绿节。凫⑤雏雁子,唼喋⑥其间。"《三辅旧图》云:"宫人泛舟采莲,为巴人棹歌。"便见人物游嬉,宫沼富贵。今一变云:"波漂菰米沉云黑,露冷莲房坠粉红。"读之则菰米不收而任其沉,莲房不采而任其坠,兵戈乱离之状具见矣。(杨慎《升庵诗话》卷六)

①应制诗:奉皇命做的诗。②太液池:在长安。池中刻有石鲸。③雕菰(gū孤):嫩芽如笋,即茭白,结实叫菰米。④箨(tuò唾):菰壳。⑤凫(fú扶):野鸭。⑥唼喋(shà zhá 啥闸):水鸟聚食声。

描写同样景物或同类景物,可以表示完全不同的感情,由于感情不同,对于所写的同样景物或同类景物也会从不同的角度去描写,构成不同的画面和不同的气氛。

任希古的"回眺牵牛渚,激赏镂鲸川",是描写长安昆明池的景物。昆明池里有石鲸,池的左面刻有牛郎像,右面刻有织女像。这两句具体地写到石鲸和牵牛。在"回眺"里说明作者的回环眺望,带有欣赏的意味,透露出作者的悠闲心情。到"激赏"里,那就写出激烈赞赏来,作者的感情很明显地表达出来了。正由于这种感情，所以用"镂鲸"，赞美石鲸雕镂的精美。杜甫在《秋兴》里写昆明池上景物，也写石鲸，还写到织女像，说："织女机丝虚夜月，石鲸鳞甲动秋风。"他结合夜月秋风来写，用"虚夜月"来写出昆明池上的荒凉寂寞，用"动秋风"来寄托诗人的感触，好像石鲸有知，也为乱离感慨而激动得鳞甲都在秋风中动起来了。从而感叹长安乱后荒凉的景象，抒写诗人的悲哀。

再像同样写池子里的雕菰和莲花，要是写出雕菰的色彩，写各种水鸟的嬉游，更加上宫女坐着船唱着歌去采莲，作者的感情是愉快的。杜甫在《秋兴》里作"波漂菰米沉云黑，露冷莲房坠粉红"，写菰米莲房，配上"波漂""露冷"，写出"沉云黑""坠粉红"的景象，显得没有人去收割菰米和采摘莲房，同样写出乱后零落荒凉的景象。诗人就这样善于从不同角度去摄取不同的镜头，构成不同气氛，用来表达不同的感情。

六

老杜诗："天高云去尽，江迥①月来迟。衰谢多扶病，招邀屡有期。"上联景，下联情。"身无却少壮，迹有但羁栖。江水流城郭，春风入鼓鼙。"上联情，下联景。"水流心不竞，云在意俱迟。"景中之情也。"卷帘唯白水，隐几②亦青山。"情中之景也。"感时花溅泪，恨别鸟惊心。"情景相融而莫分也。"白首多年疾，秋天昨夜凉。""高风下木叶，永夜揽貂裘。"一句情一句景也。固知景无情不发，情无景不生，或者便谓首首当如此作，则失之甚矣！

如"浙浙风生砌，团团月隐墙，遥空秋雁灭，半岭暮云长，病叶多先坠，寒花只暂香。巴城添泪眼，今夕复清光。"前六句皆景也。"清秋望不尽③，迢递④起层阴，远水兼天净，孤城隐雾深，叶稀风更落，山迥日初沉，独鹤归何晚，昏鸦已满林。"后六句皆景也，何患乎情少。（范晞文《对床夜语》卷二）

①迥（jiǒng 窘）：远，这里作广阔解。②隐几：靠在矮桌上。③尽：当作极。④迢递：犹遥远。

抒情和写景有各种写法，只要能够生动地把情和景写出来就好，具体的写法是变化多端，不可拘泥的。这里用具体例子来作说明。杜甫《观作桥成月夜舟中有述还呈李司马》："天高云去尽，江迥月来迟。"这两句写景，由于"云去尽"，才感到"天高"；由于"月来迟"，才感到"江迥"，"云去尽"显出秋高气爽，"月来迟"表示期待殷切，写景中含有感情。下两句"衰谢多扶病，招邀屡有期"，讲自己的衰病，感谢李司马的相邀，是抒情。这是先写景，后抒情。杜甫《春日梓州登楼》："身无却少壮，迹有但羁栖。"自身不能再少壮，感叹衰老，踪迹只是羁留栖息，感叹漂泊，是抒情。又说："江水流城郭，春风入鼓鼙。"是写景。当时党项羌在三月里进攻同州，战乱未定，所以说"入鼓鼙"。正由于战乱，所以还在漂泊。这是先抒情，后写景。

杜甫《江亭》："水流心不竞，云在意俱迟。"是杜诗中写景抒情的名句。水在流动，跟心在活动相应，但这是"无心与物竞"，不为争名争利，正像水流也不是和谁争竞一样。"云在"而不流，和"意俱迟"相应。这两句是在景物中寄托着一种对人生的看法，这种看法跟他的个人遭遇有关，他的政治抱负几经挫折，不免产生消极思想，但其中也保持着不愿争名争利在内。这种思想，让道学家写起来，往往酸腐，发议论，不成为诗。杜甫却写得那样自然，而且结合着形象，反映了思想感情，所以是名句。情和景交织在一句中，是触景生情。杜甫《闷》："卷帘唯白水，隐几亦青山。"这是说从屋里望出去只有白水青山，单调极了，寂寞极了，所以感到苦闷。《西清诗话》说："人之好恶（爱恨）固自不同。子美在蜀作《闷》诗，乃云'卷帘唯白水，隐几亦青山'。若使余居此，应从王逸少语：吾当卒以乐死，岂复更有闷耶！"杜甫并非不喜欢白水青山，只是由于他在漂泊中感到寂寞苦闷，这是缘情写景，情和景也结合在一句中。

杜甫《春望》："感时花溅泪，恨别鸟惊心。"并非花鸟不可喜爱，只是杜甫忧国忧时，所以对花溅泪，听鸟惊心，也是缘情写景。杜甫《潭州送韦员外迢牧韶州》："白首多年疾，秋天昨夜凉。"一句感叹，一句写景，由于秋凉，更感衰病。杜甫《江上》："高风下木叶，永夜揽貂裘。"一句写景，一句叙说长夜不能入睡，裹着貂裘，这同衰病有关。这里说明表达情景有各种变化，没有一定方法。

杜甫在《薄游》诗里感叹自己的漂泊，前六句写景，后两句说："巴城添泪眼，今夕复清光。"清光指月色，在月下掉泪，是抒情。作者的感情，从前面六句的写景中也有所透露。像看到病叶先坠，可能引起作者衰病的感叹，寒花暂香，可能感叹好景不长。再像秋雁灭，也可能有所想望；暮云长也可能是想望不见的感叹。杜甫在《野望》诗里开头的"清秋望不极，迢递起层阴"，说望出去有层层阴云遮住。这里写他有所想望，是抒情。下面六句写景，其中像孤城隐雾，和上文的"起层阴"相应。总之，写景和抒情没有一定规格，但必须情景相生，紧密呼应，来加强所表达的感情。

七

"夜凉吹笛千山月，路暗迷人百种花。棋罢不知人换世，酒阑无奈客思家。"此欧阳公绝妙之语，然以四句各一事，似不相贯穿，故名之曰《梦中作》。

永嘉士人薛韶喜论诗，尝立一说云：老杜近体律诗，精深妥帖，虽多至百韵亦首尾相应，如常山之蛇①，无间断龃龉②处。而绝句乃或不然。五言如："迟日江山丽，春风花鸟香。泥融飞燕子，沙暖睡鸳鸯。""急雨捎溪足，斜晖转树腰。隔巢黄鸟并，翻藻白鱼跳。""江动月移石，溪虚云傍花。鸟栖知故道，帆过宿谁家。""凿井交棕叶，开渠断竹根。扁舟轻袅③缆，小径曲通村。""日出篱东水，云生舍北泥。竹高鸣翡翠，沙僻舞鹍鸡④。""钓艇收缗⑤尽，昏鸦接翅稀。月生初学扇，云细不成衣。""舍下笋穿壁，庭中藤刺檐。地晴丝冉冉，江白草纤纤。"七言如："糁⑥径杨花铺白毡，点溪荷叶迭青钱。笋根稚子无人见，沙上凫雏傍母眠。""两个黄鹂鸣翠柳，一行白鹭上青天。窗含西岭千秋雪，门泊东吴万里船"之类是也。

予因其说，以唐万首绝句考之，但有司空图《杂题》云：
"驿步⑦低萦阁，军城鼓振桥。鸥鸣湖雁下，雪隔岭梅飘。""舴
艋⑧猿偷上，蜻蜓燕竞飞。樵香烧桂子，苔湿挂蓑衣"之类亦然。
（洪迈《容斋诗话》卷五）

①相传会稽常山蛇，人物触着它，中头则尾至，中尾则头至，
中腰则头尾并至，比喻全篇各部分紧密呼应。②龃龉（jǔ yǔ 举羽）：
不一致。③袅（niǎo 鸟）：系。④鹍（kūn 昆）鸡：似鹤，黄白色。
⑤缗（mín 民）：钓丝。⑥糁（sǎn 伞）：犹散落。⑦驿步：驿埠，
设有驿站的埠头。⑧舴艋：小船。

这里指出绝诗中一种特殊的修辞手法，四句各写景物，彼
此并列，中间没有呼应关系的词，只靠这些景物的安排构成一种
境界。这里又分为二：一，像把几件景物安排在一个画面里，
构成一幅完整的画；二，像把几幅画挂在一起，构成一组画。

构成一幅画的，像杜甫《绝句》"迟日江山丽"，在
这幅画面里，有江山、花鸟、燕子、鸳鸯，用四样景物构成
一幅画面，显出蓬勃的春意。诗人在这四样景物的排列上运
用的手法，一是对偶；二是先后安排。把并列的景物结合成
两联。第一联的景物较阔大，较概括，如江山花鸟；第二联
的景物较突出，较具体，如燕子鸳鸯；前者为远景，后者为
近景。用"迟日"来陪衬"江山"，"春日迟迟"，已经含
有春意。说"花鸟香"，极力写春风中送来的花香，好像一

切都带有香气，所以说"花鸟香"了。用泥融沙暖来陪衬，泥融了，燕子好衔泥作窠，所以和"飞燕子"相应；沙暖和睡鸳鸯相应。再像《绝句》"江动月移石"，把四样景物构成夜景。月亮倒影在江里的石头上，江水动了，石头上的月亮也移动起来。溪水清澄得像空的，天上的云影倒映水中，水中的云影便靠傍在溪旁的花上。两句构成美丽的夜景。这时飞鸟归巢，航船夜过。江动、溪虚是向下看，鸟栖是向上看，帆过是向远看，把上下远近的景物构成一幅画。"江动""溪虚"是一动一静，"鸟栖""帆过"是一静一动。"云傍花"，静中有动态，用"傍"字好像有意靠近，含有情味。从鸟栖里想到鸟的有归宿，从帆过里关心客人不知宿谁家，这里也流露出诗人"漂泊西南天地间"的感慨。再像"日出篱东水"，日照篱东，云生屋北，点明方向。竹上有翡翠叫，沙边有鹧鸪舞，一向上看，一向下看。日照云生是远景，较阔大，但把"日出"跟"篱东水"相接，把"云生"跟"舍北泥"相接，把远景说得非常靠近，好像就在舍北篱东。翡翠叫、鹧鸪舞是近景，接上"竹高""沙僻"，把眼前所见写得远一点，好像在高处在僻远处。这里写的是雨过新晴之景，因为雨过，所以云低，跟"舍北泥"相接；因为新晴，所以说"日出"，跟"篱东水"相接。把日出和云生写得靠近，正贴切雨过新晴。竹子往往在屋后，跟屋北联系；沙边可能在篱东。这样，就把东北方位，上下远近景物构成一幅画。"钓艇收缗尽"，渔船上的钓竿都收起了，归鸦前后连接着飞的少了。月亮开始在模仿团扇，还没有十分圆满。云很细，不像"云想衣裳花想容"的衣裳。钓艇是向下看，昏鸦是向上看。钓艇、昏鸦是暮色朦胧之景，较暗，月生云细较亮。这里时间有先后，由昏暗转向明亮。这里从上下、先后、明暗构成活动的画面。

"糁径杨花"首，路面给杨花铺成一条白毯子，溪里初生的荷叶像重叠的青钱。竹根下生起小的笋，沙上有凫雏傍母眠。糁径指陆上，点溪指水里，笋根指陆上，沙上指水边。杨花荷叶的影子较阔大，稚笋凫雏的描写较细致。这样，就分别水陆和景象的阔大或细致构成画面。"两个黄鹂"首，黄鹂在翠柳上鸣，白鹭飞上青天。从窗里看到西山上的雪，门口停着去东吴的船。黄鹂近景，白鹭远景，千秋雪远景，万里船近景。上联黄、翠、白、青，用了四种颜色，色彩鲜明。这样，就景物的远近和各种色彩构成画面。千秋雪显得时间的永恒，万里船显得空间的广阔，含意深远，那就不是画所能画出的了。

构成一组画的，如欧阳修的"夜凉吹笛"，四句诗好像一组四幅画，不适宜在一幅画面上描绘出来。它是写梦境，梦到千山深处，笛声嘹亮，仰看月照千山。那里百花齐放，诗人就穿花寻路，由于花林茂密，所以路暗迷人。诗人终于到了仙家，下棋欢饮，直到棋罢酒阑，忽起思家之念，朦胧中又想起了仙家一局棋，人间已换世的传说，这就惊醒了。以上所提出的解释不一定符合作者原意，只是说明可以把四句串连起来，反映诗人的梦境。在梦里诗人有一些出世的想法，但酒阑思家，终于忘不了人世。正像苏轼《水调歌头》："我欲乘风归去，又恐琼楼玉宇，高处不胜寒。"这四句看来毫无关系，还是密切相关，联系起来反映作者复杂而矛盾的心情。

上面举出的两种情景的排列，前一种用四样景物构成一幅画面，有形象，配合得很自然，觉得像看图画那样美。这种手法有这样优点，所以杜甫好几处用到它。后一种构成一组画的，句和句的配合不像上一种那样自然，全诗所表示的思想感情也不容易捉摸，确有些费解，因此欧阳修说是《梦中作》。可见这两者是有不同的。

境界全出

一

　　"红杏枝头春意闹"，着一"闹"字而境界全出。"云破月来花弄影"，着一"弄"字而境界全出矣。（王国维（《人间词话》）

　　欧九《浣溪沙》词："绿杨楼外出秋千。"晁补之①谓，只一"出"字便后人所不能道。余谓此本于正中②《上行杯》词"柳外秋千出画墙"，但欧语尤工耳。（同上）

　　琢句炼字，虽贵新奇，亦须新而妥，奇而确。妥与确总不越一理字，欲望句之惊人，先求理之服众。时贤勿论，古人多工于此技。有最服余心者，"云破月来花弄影郎中③"是也；有飞声千载上下而不能服强项之笠翁者，"红杏枝头春意闹尚书④"是也。"云破月来"句，词极尖新而实为理之所有。若红杏之在枝头，忽然加一"闹"字，此语殊难著解。争斗有声之谓闹，桃李争春则有之，红杏闹春，予实未之见也。"闹"字可用，则"吵"字"斗"字"打"字皆可用矣。子京当日以此噪名，人不呼其姓名，竟以此作尚书美号，岂由尚书二字起见耶？予谓"闹"字极粗俗，且听不入耳，非但不可加于此句，并不当见之诗词。近日词中争尚此字，皆子京一人之流毒也。(李渔《窥词管见》)

①补之：宋诗人晁无咎字。②正中：南唐词人冯延巳字。③郎中：宋词人张先，官至都官郎中。云破月来花弄影郎中和红杏枝头春意闹尚书，见《苕溪渔隐丛话》引《遯斋闲览》。④尚书：宋学者兼作者宋祁，官工部尚书，字子京。

宋祁的《玉楼春》词写春景，"红杏枝头春意闹"，张先的《天仙子》写夜景，"云破月来花弄影"，都选择有代表性的景物来写。早春时最足以显示春光的是红杏，春夜的月下花前景物最美，这里已显出作者选择的工夫。作者还选择景物的动态来写，写"闹"和"弄"，用这两字就把春意和花写得好像有知觉似的，显得生动了。闹字又唤起人们许多联想，人们可以把自己体会到的春意蓬勃景象来丰富这句诗意。弄字使人想象到不仅花在风中摇动，影子也在舞动，这样构成的画面是美的，也使人感到月色的美好。

欧阳修的《浣溪沙》"绿杨楼外出秋千"，和冯延巳《上行杯》的"柳外秋千出画墙"，也都不是写静态而写动态。背景是绿杨楼外或柳外画墙，显得富丽。秋千一般是女子荡的，从出楼外、出画墙的两个出字里，说明秋千荡得极高，使人唤起美好的想象。

从这些例子看来，作者都选择一个精彩的镜头来写，写的都是动态，有的用拟人法，或作正面描绘，或加上各种背景，都用精练的字来唤起读者联想，里面含有作者的情意，所以能使境界出来。

至于"红杏枝头春意闹"的"闹"字，钱锺书先生在《通感》里指出，用"闹"字"是想把事物的无声的姿态描摹成好像有声音，表示他们在视觉里仿佛获得了听觉的感受。""其实宋祁那句词的上句，'绿杨阴外晓寒轻'，把气温写得好像可以称斤论两，也是一种通感，李渔倒放它滑过去，没有明白它跟'红杏闹春'是同样性质的写法。"（《文学评论》1962年第1期）再说用"闹"字，才能夸张地把春天热闹的感觉写出，所以能获得当时人的称赏。

二

常观姜论史词①，不称其"软语商量"，而赏其"柳昏花暝"，固知不免项羽学兵法之恨②。（贺裳（《皱水轩词筌》）

贺黄公③谓姜论史词，不称其"软语商量"，而称其"柳昏花暝"，固知不免项羽学兵法之恨；然"柳昏花暝"，自是欧秦辈④句法，前后有画工、化工之殊，吾从白石⑤，不能附和黄公矣。（王国维《人间词话》）

①姜、史：姜夔、史达祖。史达祖的《双双燕·春燕》道："过春社了，度帘幕中间，去年尘冷。差池欲住，试入旧巢相并。还相

雕梁藻井，又软语商量不定。飘然快拂花梢，翠尾分开红影。芳径，
芹泥雨润。爱贴地争飞，竞夸轻俊。红楼归晚，看足柳昏花暝。应
自栖香正稳，便忘了天涯芳信。愁损翠黛双蛾，日日画栏独凭。"②
项羽学兵法：项羽的叔父教项羽学兵法，他学了一点就不想再学，
不肯学完，指知道一点就算了，不作深入的理解。③黄公：清人贺
裳字。④欧、秦：欧阳修、秦观。⑤白石：姜夔号白石道人。

史达祖《双双燕·春燕》是很传诵的一篇，姜夔最赏识
其中的"红楼归晚，看足柳昏花暝"句。贺裳不同意，却赞赏
"还相雕梁藻井，又软语商量不定"。王国维不同意贺裳说
而同意姜夔，认为"柳昏花暝"是化工，"软语商量"是画
工。画工求形似，要画得像。燕子飞来在梁上做窠，呢喃地
叫着，诗人把它拟人化，说燕子软语商量在哪儿做窠好，这
样，确实写出燕子的特点，不能用来指别的鸟，是写得很逼真
的，但并无其他情味，所以说画工。化工是求神似，要画出精
神来。"红楼归晚，看足柳昏花暝"。燕子回来得晚，因为
它看够了花柳。柳荫浓密，花开得繁密，燕子要衔泥做窠，
"爱贴地争飞"，在柳荫和花丛中飞，所以感到柳昏花暝。这
样，确是写燕子，但又不限于写燕子，它还写出红楼中的女
子，她在注意燕子的归晚，羡慕燕子双双看足柳昏花暝。
这就景中含情，写出一种境界来。王国维的赞美，就因它
有境界。

咏 物

一

　　章质夫咏《杨花》词①，东坡和之②。晁叔用以为："东坡如王嫱、西施，净洗脚面，与天下妇人斗好，质夫岂可比哉！"是则然矣。余以为质夫词中所谓"傍珠帘散漫，垂垂欲下，依前被风扶起"，亦可谓曲尽杨花妙处，东坡所和虽高，恐未能及，诗人议论不公如此。（魏庆之《诗人玉屑》）

　　东坡"似花还似非花"一篇，幽怨缠绵，直是言情，非复赋物。（沈谦《填词杂说》）

　　东坡《水龙吟》咏杨花，和韵而似原唱，章质夫词原唱而似和韵，才之不可强也如是。（王国维《人间词话》）

　　东坡《水龙吟》起句云："似花还似非花。"此句可作全词评语，盖不离不即也。（刘熙载《艺概》）

────────

　　①章楶（jié 节）《水龙吟·杨花》：燕忙莺懒芳残，正堤上柳花

飘坠。轻飞乱舞，点画青林，全无才思。闲趁游丝，静临深院，日长门闭。傍珠帘散漫，垂垂欲下，依前被风扶起。　　兰帐玉人睡觉，怪春衣雪沾琼缀。绣床渐满，香毬无数，才圆却碎。时见蜂儿，仰粘轻粉，鱼吞池水。望章台路杳，金鞍游荡，有盈盈泪。②苏轼《水龙吟·次韵章质夫杨花词》：似花还似非花，也无人惜从教坠。抛家傍路，思量却是，无情有思。萦损柔肠，困酣娇眼，欲开还闭。梦随风万里，寻郎去处，又还被莺呼起。　　不恨此花飞尽，恨西园落红难缀。晓来雨过，遗踪何在，一池萍碎。春色三分，二分尘土，一分流水。细看来不是杨花，点点是离人泪。

这里讲到咏物词的高下问题，有两种不同意见：一种认为章楶的词写得好，一种认为苏轼的词写得好。说章词写得好的，理由是曲尽杨花妙处；说苏词写得好的，理由是直是言情，非复赋物，就是借咏物来言情。

章词从各个方面来写杨花，开头写春末飘杨花；次写杨花飞到各处，飞到青林、深院、珠帘，粘上春衣、绣床；看到蜂儿、鱼儿，和在楼头远望的女人，写得很细致。就描绘杨花说，做到曲尽妙处。

苏词在写杨花也在写人。开头写杨花飘堕在路上，"思量却是，无情有思"，是写人在思量，也在写杨花，本于杜甫"落絮游丝亦有情"。从有思联系到女子的梦中寻郎，是写人；而随风万里也在写杨花。恨落花难留是写人，"一池萍碎"又是写杨花，本于杨花落水化为浮萍的传说。最后"不是杨花，点点是离人泪"，把杨花和泪水结合起来，又写杨花又写人。这首词就咏物说，写杨花很有情似的，所以随着梦境去万里寻郎，最后化为浮萍，成为离人泪，所以是很细致的咏物。就写人说，这词描写思妇愁情，梦里寻郎既不成，春又无法留住，写出思妇的愁苦，是很好的抒情的词。咏物词要是停留在咏物上，无论写得怎样曲尽妙处，总是意义不大，境界不高，在曲尽事物妙处的基础上来写人物的情思，不停留在物上，这样咏物就有含义。所以说苏词高于章词的写法，是正确的。这也道出了咏物词的写法，就是"不即不离"，不要停留在物上，但又要切合咏物。

二

张九龄在相，有謇谔匪躬之诚。明皇怠于政事，李林甫阴中伤之。方秋，明皇令高力士持白羽扇赐焉。九龄作《归燕诗》贻林甫曰："海燕虽微眇，乘春亦暂来。岂知泥滓贱，只见玉堂开。绣户时双入，华堂日几回。无心与物竞，鹰隼莫相猜。"林甫知其必退，恚怒稍解。（《明皇杂录》，见阮阅《诗话总龟》卷十七）

袁海叟谒杨廉夫，见几上有琴川时大本《咏白燕诗》："春社年年带雪归，海棠庭院月争辉。珠帘十二中间卷，玉剪一双高下飞。天下公侯夸紫颔，国中俦侣尚乌衣。江湖多少闲鸥鹭，宜与同盟伴钓矶。"谓廉夫曰："此诗殆未尽体物之妙。"廉夫不以为然。海叟归作诗，翌日呈廉夫云："故国飘零事已非，旧时王谢见应稀。月明汉水初无影，雪满梁园尚未归。柳絮池

塘春入梦，梨花庭院冷侵衣。赵家姊妹多相忌，莫向昭阳殿里
飞。"廉夫得诗叹赏，连书数纸，尽散坐客，一时呼为袁白燕。
(《尧山堂外纪》，见吴景旭《历代诗话》卷七十二)

这里引了两首《咏白燕》的诗，袁凯认为时大本的一首
"未尽体物之妙"，杨维桢不以为然。所谓"体物之妙"，就
是咏物诗要不即不离，不离于物，又不要太粘着物上。时大本
的一首，太粘着物上。如"玉剪一双"，专写白燕的形状，紫
颔、乌衣专指燕子，用来反衬白燕，这些就不免粘着物上。杨
维桢不以为然，认为这些问题不大，这首诗还是写得工的。袁
凯因此自写一首，他的一首，既是写白燕，又不粘着白燕。他
从"旧时王谢堂前燕，飞入寻常百姓家"，联系到"故国飘
零"，这就点明是燕子。再联系到月明无影，雪满未归，用来
衬出"白"字；柳絮、梨花也是衬出"白"字，暗指白燕。最
后两句有些寓意。

这两首诗有同有异，相同的如时的"春社归"同袁的
"旧时王谢"都点燕子，时的"带雪""院月"同袁的"月
明""雪满"都点白，时的"鸥鹭"也点白。时的在江湖与袁
的不向昭阳都指在野，这是相同的。相异的，如上面指出的时
比较粘着的写法，袁没有。这两首诗都追求"体物之妙"，
比起苏轼的《水龙吟》，咏物而抒情的显得不如，也没有寄
托，更不如张九龄的《归燕诗》。

《归燕诗》从海燕微眇说起，实际是说自己是从民间来
的，不像李林甫的出身贵族。"泥滓贱"从燕子衔泥作窠来

的，在玉堂的画梁上作窠，实指自己从民间来到朝廷作相。"暂来"表示只是暂时作相，不会久留朝廷的。最后点明"无心与物竞"，并不想和李林甫争权，希望他不要猜忌，不要中伤他。这是有寄托的诗。当时唐明皇追求声色，怠于政事，大权已经落到李林甫手里，张九龄已经看到自己不可能有所作为，所以写了这首表示退让的诗，透露他无可奈何的心情。

三

稗史称韩干画马，人入其斋，见干身作马形。凝思之极，理或然也。作诗文亦必如此始工。如史邦卿咏燕①，几于形神俱似矣。次则姜白石咏蟋蟀②："露湿铜铺，苔侵石井，都是曾听伊处。哀音似诉，正思妇无眠，起寻机杼。"又云："西窗又吹暗雨，为谁频断续，相和砧杵？"数语刻画亦工。蟋蟀无可言而言听蟋蟀者，正姚铉所谓"赋水不当仅言水，而言水之前后左右"也。（贺裳《皱水轩词筌》）

《齐天乐》将蟋蟀与听蟋蟀者层层夹写，如环无端，真化工之笔也。（许昂霄《词综偶评》）

白石《齐天乐》一阕，全篇皆写怨情，独后半云："笑篱落呼灯，世间儿女。"以无知儿女之乐，反衬出有心人之苦，最为入妙；用笔亦别有神味，难以言传。（陈廷焯《白雨斋词话》卷二）

①史达祖《双双燕·春燕》，见 144 页注①引。②姜夔《齐天

乐》：庾郎先自吟愁赋，凄凄更闻私语。露湿铜铺（门上衔环的），苔侵石井，都是曾听伊处。哀音似诉，正思妇无眠，起寻机杼。曲曲屏山（屏风），夜凉独自甚情绪！　　西窗又吹暗雨，为谁频断续，相和砧杵？候馆迎秋，离宫吊月，别有伤心无数。豳诗（《诗·七月》）漫与，笑篱落呼灯，世间儿女。写入琴丝，一声声更苦。

　　这里讲到咏物词的两种写法：一，形神俱似，运用正面描写和反衬手法；二，运用侧面烘托和反衬手法。

　　史达祖咏燕，正面写燕子，写它飞入人家时，度帘幕，入旧巢；写它筑巢时，相雕梁，呢喃软语商量；写它衔泥时，拂花梢，翠尾分开红影，贴地争飞；写它归来后，栖香正稳。描绘燕子的动作、形态、声音，极为工细。不但写出燕子的形态，也写出它的神情。神情表现在描绘燕子的风度上，像飞时的飘然，快拂，动作的轻俊；又表现在拟人化手法，好像燕子很有感情似的，写它的软语商量，写它的爱什么和夸什么。最后，用高楼女子的孤独愁苦来反衬燕子的双栖和自由自在地飞行。

　　姜夔咏蟋蟀，不从正面写，而从侧面写，通过愁人的听蟋蟀来写。写声音像私语，像哀诉；写出听到这种哀音的感觉。又写出一种气氛来做烘托，如暗雨，捣衣声，候馆离宫的秋月，用来烘托哀音。最后用儿女之乐来反衬有心人之苦。

　　这两首词，比较起来，史达祖能够刻画燕子，写得形神俱似，最后又用被关在高楼里的女子做反衬，比姜夔的一首写得生动而有含意，所以也更传诵。但这两首还不算最好的咏物词。最好的咏物词，既刻画了物，也把作者的人格写进去，把作者的思想感情写进去，像陆游的《卜算子·咏梅》："驿外断桥边，寂寞开无主。已是黄昏独自愁，更著风和雨。　无意苦争春，一任群芳妒。零落成泥碾作尘，只有香如故。"这是写梅，也写出了诗人的思想感情。

四

　　欧阳文忠公极赏林和靖"疏影横斜水清浅，暗香浮动月黄昏"之句，而不知和靖别有咏梅一联云："雪后园林才半树，水边篱落忽横枝"，似胜前句，不知文忠何缘弃此而赏彼？文章大概亦如女色，好恶止系于人。苕溪渔隐曰："王直方又爱和靖'池水倒窥疏影动，屋檐斜入一枝低'，以为此句于前所称，真可处伯仲之间。"余观此句略无佳处，直方何为喜之？真所谓一蟹不如一蟹也。（阮阅《诗话总龟》后集卷二八）

　　王居卿在扬州，同孙巨源、苏子瞻适相会。居卿置酒曰："'疏影横斜水清浅，暗香浮动月黄昏'，此林和靖《梅花》诗，然而为咏杏与桃李皆可。"东坡曰："可则可，但恐杏李花不敢承当。"一座大笑。（《直方诗话》，据《诗话总龟》卷九引）

　　《野客丛书》："东坡云：诗人有写物之工，'桑之未落，其叶沃若'，他物不可当此；林和靖《梅》诗：'疏影横斜水清浅，暗香浮动月黄昏'，决非桃杏诗；皮日休《白莲》诗：'无情有恨何人见，月冷风清欲堕时'，决非红莲诗。"仆观《陈辅之诗话》谓和靖诗近野蔷薇，《渔隐丛话》谓皮日休诗移作白牡丹，尤更亲切。二说似不深究诗人写物之意。"疏影横斜水清浅"，野蔷薇安得有此萧洒标致？而牡丹开时正风和日暖，又安得有月冷风清之气象耶？（张宗柟《带经堂诗话卷十二附识》）

　　林逋的三首原诗如下。《梅花》："吟怀长恨负芳时，为见梅花辄入诗。雪后园林才半树，水边篱落忽横枝。人怜红艳多应俗，天与清香似有私。堪笑胡雏亦风味，解将声调角中吹。"《山园小梅》："众芳摇落独暄妍，占尽风情向小园。疏影横斜水清浅，暗香浮动月黄昏。霜禽欲下先偷眼，粉蝶如知合断魂。幸有微吟可相狎，不须檀板共金樽。"《梅花》："小园烟景正凄迷，阵阵寒香压麝脐。池水倒窥疏影动，屋檐斜入一枝低。画工空向闲时看，诗客休征故事题。惭愧黄鹂与蝴蝶，只知春色在桃蹊。"

　　欧阳修赞赏"疏影横斜"一联，黄庭坚认为"雪后园林"一联似乎更好些。方回在《瀛奎律髓》卷二十评道："盖山谷专论格，欧公专取意味精神耳。"纪昀批道："此论平允，然终当以山谷为然。"这两首咏梅，都是描写梅花的，一首写梅花的风格高，给它安排一个背景，雪后园林，水边篱落，用雪来衬托，显得梅花耐冷，在百花凋谢时开放；用水边来衬托，显出梅枝横斜的倒影，跟一般花不同，这些都从梅花的风格着眼的。一首写梅花的神情，疏影暗香是写花，用水和月来陪衬，因为写出了花的神态，所以更为人所爱好。纪昀着重在风格上，认为"池水倒窥"一联，也在写梅花的风格，写它的疏影横斜，所以批："王说是。"认为王直方讲的"池水倒窥"一联可以同前两联比美是对的。不过最传诵的还是"疏影横斜"一联,"池水倒窥"一联几乎无人提起,经过考验,还是欧阳修的看法对。既然写梅花,自然以能够写出梅花的神态为最好。再说,"水边篱落忽横枝"这一句,同"池水倒窥疏影动"这两句,都包括在"疏影横斜水清浅"一句里,而"暗香浮动月黄昏"这一句的形象,在其他两联里都没有,这也显出"疏影横斜"一联形象更丰富。

方回又批道:"予谓彼杏桃李者,影能疏乎?香能暗乎?繁秾之花又与月黄昏、水清浅有何交涉,且'横斜浮动'四字,牢不可移。"这说明咏物诗的背景衬托很重要,用来衬托桃李杏的是春光明媚,不是水清浅、月黄昏,桃李杏是繁花如锦,不是疏影暗香,经过这样一比较,更显出这一联写出了梅花的神态。从这里,我们也可以看到,原诗还有可商之处。例如第一首的末联,讲到胡人吹角,有《梅花引》曲调。假如这首诗里写梅花落,那么用这个结尾是合适的,这首诗是写梅花开放,用这个结尾就不合适了。第三首"阵阵寒香压麝脐"。麝脐是极浓烈的香,梅花的暗香怎么能压倒麝香呢?

咏物诗要写出物的神态,像皮日休《白莲》:"素葩(花)多蒙别艳欺,此花端合住瑶池。无情有恨何人觉,月晓风清欲堕时。"用月晓风清做背景来衬托,也是要写白莲花的神情,它的写法,同用月和水来衬托梅花的写法一样。《诗·卫风·氓》:"桑之未落,其叶沃若。""沃"是叶子润泽的样子,用来形容桑叶,也是贴切的。这里说的是描写物象的神态和用合适的背景的,咏物也有寄托的,是另一种写法。

五

义山之诗，入宋流为昆体①。此谓梅花最宜月，不畏霜耳，添用"素娥青女"四字，则谓月若私之而独怜，霜若挫之而莫屈者，亦奇。（方回《瀛奎律髓》卷二十）

郑叔问云："此盖伤心二帝蒙尘，诸后妃相从北辕，沦落胡地，故以昭君托喻，发言哀断。考唐王建《塞上咏梅》诗曰：'天山路边一株梅，年年花发黄云下。昭君已没汉使回，前后征人谁系马。'白石词意当本此。近世读者多以意疏解，或有嫌其举典，拟不于伦者，殆不自知其浅暗矣。词中数语，纯从少陵咏明妃诗义骧栝②，出以清健之笔。如闻空中笙鹤，飘飘欲仙。觉草窗碧山所作《吊雪香亭梅》诸词③，皆人间语，视此如隔一尘，宜当时传播吟口，为千古绝唱也。至下阕借《宋书》寿阳公主故事引申前意④，寄情遥远，所谓怨深文绮，得风人温厚之旨已。"（唐圭璋《宋词三百首笺》）

①昆体：西昆体，宋初杨亿、刘筠等人倡和的诗，模仿李商隐体，称《西昆酬唱集》，因称这一派诗为西昆体。②咏明妃诗：杜甫《咏怀古迹》之三："画图省识春风面，环珮空归月下魂。千载琵琶作胡语，分明怨恨曲中论。"骧栝：犹概括。③草窗碧山：即周密与王沂孙，皆南宋词人。周密有《献仙音·吊雪香亭梅》："松雪飘寒，岭云吹冻，红破数椒春浅。衬舞台荒，浣妆池冷，凄凉市

朝轻换。叹花与人凋谢，依依岁华晚。　　　共凄黯。问东风几番吹梦，应惯识当年，翠屏金粲。一片古今愁，但废绿平烟空远。无语消魂，对斜阳衰草泪满。又西泠残笛，低送数声春怨。"④寿阳公主：南朝宋武帝女，人日卧于含章殿檐下，梅花落于额上，称梅花妆。

这里引了三首咏梅的诗词，都是有寄托的。第一首是李商隐《十一月中旬至扶风见梅花》："匝路亭亭艳，非时裹裹香。素娥唯与月，青女不饶霜。赠远虚盈手，伤离适断肠。为谁成早秀，不待作年芳。"上引方回的批语，和同书中纪昀的批语不一致。纪昀批："匝路是至扶风，非时是十一月中旬。三四，爱之者虚而无益，妒之者实而有损。结仍不脱十一月中旬。纯是自寓。"纪昀认为这首诗纯粹是寄托自己的感慨的。因为是十一月中旬开的，不是梅花开的时候，所以称"非时"，称"早秀"。"不待作年芳"，不等到报春的时候就开。这里可能也有寄托。李商隐生在唐朝没落的时代，所以他的诗不可能发生报春的作用。主要的寄托，是"素娥唯与月，青女不饶霜。"素娥就是月里嫦娥，青女就是主管霜的女神。方回认为"梅花最宜月，不畏霜"，添上"素娥青女"四字，是说月特别爱它好像在袒护它，霜要挫折它却不能使它屈服。这个解释不符合原意，原文"素娥唯与月"，嫦娥只是赞助月亮，可见不是袒护梅花。"青女不饶霜"，饶是赦，放松，青女并不放松霜威，同方回的解释不完全一致。纪昀批："爱之者虚而无益，妒之者实而有损。"比较接近原意。原文是说梅花碰到的素娥青女，素娥只是赞助月亮，使月亮放出皎洁的光来，这种光对梅花是相宜的，但素娥不是为了梅花，不是要赞助梅花，她赞助的还是月亮，所以梅花实际上没有得到有力的赞助。青女是管霜的，她并不因为梅花开了，霜可以少下一些，还是不肯放松下霜的。这两句是讲梅花的遭遇，讲梅花同月和霜的关系，是贴切的。这两句也在讲他自己的遭遇，他碰到的是两种有力的人：一种是他的府主，他长时期在地方上当幕僚，地方长官即府主同他是相宜的，相处得是好的。但府主关心的还是自己的升沉得失，并不真正能够帮助他，并不推荐他到朝廷上去。一种是他牵涉到党派斗争，不肯引用他，像令狐绹当权，本来同他有交谊的，因为他做了王茂元的女婿，就把他看做李德裕党，而令狐绹是属于牛僧孺党，因此不肯引用他。从这里，我们看到咏物诗的另一种写法，就是怎样寄托。寄托的话还是贴切咏物的，既是写梅花，也是自寓，这样的咏物，才是好的咏物诗。

　　郑文焯讲的，是姜夔的两首词，都是咏梅的。《暗香》："旧时月色，算几番照我，梅边吹笛。唤起玉人，不管清寒与攀摘。何逊而今渐老，都忘却春风词笔。但怪得竹外疏花，香冷入瑶席。　　江国，正宗宗（同寂）。叹寄与路遥，夜雪初积。翠尊易泣，红萼无言耿相忆。长记曾携手处，千树压西湖寒碧。又片片吹尽也，几时见得。"《疏影》："苔枝缀玉，有翠禽小小，枝上同宿。客里相逢，篱角黄昏，无言自倚修竹。昭君不惯胡沙远，但暗忆江南江北。想佩环月夜归来，化作此花幽独。　　犹记深宫旧事，那人正睡里，飞近蛾绿。莫似春风，不管盈盈，早与安排金屋。还教一片随波去，又却怨玉龙哀曲。等恁时重觅幽香，已入小窗横幅。"第一首里用了何逊的典故，何逊是梁朝人，他有《扬州早梅》诗。

第一首咏梅，还有怀人的意思。"叹寄与路遥"，要把梅花折下来寄给所想的人，因路远不便而叹息。"红萼无言耿相忆"，看到梅花的红萼，耿耿地在相忆那个人，曾记携手赏梅的情景。郑文焯讲的寄托，主要是指第二首，中间插入"昭君"几句，"深宫"几句。昭君同梅花没有关系，也没有昭君魂化梅花的传说。用昭君来指宋后妃被金人俘虏北去，完全有可能，但昭君不能指公主，所以又用了寿阳公主的典故。对公主应该早给安排金屋，却一片随波去，又却怨玉龙哀曲，可能指公主的被俘北去。这样寄托，同李商隐的写法不一样。李商隐有寄托的话也是写梅花。这首里讲明妃的话，其实跟梅花无关，既然无关，不好写进去，所以虚构明妃死后魂化梅花的话，使她跟梅花联系。从艺术上看，李商隐的寄托是天衣无缝，这首词的寄托是拼凑有痕，李商隐的寄托艺术上成就更高。

理　趣

　　杜诗"江山如有待，花柳自无私""水深鱼极乐，林茂鸟知归""水流心不竞，云在意俱迟"，俱入理趣。邵子①则云："一阳初动处，万物未生时"，以理语成诗矣。王右丞诗不用禅语，时得禅理②。（沈德潜《说诗晬语》卷下）

　　①邵子：宋理学家邵雍。②王右丞：王维官尚书右丞。王维诗得禅理，参见《神韵说》。

　　这里指出怎样用诗来说理，又有诗味，就是要在描写景物中含有理趣。杜甫《后游》："江山如有待，花柳自无私。"写江山花柳像在等待人们去欣赏，用来说明大自然是无私心的道理。又《秋野》："水深鱼极乐，林茂鸟知归。"水深了鱼极乐，林木茂密鸟知道归来，用来说明环境影响的重要。又《江亭》："水流心不竞，云在意俱迟。"看到水的缓缓流动，云的停着不动，争竞的心思，飞驰的意念都停滞了，说明"水流""云在"中也含有道理，同当时杜甫的心情相应。用诗来说理要写得不概念而有诗意，主要还在于通过具体事物，比方要说大自然是无私的，得通过江山花柳来说；说环境影响的重要，得通过水深鱼乐等来说，否则就只是说理，不成为诗了。像邵雍用理学家的话来写诗，理学家认为气分阴阳，化生万物，在阳气刚动时，万物还没有化生。这还是理学家的话，不是诗。

　　用诗来说理的例子，比较著名的是苏轼的《题西林壁》："横看成岭侧成峰，远近高低各不同。不识庐山真面目，只缘身在此山中。"这诗说明陷在里面不能跳出来的，往往被各种现象所迷惑，看不到事件的真相。这是说理的诗，但它是通过庐山的形象来写的，确实写出自己在庐山中的感受，所以又是诗的。再像朱熹的《观书有感》："半亩方塘一鉴开，天光云影共徘徊。问渠那得清如许，为有源头活水来。""昨夜江边春水生，艨艟巨舰一毛轻。向来枉费推移力，此日中流自在行。"第一首把半亩方塘比作一本书，书是长方形的，所以说半亩。把书打开了，好像打开一面镜子。天光云影比书中的丰富内容。问那个方塘的水哪能这样澄清，因为有源头活水流过来，这话比书中的思想内容那样精纯，因为它有丰富的写作源泉。第二首写读书的两种境界，开始时很费力，像水浅时要驶行一只大兵舰那样推移不动。后来时机成熟了，工夫到了，读起来就很容易，不费力，好像春水涨了，大兵舰浮起来，可以在中流自在地航行。这两首也都是说理诗，它是通过半亩方塘和艨艟巨舰等来写的，运用各种比喻，用形象来说理，所以是诗。

　　上面举出杜甫的诗句，是在一诗中用几句话来说理，同苏轼、朱熹的用全首诗来说理的又有不同。总之，用诗来说理，要通过具体景物，通过形象才行。陆游的《游山西村》，"山重水复疑无路，柳暗花明又一村"，也是在描写景物中含有理趣的名句。

诗中议论

一

　　谢太傅①于《毛诗》②取"讦谟定命，远猷辰告"③，以此八句如一串珠，将大臣经营国事之心曲写出次第，故与"昔我往矣，杨柳依依。今我来思④，雨雪霏霏"，同一达情之妙。（王夫之《姜斋诗话》卷下）

　　人谓诗主性情，不主议论，似也而亦不尽然。试思二雅⑤中何处无议论。杜老古诗中，《奉先咏怀》《北征》《八哀》诸作，近体中《蜀相》《咏怀》《诸葛》诸作，纯乎议论。但议论须带情韵以行，勿近伧父⑥面目耳。戎昱《和蕃》云："社稷依明主，安危托妇人。"亦议论之佳者。（沈德潜《说诗晬语》卷下）

　　①谢太傅：东晋谢安，死后赠太傅。②《毛诗》：毛亨作传的《诗经》。③讦谟：远大的谋划。定命：确定命令。远猷：长远打算。辰告：按时告诫。④思：语助词。⑤二雅：《诗经》中的《大雅》和《小雅》。

⑥伧父：庸夫俗子。

　　文学作品是通过形象来表达作者的思想的，那么诗中能不能发议论，或类乎议论的说明呢？这里认为在适当的场合，用合适的手法，诗里是可以发议论或说明的。

　　这里引了《世说新语·文学》中的一个故事。谢安问子弟，《诗经》中哪几句最好。谢玄说："昔我往矣，杨柳依依。今我来思，雨雪霏霏。"这四句写景，写得有情味，是富有诗意的名句。谢安说："讦谟定命，远猷辰告"，这两句"偏有雅人深致"。这里指出八句诗如一串珠，即《诗·大雅·抑》："无竞维人，四方其训之，有觉德行，四国顺之。讦谟定命，远猷辰告，敬慎威仪，维民之则。"这是说，没有人可以跟他竞争的是有贤德才能的人，四方都仿效他，他的德行使四方各国都顺从他。他作出远大的打算，定出正确的命令，按时颁布出去。他敬慎而威严，为人民所仿效。这些话类似议论的说明，为什么谢安说它是《诗经》中最好的诗句，有雅人深致呢？换言之，这些说明为什么是诗呢？这里指出，因为它把大臣经营国事的用心曲曲传出，也就是写出了大臣的精神。按谢安是东晋的大臣，他想的是怎样作出远大的谋划，制定正确的命令，按时颁布出去，而《诗经》里的两句诗刚好和他想的一致，所以他欣赏这两句诗。王夫之生在明末清初，对于明朝末年政治的腐败有很深感慨，感叹当时没有那样的大臣能为明朝制定远大的谋划，挽救明朝的灭亡，所以对谢安的话也深有同感。不过他认为谢安只引两句还不够些，所以他又扩大为八句诗，认为它写出了大臣经营国事的心曲。现在看来，谢安只引两句，这两句是抽象的、概念的，不能说是好诗。王夫之看到了这一点，所以把它扩大到八句，但这八句还是抽象的、概念的，还算不得好诗。谢安、王夫之对这些话有他们的深切感受，这是另一问题。这两句或八句在《诗经》的《抑》这首诗里面是有作用的，《抑》这首诗是有形象的，在形象中夹入一些说明的话是可以的，把这些话抽出来，让它跟诗中的形象脱离，那就不能算好诗了。所以用这些话来作为诗中议论的例子，还嫌不够。

这里还举出不少发议论的诗，如杜甫《自京赴奉先县咏怀五百字》，这诗先写自己的抱负，次写路上经历，最后写到家情况。开头一段就有议论，如："葵藿倾太阳，物性固莫夺，顾惟蝼蚁辈，但自求其穴，胡为慕大鲸，辄拟偃溟渤。以兹悟生理，独耻事干谒。兀兀遂至今，忍为尘埃没。终愧巢与由，未能易其节。"这是说，自己像葵藿倾向太阳，忠于唐朝，这已成为天性，不能改变。看看像蝼蚁那样的渺小人物，只该守着自己的巢穴，为什么要慕大鲸到大海里去，到朝廷上来抓大权呢？自己耻于向当权派有所营求，生活穷困，又不愿效法巢父和许由去做隐士。这些议论同一般的议论不同，它的不同有两点：一，全篇里有很多形象的描写，这些议论是同形象的描写结合着的。正由于诗人具有那样的抱负和遭遇，所以他能够描写出统治者的荒淫和人民的苦难。二，这些议论不是概念的，是通过比喻等艺术手法来表达的，是用诗的语言来说出的，因此它也是诗的。比方说自己倾心唐朝，就用"葵藿倾太阳"来作比，说渺小人物用蝼蚁来比，说小人专权用蝼蚁慕大鲸来比，说不愿隐居用终愧巢由来比。这就同一般议论不一样了。这是古诗中的议论，再看他在近体诗中的议论。

《蜀相》："丞相祠堂何处寻，锦官城外柏森森。映阶碧草自春色，隔叶黄鹂空好音。三顾频烦天下计，两朝开济老臣心。出师未捷身先死，长使英雄泪满襟。"这诗前四句主要是描写，后四句是议论。在描写中透露出诗人对诸葛亮迫切仰慕的心情。正由于心情的迫切，所以一开头就提到何处寻。寻到后又感叹"自春色""空好音"，流露出无可追攀的感慨。由于这样描写，便同后面议论紧相呼应，感情强烈。这是一。议论中含有许多故事，具有高度概括性，能唤起读者的许多联想，从三顾茅庐到隆中决策，到扶阿斗和六出祁山，直到五丈原头积劳病死，它跟一般抽象的议论不同。这是二。正由于这些议论表现了强烈的感情，有感动人的力量，所以宋朝宗泽在临死前还念着这诗的最后两句。

二

徐州《汉兴歌风台》诗虽多，张安道诗最绝，云："落魄刘郎作帝归，樽前一曲《大风》词。才如信越犹菹醢①，安用思他猛士为？"（阮阅《诗话总龟》卷十五）

临潼《朝元阁》诗虽多，唯陈文思二韵首出，曰："朝元高阁迥，秋毫无隐情。浮云忽一蔽，不见渔阳城。"（同上）

王安石《登大茅山顶》："一峰高出众山巅，疑隔尘沙道里千。俯视云烟来不极，仰攀萝茑去无前。人间已换嘉平帝②，地下谁通勾曲天③。陈迹是非今草莽，纷纷流俗尚师仙。"纪昀批："二冯称此诗为史论④，太刻。必不容着议论，则唐人犯此者多矣。宋人以议论为诗，渐流粗犷，故冯氏有史论之讥。然古人亦不废议论，但不着色相耳。此诗纯以指点出之，尚不至于史论。"（方回《瀛奎律髓》卷一）

①菹醢（zū hǎi 租海）：切碎剁成酱，即杀死。②嘉平帝：秦始皇。秦称十二月大祭叫腊月，秦始皇改腊月为嘉平月。相传茅蒙成了仙，他的家乡茅山歌谣说："帝若学之腊嘉平"，即秦始皇倘要学仙，可以改腊月做嘉平。③勾曲天：茅山本名勾曲山，有个山洞称华阳洞天。④二冯：清人冯班，是老二，称二冯，著有《钝吟杂录》。

这里引了三首诗，诗里都发了议论。这种议论可以分为二：一是"不着色相"的，一是"着色相"的。"着色相"好比演员登台表演，把容貌长相给人看，也就是作者把他的意思说出来；"不着色相"，作者不把他的意思说出来；前者写得显露，后者写得含蓄。在诗里发议论，冯班称为史论，认为不是诗；纪昀认为还是诗，因为它"不着色相"，不把意思说出来；其实就是把意思说出来，也和史论不同，像上举的例子，还是诗，不是史论。

王安石的一首，后四句是发议论，反对学仙。秦始皇要学仙，听说把腊月称做嘉平月就可招来神仙，可是他还是死了。传说大茅山的山洞可以通到仙家洞府，可是没有人找到过这个洞府。这些传说都已成为陈迹了，可是世俗还在纷纷学仙。他认为学仙是虚妄的这个意思，没有明白说出。《朝元阁》诗，比喻唐明皇站得高，看得远，在他励精图治时，明察秋毫，臣下不能蒙蔽他。到晚年追求享乐，受到蒙蔽，再看不见安禄山的谋叛了。他的用意，君主一受蒙蔽，就会酿成祸乱，但在诗里没有明白说出。像这样运用比喻如浮云，结合具体的人或物，如嘉平帝、勾曲天来发议论的，跟史论不同，因为它还不离具体的人和物，而用意又比较含蓄，所以还是诗的议论。

写歌风台的一首，对刘邦直接提出批评。像韩信和彭越那样的大将之才，都把他们杀了，还说什么"安得猛士兮守四方"！作者的批评明白说出，写得比较显露，但还是和史论不同。史论是作者结合史实来发议论，他的议论有一个前提，在议论中作者往往离开史实来说明这个前提，再根据这个前提来评论史实。比方王安石的《读孟尝君传》，他就提出一个立论的前提，"得一士焉，宜可以南面而制秦"，根据这个前提来评论孟尝君手下的都不是"士"。诗中议论，离不开事实，结合事实来发议论，"信越犹菹醢"是事实，"思他猛士"也是事实，把这两件事实对比起来，提出批评，但作者的论点和立论的前提都没有说出，可以供人体会。像从这个批评里可以想到：刘邦这时候才认识到，他的国家的最大敌对者是匈奴，而他手下的将领没有一个人可以抵挡匈奴的，所以在思壮士；刘邦经过了白登之围，几乎逃不出来，这才懊悔不该杀了韩信、彭越；帝王的杀功臣，往往会给自己带来不利的后果等；这些意思，都可从这两句诗里去体会出来。那么它的批评虽然明显，通过他的批评还可供我们体会，里面还含有不少意思，所以还是诗而不是史论。

开　头

　　或问诗工于发端，如何？应之曰："如谢宣城①'大江流日夜，客心悲未央'，杜工部'带甲满天地，胡为君远行？'王右丞'风劲角弓鸣，将军猎渭城''万壑树参天，千山响杜鹃'，高常侍②'将军族贵兵且强，汉家已是浑邪王'，老杜'将军魏武之子孙，于今为庶为清门'是也。"（王士禛《渔洋诗话》卷中）

　　陈思③极工起调，如"惊风飘白日，忽然归西山"，如"明月照高楼，流光正徘徊"，如"高台多悲风，朝日照北林"，皆高唱也。后谢玄晖④"大江流日夜，客心悲未央"，极苍苍莽莽之致。（沈德潜《说诗晬语》卷上）

　　起手贵突兀，王右丞"风劲角弓鸣"，杜工部"莽莽万重山""带甲满天地"，岑嘉州⑤"送客飞鸟外"等篇，直疑高山坠石，不知其来，令人惊绝。（同上）

---

①谢宣城：谢朓官宣城太守。②高常侍：高适官散骑常侍。

③陈思：曹植为陈思王。④谢玄晖：谢朓字玄晖。⑤岑嘉州：岑参官嘉州刺史。

诗歌的开头，怎样的才算好？这里指出一种是"高唱"，调子高，不平庸；一种是"极苍苍莽莽之致"，即意境深远阔大；一种是"突兀"，像"高山坠石，不知其来"，即出人意外。说"高唱"是从声调说的，说"苍苍莽莽"，是从境界说的，这是从不同的角度来讲的。要是结合内容来看，就这里举的几个开头说，有境界阔大，即景生情的；有刻画气氛，用作烘托的；有大气包举，笼罩全篇的；有发端突兀，出人意外的。

境界阔大，即景生情的，像谢朓《暂使下都夜发新林至京邑赠西府同僚》："大江流日夜，客心悲未央。"谢朓被人排挤，用大江的日夜东流来比悲愁的深广，更显出境界壮阔。杜甫《送远》："带甲满天地，胡为君远行？"是说遍地都是战乱，你为什么在这时远行？这个发端概括了当时战乱的时代，人民的苦难，唱出了悲壮的声音，充满着对被迫远行的友人的同情。杜甫《秦州杂诗》之六，"莽莽万重山，孤城山谷间"，写边地景象，万山重叠，苍苍莽莽，孤城守卒处在万山的壮阔境界中，这里也含有悲凉意。不过这个开头感情比较含蓄，不像"带甲"两句的强烈。曹植《杂诗》，"高台多悲风，朝日照北林"，用高台朝日等所构成的境界来抒写悲哀，写的也是悲壮的。这是境界阔大而情调悲壮的例。又有境界阔大而没有悲凉情绪的，如王维《送梓州李使君》，"万壑树参天，千山响杜鹃"，有画意而境界开阔。又像柳宗元《登柳州城楼寄漳汀封连四州》："城上高楼接大荒，海天愁思正茫茫。"纪昀批："一起意境阔远，倒摄四州，有神无迹。通篇情景俱包得起。"（方回《瀛奎律髓》卷四）大荒指极遥远的地方，把漳汀封连四州都包括进去了，但不落痕迹。全诗写的景物，像芙蓉水、薜荔墙，是近景，岭树江流是远景，都包括在接大荒里。

刻画气氛，用作烘托的，如曹植《七哀》："明月照高楼，流光正徘徊"。这首诗写高楼中少妇想念远行的丈夫，作者选择明月高照，流光徘徊的景象，用来烘托少妇对月怀人的婉转的愁思，是情景相称的。再像王维《观猎》，"风劲角弓鸣，将军猎渭城"，诗人要写出将军的英姿，用"风劲角弓鸣"来做烘托，这就给全诗刻画出气氛，刚劲有力。

大气包举，笼罩全篇的，如高适《送浑将军出塞》："将军族贵兵且强，汉家已是浑邪王。"浑邪王就是汉代匈奴部落的昆邪王。这个开头，指出浑将军是归顺唐朝的少数民族首领之一，拥有强悍的少数民族部队，为唐朝出力。下面就讲他怎样出兵的事，这个开头具有笼罩全篇的作用。再像杜甫《丹青引》："将军魏武之子孙，于今为庶为清门。英雄割据虽已矣，文彩风流今尚存。"这首诗的开头，一面点明曹霸这位将军的家世，一面指出他的艺术才华。从他的艺术才华里展开他画人画马的杰出成就，这个开头也有笼罩全篇的作用。

发端突兀，出人意外的，一开头用精警的话来打动读者，力避平庸。如曹植《赠徐干》，"惊风飘白日，忽然归西山。"这本是太阳落山的意思，并不是什么奇突的景象，可是作者用"惊风",用"飘白日",用"忽然",好像太阳忽然给暴风吹落似的,这就反映出作者的感情跟一般人不同,是很强烈的。作者把强烈感情写在这种景象里,语言就精警动人。再像岑参《陕州月城楼送辛判官入奏》,"送客飞鸟外,城头楼最高",这是在高高的城楼上送客,作者抓住城楼高这一特点,写出在飞鸟外的高处送客,好像在天上送客了,这个突然而来的开头,逼着人们读下去,有引人的力量。王安石《半山春晚即事》:"春风取花去,酬我以清阴。"本是绿叶成荫的意思,说成取花去,酬清阴,就显得很突出。欧阳修《戏答元珍》:"春风疑不到天涯,二月山城未见花。"这个开头也好,先提出个疑问,引人注意,比较突出。倘倒过来,先说二月山城未见花,所以春风疑不到天涯,就没有这样突出了。

好的开头并不只有这些,就上文所引的例句看,主要是一开头能引起读者的注意,吸引读者看下去。因此,好的开头还需要同全篇的内容相结合,要是只有好的开头,而全篇写得并不好,那么这样的作品还是不能算好作品。

承 转

三四贵匀称，承上斗峭而来，宜缓脉赴之。五六必耸然挺拔，别开一境，上既和平，至此必须振起也。杜工部《送人从军》诗，"今君度沙碛，累月断人烟"，和平矣，下接云，"好武宁论命，封侯不计年"。《泊岳阳城下》诗，"岸风翻夕浪，舟雪洒寒汀"，和平矣，下接云，"留滞才难尽，艰危气益增"。如此拓开，方振得起。（沈德潜《说诗晬语》卷上）

李商隐《筹笔驿》①："猿鸟犹疑畏简书②，风云长为护储胥③。徒令上将④挥神笔，终见降王走传车⑤。管乐有才真不忝⑥，关张无命⑦欲何如。他年锦里经祠庙⑧，《梁甫吟》⑨成恨有余。"纪昀批："起二句斗然抬起，三四句斗然抹倒，然后以五句解首联，六句解次联。此真杀活在手之本领，笔笔有龙跳虎卧之势。""他年乃当年之谓，言他时经祠庙，恨尚有余，况今日亲见行兵之地乎？亦加一倍法，通篇无一钝置语。"（方回《瀛奎律髓》卷三）

①筹笔驿：诸葛亮出兵时，曾在这里筹划军事的驿站。②简书：
指文书。③储胥：指军营。④上将：指诸葛亮。⑤降王：指后主。
走传车：坐驿站的车到洛阳去。⑥管乐：诸葛亮自比管仲、乐毅。
不忝：不愧。⑦关张无命：关羽守荆州，为吴国所败，被杀。张飞
为部将所杀。⑧锦里：在成都。祠庙：诸葛武侯祠。⑨《梁甫吟》：
诸葛亮做的诗。

　　这里讲到诗歌的承转，承是承接开头，有了承接还要转
折。开头要精彩，有了精彩的开头，承接的话不妨和缓，转折
的话再要求突起，这样就显得有波澜，有起伏，避免平铺直
叙。这里讲的，实际上三四句以写景物为主，五六句以抒情为
主，是一种写法。如杜甫的"今君度沙碛，累月断人烟"，是
估计他要度过沙漠，好几个月走在没有人烟的地方。接下去抒
情，"好武宁论命，封侯不计年"。勉励他努力作战，不必讲
什么命运，不必记挂什么时候封侯。写得较突出。杜甫"岸风
翻夕浪，舟雪洒寒汀"，写在舟中所见，是写景物。接下去
说"留滞才难尽，艰危气益增"，是抒情。虽在舟中遇到风
雪，留滞在岳阳，他的才还难尽，气更旺盛。写得较突出。

　　这里讲的承转，是写法中的一种。主要是说明要写得
有起伏，有波澜，这个意思是对的。至于说承要和缓，转要
突起，那只是一些诗这样，并不是所有的承转都这样，不可
拘泥。像李商隐的《筹笔驿》，开头上扬，即抬起，承接句
下抑，即抹倒，不是和缓。猿鸟风云都尊敬诸葛亮留下的军
营，突出诸葛亮的遗爱在人。三四句写诸葛亮的规划挽救不
了后主的投降，是下抑。五句承首联，赞美诸葛亮，六句承次

联，结合后主投降说，是一扬一抑，构成起伏波澜。所以我们对于上文讲承转的话，应该从写作要有波澜起伏这点去体会。

再说诗词的承转不一定都要一景一情，情景配合，所以这里讲的还是重在起伏波澜，避免光说情景。试举陈亮《水调歌头·送章德茂大卿使虏》："不见南师久，谩说北群空"，不要以为南宋久不出兵，就以为冀北没有好马，南宋没有人才了，一起就突出。不过"谩说"句先抑一下，下面就扬，"当场只手，毕竟还我万夫雄"。不是没有人才，是万夫之雄。那么为什么要来朝拜金人呢？所以接下去再抑，"自笑堂堂汉使，得似洋洋河水，依旧只流东？且复穹庐拜，会向藁街逢"。"堂堂汉使"呼应"万夫雄"，用"自笑"来抑一下，哪能像河水流东那样老是来朝拜，这次姑且再来朝拜一下，总会把你掳到朝廷上办罪的。藁街是京城里给少数民族住的街。写朝拜金人，只是暂时的，在一抑后就扬，要把金人俘虏过来。下半阕讲金人占领区，"尧之都，舜之壤，禹之封，于中应有一个半个耻臣戎！万里腥膻如许，千古英灵安在，磅礴几时通？胡运何须问，赫日正当中"。这里把金人占领的中原地区跟"万里腥膻"连起来是抑，把其中应有不甘心于被奴役的，跟千古的磅礴英灵连起来，归结到金人将衰，南宋正盛，又扬起来。写得波澜起伏。这首词写南宋派使人朝拜金国君主，却写得意气飞扬。原来写事实处都抑，如"不见南师""穹庐拜""万里腥膻"。那么怎么昂扬起来呢？写理想，写人。"藁街逢""英灵磅礴""赫日中"，都是理想，"万夫雄""堂堂汉使""耻臣戎"都是写人。用理想和人才来压倒屈辱的事实，正表现出作者强烈的反抗民族压迫的精神，所以能写得抑扬起伏，意气昂扬。可见作品要写得波澜起伏，决定于作者的思想感情，决定于生活的矛盾；屈辱的事实和昂扬的理想构成了生活中的矛盾，把这个矛盾写出来，才能写得波澜起伏。这不是出于作者的有意做作，而是表达强烈的思想感情和反映生活的矛盾造成的。所以讲承接要波澜起伏，还得服从于思想感情与反映生活。

关 键 句

"子之不淑,云如之何①!""胡然我念之②!""亦可怀也③",皆意藏篇中。杜子美"故国平居有所思",上下七首,于此维系,其源出此。俗笔必于篇终结锁,不然则迎头便喝。(王夫之《姜斋诗话》卷上)

①子;你。淑:善。如之何:如何,怎样。《诗·君子偕老》:"君子偕老,副笄(fí 鸡,首饰)六珈(jiā 加)。委委佗佗(tuó 驼),象服是宜。子之不淑,云如之何!玼(cǐ 此,鲜明)兮玼兮,其之翟(dí 敌,祭服)也。鬒(zhěn 铫)发如云,不屑髢(dì 弟,髳子)也。玉之瑱(zhèn 镇)也,象之揥(tì 替)也,扬且之皙(白)也。胡然而天也,胡然而帝也。……"这诗说,贵妇人宣姜嫁给君子本该白头偕老,她的首饰上加上种种宝玉,她显得雍容华贵,又庄重,又宽容,穿着合适的礼服。外表这样好,可你品质不好,又有什么用呢!又说她穿着祭祀的礼服,色彩鲜明。头发又黑又密,不用添髳子。用玉和象牙作装饰品,眉毛上扬,皮肤白,神气得像天帝那样。

②胡然我念之:《诗·小戎》:"……言念君子,温其如玉。其在板屋,乱我心曲。……言念君子,温其在邑。方何为期,胡然我念之。……言念君子,载寝载兴。厌厌良人,秩秩德音。"这诗讲秦国出兵攻打她的仇敌西戎,兵士的妻子想她的丈夫温其如玉,当时在西戎的板屋那边作战,想起了心里很乱。第二章说她的丈夫在西戎的边邑,何时才是归期,为什么使我想念他。第三章说睡着和起来时都在想念,祝丈夫平安,能获得好的声誉。③亦可怀也:《诗·将仲子》:"将(请)仲子兮,无逾我里,无折我树杞。岂敢爱之,畏我父母。仲可怀也,父母之言,亦可畏也。将仲子兮,无逾我墙,无折我树桑。岂敢爱之,畏我诸兄。仲可怀也,诸兄之言,亦可畏也。将仲子兮,无逾我园,无折我树檀。岂敢爱之,畏人之多言。仲可怀也,人之多言,亦可畏也。"这是女子对她恋人讲的,叫他不要跑到她家里来,怕父母、兄长、旁人说话。

《诗·鄘风·君子偕老》里描写贵妇人宣姜服饰的华贵,加意形容。在第一章的末了说:"子之不淑,云如之何!"就是不论你服饰怎样华贵庄严,只是你这人品质不好,光是服饰美好又有什么用呢?所以这两句是全篇中关键性的话。全篇一共三章,这两句放在第一章的末了。《诗·秦风·小戎》里写秦国出兵攻打西戎,前面竭力描写军容很盛,中间忽然插入"胡然我念之!"写秦国人民认为这次战争是应该打的,那个妇人因此责问自己,为什么我还这样想念他呢!这也是关键性的话,显示人民对这次战争的态度,这话是放在第二章的末了(全诗共三章)。"亦可怀也"似当作

"亦可畏也"。《诗·郑风·将仲子》写一个女子劝她的恋人仲子不要偷偷地到她家里去，怕父母、诸兄和旁人说话，说"亦可畏也"。全诗三章，每章末句都是"亦可畏也"。这里指出全篇中关键性的句子可以放在第一章末了，也可以放在第二章末了，也可以让它重复说，把它放在每章末了，没有固定的地方，看全篇内容的需要而定。

杜甫在四川夔州，感叹时事，写了《秋兴》八首。前三首是结合夔州景象感慨身世的，第四首写安史之乱以后的长安，后四首写对乱前长安的回忆。第四首末句"故国平居有所思"是个关键性的句子，故国指乱前的长安，这句话就是从对时事和身世的感慨转到回想过去的长安。这样关键性的句子放在八首中间起承转关锁作用。作者认为把这样句子放在中间较好，放在中间显得全篇曲折变化。一开头讲夔府景物，身世感触，一转转到乱前长安，这是读者读了开头几首后所料想不到的。要是读者读了开头就知道以后说些什么，便缺乏引人入胜的力量了。要是把关键句放在末了，那末前面几首读起来容易感到头绪乱，所以诗话作者认为这样安排比较好，不过这也不是绝对的，还得看具体情况。

结　尾

一

《缚鸡行》自是一段好议论，至结句之妙尤非思议所及。李德远赋《东西船行》全拟其意："东船得风帆席高，千里瞬息轻鸿毛。西船见笑苦迟钝，流汗撑折百张篙。明日风翻波浪异，西笑东船却如此。东西相笑无已时，我但行藏任天理。"此诗语意极工，几于得夺胎法，但行藏任天理，与注目寒江不可同日语耳。（洪迈《容斋随笔》）

一篇之妙在乎落句。盖鸡之所以得者虫之所以失，人之所以得者鸡之所以失，人之得失如鸡虫又且相仍，何时而已乎[①]？"注目寒江倚山阁"，则所思深矣。黄鲁直[②]深达诗旨，其《书醋池寺书堂》云："小黠大痴螳捕蝉[③]，有余不足夔怜蚿[④]。退食归来北窗梦，一江风月趁渔船。"可与言诗者，当自解也。（郭知达《九家集注杜诗》引赵彦材说）

古人作诗断句，辄旁入他意，最为警策。如老杜云，"鸡

虫得失无了时,注目寒江倚山阁"是也。黄鲁直作《水仙花诗》亦用此体,云:"坐对真成被花恼,出门一笑大江横。"(同上)

①鸡虫得失:鸡不卖掉,鸡要吃虫,是鸡得而虫失。鸡卖了给人吃,虫不再被鸡吃,是人得而鸡失,虫得而鸡失。②鲁直:宋黄庭坚字。③螳捕蝉:螳螂要捉蝉来吃,它不知道黄雀正在后面准备啄它。④夔怜蚿:夔,一足兽。蚿,多足虫。怜,可怜。

这里通过杜甫《缚鸡行》来说明结尾之妙。那首诗说:"小奴缚鸡向市卖,鸡被缚急相喧争。家中厌鸡食虫蚁,不知鸡卖还遭烹。虫蚁于人何厚薄,吾叱奴人解其缚。鸡虫得失无了时,注目寒江倚山阁。"诗人想到鸡同虫或得或失没有了结,忽然把鸡虫得失放开,倚着山阁上注视寒江,这个结尾很特别,好像同上文无关,实际上正是把诗人的神情写出来了。诗人叫小奴把鸡放了,说完这话,忽然靠在阁上沉思起来,这是形象描写。从这个形象里,透露出诗人在沉思,这个沉思是从"鸡虫得失无了时"引起的。本来鸡虫得失不必去关心的,也不值得写到诗里去,可是诗人从中想到更重要的事,这就是这里指出的人的得失。在封建社会里,人们的升沉得失也像鸡虫得失无了时,诗人因而感叹沉思。这个结尾是形象的,富有含意的,使得诗意更深沉了。

李德远的《东西船行》完全模仿《缚鸡行》,结尾说"我但行藏任天理",我的或行或藏,或动或静,一凭天理,任乎自然。这是概念的话,这话就把诗意破坏了,所以这是坏的结尾。

黄庭坚的诗:"小黠大痴螳捕蝉,有余不足夔怜蚿。"

螳螂要吃蝉，自以为聪明狡黠，不知黄雀在后要吃它，所以它还是痴迷。夔一足兽，自以为一只脚已经够了，可怜蚿生了那么多的脚。这两句诗写出封建社会中的两种情况，一种是互相排挤，甲吃乙，不知丙也在准备吃他；一种是互相轻视，甲轻视乙，丙又轻视甲，自以为有余。诗人接下去抛开这些纠纷，却写北窗高卧，梦见一江风月。这一结尾写出了诗人的精神面貌，他要避开这种排挤纷争，另外找一个宽阔的天地，写出他对这种排挤纷争的藐视。他的写水仙花，用的也是同样手法，这样的结尾是比较好的。

二

结句须要放开，含有余不尽之意，以景结情最好。如清真之"断肠院落，一帘风絮"；又"掩重关，遍城钟鼓"之类是也。或以情结尾亦好，往往浅而露，如清真之"天便教人，霎时厮见何妨"①；又云"梦魂凝想鸳侣"之类，便无意思。亦是词家病，却不可学也。（沈义父《乐府指迷》）

　　①霎时：极短促时间。厮见：相见。

这里指出两种结尾法：一种是以景结情；一种是以情结尾。都举周邦彦的词作例。

以景结情的，像《瑞龙吟》"章台路"一首，写的是和人面桃花相类似的意思，诗人去访问秋娘，"还见褪粉梅梢，试花桃树"，但人已不见，只能回忆过去情事。最后写归去时，以"断肠院落，一帘风絮"作结。从"断肠"里透露出人去庭空，从"风絮"里透露出漂泊之感。这个结尾以景结情，很含蓄，所以认为是好的结尾。

又《扫花游》"晓阴翳日"一首，诗人想到他所怀念的人。诗人听到莺啼柳舞也因而想到她的唱曲和舞蹈，同时想到她被关在深宅大院里，诗人虽对她同情，却只能久立凝想。一结"掩重关，遍城钟鼓"，关起一道道门，听到钟楼鼓楼上传来的钟鼓声。这一结，把前面的意思放开，却正衬出诗人无可奈何的心情。诗人要寻她既不可能，要找到她在红叶上的题诗也找不到，只能在满城钟鼓声中发愁。

以情结尾的，像《风流子》"新绿小池塘"，写诗人想望的人见不到，所以羡慕燕子能飞到那人住处去。他在想念那人也在等他。结尾说："天便教人，霎时厮见何妨！"这是情语，从中反映出诗人的迫切心情，也透露出无法相见的苦闷，话比较直率。

这里又举出没有写好的结尾，像《尉迟杯》"隋堤路"，诗人写自己在渔村水驿过着寂寞的生活，焚香独语，但心里还在念念不忘京华的生活，想念心爱的人，结尾说："有何人念我无聊，梦魂凝想鸳侣。"这个结尾，比较直率，没有余味。

沈义父在这里用含蓄的标准来评价作品，他认为以景结情，情不说出，所以好；他又说"以情结尾亦好，往往浅而露"，浅露是不够好，那他表面上虽说"亦好"，实际上是不满意以情结尾的。他认为把情说出，不含蓄，所以浅露。这样说是片面的，要看说出的是什么样的感情。如秦观《鹊桥仙》下半阕："柔情似水，佳期如梦，忍顾鹊桥归路？两情若是久长时，又岂在朝朝暮暮。"说牛郎织女七夕相会以后，岂忍回看归路，不忍分别。因此安慰他们，两情倘是长久的，又岂在朝夕相聚，指出爱情真挚长久的可贵，这个结尾出于用意好，虽是明白说出，也是好的。就这里举的例子说，"天便教人，霎时厮见何妨！"感情非常迫切，是写得比较好的情语，在这里含有渴望一见的心情，不能因为它不含蓄而贬低它。

三

收束或放开一步，或宕出远神，或本位收住。张燕公"不作边城将，谁知恩遇深"，就夜饮收住也。王右丞"君问穷通理，渔歌入浦深"，从解带弹琴宕出远神也。杜工部"何当击凡鸟，毛血洒平芜"，就画鹰说到真鹰，放开一步也。就上文体势行之。（沈德潜《说诗晬语》卷上）

这里指出三种结尾：（一）就题目收住。如张说《幽州夜饮》，一结用"边城"来结"幽州"，用"夜饮"来结"恩遇"，就题目收住。不过像"恩遇深"的话，也反映了消极的忠君思想。（二）宕出远神。如王维《酬张少府》，"君问穷通理，渔歌入浦深"，这首诗是写隐居生活，所以上文说"松风吹解带，山月照弹琴"。在这种生活中，他的朋友要向他问穷通得失的道理，对一个隐居的人说来，他已不关心个人的穷通得失，所以并不回答，只指点给朋友听，"渔歌入浦深"。这个结尾，避开了朋友的问话，另外描写一种景物，所以说是宕出远神。这种景物好像同朋友的问话无关，实际上是用不回答来回答，就是说，我所关心的是入浦的渔歌，至于穷通理我并不关心，你去问关心做官的人吧。所以这个结尾是很有含蓄的。（三）放开一步。如杜甫《画鹰》，"何当击凡鸟，毛血洒平芜"，这首诗是写画上的鹰，那自然不会飞出去搏击凡鸟。作者的笔转一下，把画上的鹰当作真的鹰，所以那样结尾。

上面讲的三种结尾是从题目说的，有收题的，有从题目宕出的，有就题放开的。要是不从题目说，从写作技巧来说，那么对结尾还可有各种不同的说法。像李白《听蜀僧濬弹琴》："不觉碧山暮，秋云暗几重。"听琴听得出神，不觉得天暗下来了。这个结尾是写琴弹得高明，用的是衬托手法。又像杜甫《春宿左省》："明朝有封事，数问夜如何。"因为明朝有奏章上奏，所以睡不着，几次问夜已几点了。这是写他住在宫里的情况，反映作者关心国事的心情，用的是借叙事来抒情的手法。又像杜甫《房兵曹胡马》："骁腾有如此，万里可横行。"用议论作结。章承庆《南行别弟》："万里人南去，三春雁北飞。未知何岁月，得与尔同归。"用疑问作结，反映不得同归的离情。张九龄《自君之出矣》："自君之出矣，不复理残机。思君如满月，夜夜减清辉。"用比喻作结，颇见巧思。储光羲《江南曲》："日暮长江里，相邀归渡头。落花如有意，来去逐船流。"用写景来抒情，并寄托含意。李白《越中怀古》："越王勾践破吴归，战士还家尽锦衣，宫女如花满春殿，只今惟有鹧鸪飞。"三句说盛，结句说衰，构成反衬来抒怀古之情。杜牧《过华清官》："长安回望绣成堆，山顶千门次第开。一骑红尘妃子笑，无人知是荔枝来。"上写千门开，妃子笑，结尾点明荔枝来，用画龙点睛手法，使命意显露。从这里看到好的结尾也是多种多样的。

线　索

　　诗眼贵亮而用线贵藏，如何氏山林之五，"沧江""碣石"①，风笋雨梅，银甲金鱼②，皆散钱也，而以一"兴"字穿之，是线在结也。如秦州《遣怀》"霜露"菊花，"断柳""清笳"，水楼山日，"归鸟""栖鸦"，亦散钱也，而以"愁眼"二字联之，是线在起也。此诗"地日""山云"，"雷殷""水文"，亦散钱也，而以"阴晴"二字冠之，"雨来"二字收之，是线在起结也。（江浩然《杜诗集说》引黄生说）

　　①碣石：本山名，指山石突起说。②银甲：套在指上的弹筝用具。金鱼：官员的装饰品。

　　这里先提诗眼，陈与义《放慵》："暖日薰杨柳，浓春醉海棠。"这两句里"薰"字"醉"字用得好，就是诗眼。但这个诗眼没有构成全篇的线索。下面讲构成线索的诗眼，这里举出三首诗来讲。杜甫《陪郑广文游何将军山林》之五：

"剩水——沧江破，残山——碣石开。绿垂——风折笋，红绽——雨肥梅。银甲——弹筝用，金鱼——换酒来。兴移无洒扫，随意坐莓苔。"何将军山林里有剩水，是从江水分出来的；有残山，是碣石山的分支形成的；有折笋、红梅；有弹筝，有酒。光说剩水、残山、笋、梅、筝、酒，像散钱一般，要有根线穿起来，这个线是"兴"，即游兴。为什么说"兴移"呢？因为这是一组诗，共十首，第一首已点明"平生为幽兴，未惜马蹄遥"，为了寻幽探胜的兴趣，所以到何将军山林来游赏。因此，这个"兴"本指游兴，所以看了剩水残山，看了笋和梅。游兴已移，移到喝酒听乐上去，就随意坐在莓苔上会饮了。这个"兴"就把全篇贯穿起来，这个线索在结尾点明。

杜甫《遣怀》："愁眼看霜露，寒城菊自花。天风随断柳，客泪堕清笳。水净楼阴直，山昏塞日斜。夜来归鸟尽，啼杀后栖鸦。"这首诗讲的景物，好像一句一样，各各独立。有霜露，菊开花，风吹柳，听笳流泪，楼阴，山日，归鸟，啼鸦。这些独立景物也像散钱，要用线索贯串起来。这里用"愁眼"做线索，下面所写的种种景物，都从愁眼看出，这就把它们串联起来了。这个线索放在头上。

杜甫《江阁对雨有怀行营裴二端公》："南纪风涛壮，阴晴屡不分。野流行地日，江入度山云。层阁凭雷殷，长空面水文。雨来铜柱北，应洗伏波军。"这诗在怀念裴二，他是侍御史，唐朝称御史为端公。裴二出使到南方，南纪指南方。这诗写南方景物，"野流行地日，江入度山云"，流潦满野，日照其中，是指雨后日出；度山的云，与江水相接，是晴而又雨。"阴晴"两字把这两句贯串起来了。第三联写雷声隆隆，水面起波纹，用"雨来铜柱北"的"雨来"两字来贯串。

从上面三例看来，三首诗的线索，一首在结尾点明，一首在开头点明，一首在头尾点明，靠这些点明的字眼，把诗中所写的景物贯串起来，构成了诗的线索。

分宾主

　　诗文俱有主宾，无主之宾，谓之乌合。俗论以比为宾，以赋为主，以反为宾，以正为主，皆塾师赚童子死法耳。立一主以待宾，宾无非主之宾者，乃俱有情而相浃洽。

　　若夫"秋风吹渭水，落叶满长安"，于贾岛何与？"湘潭云尽暮烟①出，巴蜀雪消春水来"，于许浑奚涉？皆乌合也。"影静千官里，心苏七校前"，得主矣，尚有痕迹。"花迎剑佩星初落"，则宾主历然熔合成一片。（王夫之《姜斋诗话》卷下）

　　①暮烟：当作暮山。

　　作品中所写的有主宾，好比一出戏里有主角也有配角。没有配角光有主角演不成戏，没有主角的戏像乌合之众，也不行。主角和配角密切结合起来表现故事情节，突出主题。配角不是游离于情节之外，同主题无关的。作品中主和宾的关系也是这样。所以说有人认为比喻是宾，被比喻的是主，或反面的是宾，正面的是主，这些说法也有它的道理，不过是片面的，不全面的。把这种说法绝对化，认为所有的比喻都是宾，所有的正面的都是主，那就不确切，变成骗人的死法子了。

像朱庆馀去应考时，把作品送给水部郎中张籍，写了一首《近试上张水部》的诗，问自己的作品是否适合时宜，说："洞房昨夜停红烛，待晓堂前拜舅姑。妆罢低声问夫婿：'画眉深浅入时无？'"张籍《酬朱庆馀》说："越女新妆出镜心，自知明艳更沉吟。齐纨未是人间贵，一曲菱歌抵万金。"两首诗都是比喻，但还是有宾主的，前一首显然以新嫁娘为主，以夫婿为宾；后一首以越女为主，以齐纨作陪衬。说以比为宾，在这两首诗里就不行了。

再像鲁迅的小说《白光》，写一个热衷科举，考不中又去掘窖想发财的人，全篇只写这一个反面人物，正面的人物没有写，说以正为主，那这篇变成无主了。所以绝对化的说法是不行的。

对于作品中的宾主，有处理得好的，有处理得不好的。像贾岛《忆江上吴处士》："闽国扬帆去，蟾蜍（月亮）缺复圆。秋风吹渭水，落叶满长安。此地际会夕，当时雷雨寒。兰桡殊未返，消息海云端。"这诗说，吴处士坐船到福建去，已经几个月了，现在长安已是秋天。想到在此地同吴处士聚会之夕，正在雷雨声中。吴处士的船没有回来，他可能已远到海边了。这里插进"秋风吹渭水，落叶满长安"两句，是说诗人在长安的秋风中怀念吴处士，这两句对主题来说并非没有关系。王夫之讲作品要分宾主，宾要作主的陪衬，没有无主的宾，这意见完全正确。但批评这两句诗与主无关，这批评不尽恰当。

再像许浑的《凌歊（xiāo消）台》："宋祖凌歊乐未回，三千歌舞宿层台。湘潭云尽暮山出，巴蜀雪消春水来。行殿有基荒荠合，寝园无主野棠开。百年便作万年计，岩畔古碑空绿苔。"这诗是写南朝宋刘裕造的凌歊台，这台在当涂县北。诗里说，刘裕在凌歊台上享乐，有三千歌舞女子住在台上，现在台荒废了，只剩下长满荒荠的基址，刘裕的坟园也没人管了，刘裕立的石碑上要作万年打算，现在连石碑上都长满了绿苔。在这样一首吊古的诗里，插进"湘潭云尽暮山出，巴蜀雪消春水来"，王夫之认为这是同主题无关的话。按诗中写的地名，有夸张，有想象。如杜甫《白帝城最高楼》"扶桑西枝对断石，弱水东影随长流"，这是说在白帝城的城楼上可以望到扶桑神树的西向枝条对着断石，弱水里的影子向东流。扶桑相传是太阳出来时的神树，在极东；弱水是在三神山下。那怎么能看到呢？无非是夸张楼的极高。那么说在凌歊台上看到湘潭的山，和雪山融化时流下来的水，比起杜甫的夸张来还差得远。可见湘潭两句极写台的高，也不是毫无关系的话。再说诗里写的山和水，也可以是想象，不一定是真的看到，参见《忌执着》之四谈诗中地名问题。

杜甫写他从沦陷的长安逃出来，看到唐朝的千官七校，中兴有望，心里很高兴，所以在《喜达行在所》之三说，"影静千官里，心苏七校前"，正写出一位爱国诗人的心情，是同主题密切结合的。这里说他的写法还有痕迹，大概是说，作者还把自己的心情说出来了，像用"心苏"的"苏"字便是。岑参的《和贾至舍人早朝大明宫之作》，"花迎剑佩星初落"，当时唐宫里种了很多花，上朝时很早，星刚刚隐没，这句是写实。作者没有在话中说出自己心情，但作者的喜悦心情还是可以体会，所以说没有痕迹。这两个例子，在分宾主方面是处理得比较好的。王夫之认为情思为主，景物为宾。千官七校这些写唐朝的气象是宾，衬托出他的喜悦心情是主，这里宾和主还是分清的。花迎剑佩句既是宾，是陪衬，又是主，是反映人物心情，所以说熔成一片。

即小见大

　　有大景，有小景，有大景中小景。"柳叶开时任好风""花复千官淑景移"，及"风正一帆悬""青霭入看无"，皆以小景传大景之神。若"江流天地外，山色有无中""江山如有待，花柳更无私"，张皇①使大，反令落拓②不亲。（王夫之《姜斋诗话》卷下）

　　①张皇：犹夸张。②令：使。落拓：散漫，浮泛不切。

　　写景怎样写得亲切有味，这里提出即小见大，写小的景物来显示大的景象。因为景物小，可以写得具体；通过具体的小景物来显示大的景象，耐人寻味。"柳叶开时任好风"，柳条上的嫩芽刚舒放的称柳眼，由眼联系到开，正指柳条刚展新叶，凭任春风吹拂。这里写的是在春风吹拂中柳芽舒展，是小景，写得细致而具体。从这小景中透露了春的消息，写出了春回大地的景象，所以是即小见大。杜甫《紫宸殿退朝口号》，"花复千官淑景移"，唐朝宫里种了许多花柳，众官上朝时站在花下，所以说"花复千官"。淑景指美好的日影，移是日影移动。上朝需要相当时间，所以在花下看到日影移动。这也是写具体的小景，从中反映出唐朝百官上朝时的盛况。王湾《次北固山下》，"潮平两岸阔，风正一帆悬"，风正指顺风，所以一帆高挂。这里写的是小景，从中显出在大江中驶船的景象，要是在曲折的小河里，船驶行时经常转湾，就不是风正一帆悬了。王维《终南山》，"青霭入看无"，青霭是一种淡淡的云气，远看有，近看没有。写"白云回望合，青霭入看无"是小景，但这种景象只有在极广大的山区里才能看到，所以通过这种景象写出终南山区的广大，也是即小见大。

王维《汉江临泛》，"江流天地外，山色有无中"，是描写江汉一带长江的广阔景象，由于江面广阔，江流浩荡，所以说流到天地外；也由于江面广阔，烟雾迷茫，所以隔江望对岸的山，若有若无，不甚分明。王维在这里极力想写出阔大景象来，但写得不免抽象，不具体。杜甫《后游》，"江山如有待，花柳更无私"，美好的江山像有待于游人去鉴赏，花柳更把它们的色彩姿态无私地呈现出来。这两句不是写江山的广大，不是"张皇使大"，是写江山花柳的多情，不知王夫之何以同前两句联系在一起？大概他认为写江山花柳的多情也该写得具体，不要说明。如杜甫《晚晴》"夕阳薰细草，江色映疏帘"，写得具体而有情味。但这是两种表达法，前一种表达法写出诗人对景物的爱好，不说诗人喜爱江山花柳，却说江山花柳在等待人们去欣赏，从而透露对江山花柳的喜悦，这种写法同抽象地说我喜爱江山花柳不同，还是好的。

化实为虚

《四虚序》云："不以虚为虚而以实为虚，化景物为情思，从首至尾，自然如行云流水，此其难也。否则偏于枯瘠，流于轻俗，而不足采矣。"姑举其所选一二云："岭猿同旦暮，江柳共风烟。"又："猿声知后夜，花发见流年。"若猿，若柳，若花，若旦暮，若风烟，若夜，若年，皆景物也，化而虚之者一字耳，此所以次于四实也。（范晞文《对床夜语》卷二）

"泉声"二句，深山恒境每每如此。下一"咽"字，则幽静之状恍然，著一"冷"字，则深僻之景若见。昔人所谓诗眼是矣。或谓上一句喻心境之空灵动宕，下一句喻心境之恬淡清凉，则未免求深反谬耳。（赵殿成《王右丞集笺注·过香积寺》注）

这里指出怎样化景物为情思，就是注意运用谓词，通过谓词把作者的情思表达出来。就这里举的例子说，要是说生活过得很单调很寂寞，这话就抽象，虚而不实，不成为诗。刘长卿《新年作》，"岭猿同旦暮，江柳共风烟。"说从早到晚同我作伴的只有猴子，和我领略江上风光烟雾的，只有柳树；这就具体，并从中透露出生活的单调寂寞来，用"同"和"共"两个谓词，化实为虚。要是说生活很单调很简陋，显得抽象；说成醒来听见猿声才知道后半夜，看见花开才知道又是春天，这就具体，用了"知"和"见"两个谓词，便从景物中写出感情来。再像王维《过香积寺》："泉声咽危石，日色冷青松。"除了"咽"和"冷"两个谓词外，别的都是具体的词，都是景物。靠了这两个谓词把幽静深僻的境界写出来了。"咽"是吞咽，声音比较低沉，在热闹场合这种低沉的声音不容易引起注意，所以从咽里显出幽静来。"冷"指阳光的微弱，因为山的深僻，才显出日色的"冷"来。

这里讲化景物为情思，是靠运用谓词，这是指一般情况说的。也有光堆砌景物而不用谓词，同样能化景物为情思，如温庭筠的《商山早行》："鸡声茅店月，人迹板桥霜。"把六样事物排在一起，中间不用谓词，那就靠事物的排列来显示情思，要是排乱了一样事物就不行。鸡声是天亮前的鸡叫，鸡一叫，客店里的旅客就要起来赶路，这时候，太阳还没出来，天上只有月亮。赶路人的脚迹，印在板桥上的霜上。显得霜浓，天已冷。这六样事物靠着恰当的排列帮助我们理解它的含义，从而透露出旅客赶路辛苦的用意。这就从景物中见情思。不过这样的例子是比较少的，一般说来，还是像上面说的，结合景物，用谓词来表达作者的情思。

加倍和进层

　　"感时花溅泪，恨别鸟惊心""无风云出塞，不夜月临关"，是律句中加一倍写法。（施补华《岘佣说诗》）

　　文有透过一层法，如《无家别》篇中云："县吏知我至，召令习鼓鞿①。"无家而遣之从征，极不堪事也；然明说不堪，其味便浅，此云"家乡既荡尽，远近理亦齐"，转作旷达，弥②见沉痛矣。（沈德潜《说诗晬语》卷上）

　　本言行路之难，而以干戈之满形之，则不见其难矣，透过一层。"家乡既荡尽，远近理亦齐"，用意亦复尔尔。（沈德潜《唐诗别裁》杜甫《夜闻觱篥》③诗评）

　　一日偶诵贾岛桑乾绝句，见谢枋得注云："旅寓十年，交游欢爱，与故乡无异。一旦别去，岂能无情。渡桑乾而望并州，反以为故乡也。"不觉大笑。拈以问玉山程生曰："诗如此解否？"程生曰："向如此解。"余谓此岛思乡作，何曾与并州有情？其意恨久客并州，远隔故乡，今非惟不能归，反北渡桑乾，还望并州又是故乡矣。并州且不得住，何况得归咸阳？此岛意也。（王

世懋《艺圃撷余》）

①习鼓鼙：学习击军中战鼓，即参军。②弥：更。③觱篥（bì
lì 必栗）：军中乐器。

　　加一倍写法有强调作用。杜甫《春望》："感时花溅
泪，恨别鸟惊心。"是写对国事的悲痛。花鸟本是令人喜爱
的，诗人对着花鸟还是悲痛，这就更突出悲痛的深切，是加一
倍写法。杜甫《秦州杂诗》之七，"无风云出塞，不夜月临
关"。本是有风才吹云出塞，入夜才月临关，这里写边关，塞
内塞外衔接，所以无风云也出塞；又写地势高，在那里好像月
升起得早，所以不夜月也临关：是加一倍写法。

　　透过一层法，杜甫《无家别》写一个士兵因前线溃败，
军队逃散，他便回到家乡来。家乡遭乱以后，他家里已经没有
人了。县吏知他回来，又召他去服兵役。这样的遭遇是极悲惨
的。可是接下去不是写他的悲苦，反而写他自己宽解，说家乡
既已荡尽，不论到哪里去都一样。表面上好像旷达，实际是
写出他遭受苦难的深重，这样透过一层写，更加沉痛。杜甫
《夜闻觱篥》："君知天地干戈满，不见江湖行路难。"诗人
的本意是要写行路难，可是不说行路难，而说遍地战乱，用遍
地战乱来对比，行路难就微不足道，这就更深一层写出旅客的
痛苦。以上是在一首诗中用几句话来透过一层写。

　　李煜《浪淘沙令》"梦里不知身是客，一晌贪欢"，往
日的繁华只能在梦里追寻，用来反衬亡国后的痛苦生活。到宋
徽宗《宴山亭·北行见杏花》："天遥地远，万水千山，知他

故宫何处。怎不思量，除梦里有时曾去。无据，和梦也新来不做。"用无梦来进一层写。晏几道《阮郎归》："一春犹有数行书，秋来书更疏。""梦魂纵有也成虚，那堪和梦无。"有几行信已使人怀念，何况信更少了。有梦也是空的，何况连梦都没有，都是进一层写法。

也有全篇用透过一层写的。贾岛《渡桑乾》："客舍并州已十霜，归心日夜忆咸阳。无端更渡桑乾水，却望并州是故乡。"贾岛在并州作客十年，老想回乡。这时不仅回不了乡，却要离开并州到更远的地方去。不说回不了故乡，却说回望并州像故乡，这就更深一层写出思乡的念头。按贾岛是范阳（河北涿县）人，怎么写忆咸阳呢？大概贾岛在长安青龙寺出家，称无本，所以以长安为故乡吧。咸阳即指长安。

柳宗元的《捕蛇者说》，写蒋氏三代捕毒蛇来"当其租入"，他的祖和父两代因而被蛇咬死，他自己"几死者数矣"。那么应该把捕蛇认为苦事才合乎情理，可是他反而认为"盖一岁之犯死者二焉，其余则熙熙而乐，岂若吾乡邻之旦旦有是哉！今虽死乎此，比吾乡邻之死则已后矣，又安敢毒耶？"认为捕蛇的害处比起交纳田赋来要轻得多，这样自己宽解，也就显得更加沉痛，从而衬出"苛政猛于虎"来，用的也是透过一层法。

倒插、逆挽

少陵有倒插法,如《送重表侄王砅评事》篇中,"上云天下乱"云云,"次间最少年"云云,初不说出某人;而下倒补云,"秦王时在座,真气惊户牖",此其法也。《丽人行》篇云,"赐名大国虢与秦①""慎莫近前丞相嗔",亦是此法。(沈德潜《说诗晬语》卷上)

杜甫《冬深》:"花叶惟天意,江溪共石根,早霞随类影,寒水各依痕。易下杨朱泪,难招楚客魂,风涛暮不稳,舍棹宿谁门。"上四冬深之景,下四舟行有感。此章全用倒插。"花叶惟天意",以"早霞随类影"也;"江溪共石根",以"寒水各依痕"也;"易下杨朱泪",以"风涛暮不稳"也;"难招楚客魂",以"舍棹宿谁门"也。初疑"寒水"与"石根"紧承,"早霞"与"花叶"似不相贯。后见《杜臆》,方悟霞状变化,如花如叶耳。盖霞有红紫青诸色,故比之花叶,且玩"天意"二字,明属"早霞"矣,起句特奇。(仇兆鳌《杜少陵集详注》)

义山"此日六军同驻马,当时七夕笑牵牛"②,飞卿"回

日楼台非甲帐，去时冠剑是丁年"③，对句用逆挽法。诗中得
此一联，便化板滞为跳脱。(《说诗晬语》卷上)

　　①虢（guó 国）与秦：虢国夫人和秦国夫人，都是杨贵妃的姊
姊。②上句指六军不发，逼死杨贵妃；下句指唐明皇和杨贵妃七月
七日在长生殿上密誓，笑牛郎织女的只有一年一度相会。③讲苏武。
甲帐，汉武帝造甲乙帐，甲乙是帐幕的次序。诗句是说苏武从匈奴
回来时汉武帝已死。丁年：丁壮的年龄。

　　这里讲两种叙述手法：（1）倒插法，先不说明何人，只
叙那人形象，后来才点明他是谁。杜甫《送重表侄王砅评事》
里，讲他的曾祖姑母嫁给王珪。一天，有客人来，她办了丰盛
的酒菜来款待。客人走后，她对丈夫说，那个最年轻的人，只
十八九岁，有着胡子的是个了不起的人物，"次问最少年，虬髯
十八九"。后面才点明这个少年就是秦王（唐太宗），他的气概
那时已经不凡。在《丽人行》里，先写那些贵妇人的豪华奢侈的
打扮，"绣罗衣裳照暮春"，衣上绣着"蹙金孔雀银麒麟"，头
上插着翡翠的彩饰，腰里系着珠带。后面才点明其中的皇亲国戚
是虢国夫人和秦国夫人。先写"炙手可热势绝伦"的气焰万丈，
再点明是作威作福的丞相杨国忠。这些都是倒插法。《水浒》第
八回写两个解差在野猪林要陷害林冲道："话说当时薛霸双手举
起棍来，望林冲脑袋上便劈下来，说时迟，那时快，薛霸的棍恰
举起来，只见松树背后，雷鸣也似一声，那条铁禅杖飞将来，把
这水火棍一隔，丢在九霄云外，跳出一个胖大和尚来……"这段
话，先写声音，次写铁禅杖，再写胖大和尚，再写那和尚的话和

打扮,是写得极其精彩的,它用的也是倒插法。这样的倒插,不仅使文字精彩,也是符合生活真实的。当时林冲被绑在树上,闭着眼睛等死,所以对鲁智深的行动,只有从两个公人眼里来写,才符合真实。两个公人不认识鲁智深,正如王珪妻子不认识李世民,人们先看到的是豪华奢侈的贵妇人一样,所以先写这些人的形象,再点明是谁,用倒插法。

(2)逆挽法,不是顺序说,是颠倒一下,先说后的,再说前的。如早霞的变化像天意幻成的花叶,这里却先说花叶,后说早霞。由于天寒水落,江水溪水都落到石根上,却先说石根,后说寒水。由于风涛不稳而下泪,却先说下泪,后说风涛。由于没有停泊处而感叹难招客魂,却先说难招魂,后说没有停泊处。这样的逆挽,有人也称为倒插。这样用逆挽,为了突出情景,像为了突出早霞所幻成的花叶,所以先说"花叶惟天意",再点明是"早霞随类影"。

逆挽法有时也由于全篇结构的需要。李商隐《马嵬》,先从"海外徒闻更九州,他生未卜此生休"讲起,即从《长恨歌》中讲的杨妃死后在海外仙山上成仙讲起,再追溯"七月七日长生殿"的密誓,自然得用逆挽法。温庭筠《苏武庙》诗从"苏武魂销汉使前"讲起,即从苏武回汉时讲起,追溯到他丁年奉使,也只能用逆挽法了。

叙事诗也有用逆挽法的,实际上就是倒叙。像杜甫《哀江头》,先写长安陷落后的景象:"少陵野老吞声哭,春日潜行曲江曲。江头宫殿锁千门,细柳新蒲为谁绿?"写出一片荒凉。然后追叙乱前曲江景物,那是:"忆昔霓旌下南苑,苑中万物生颜色。昭阳殿里第一人,同辇随君侍君侧……"这样逆挽,就有对比作用,给人的印象更为深刻。

反接、突接

又有反接法，《述怀》篇云，"自寄一封书，今已十月后"，若云"不见消息来"，平平语耳；此云"反畏消息来，寸心亦何有？"①斗觉惊心动魄矣。

又有突接法，如《醉歌行》突接"春光淡沲秦东亭"②，《简薛华醉歌》突接"气酣日落西风来"③；上写情欲尽未尽，忽入写景，激壮苍凉，神色俱王，皆此老独开生面处。（沈德潜《说诗晬语》卷上）

①杜甫《述怀》："……寄书问三川（杜甫家住在陕西鄜州的三川县境内），不知家在否。比（近）闻同罹祸，杀戮到鸡狗。山中漏茅屋，谁复依户牖？摧颓苍松根，地冷骨未朽。几人全性命？尽室岂相偶（同聚）？嵚岑猛虎场（危险的贼寇盘据处），郁结回我首。自寄一封书，今已十月后。反畏消息来，寸心亦何有！……"②杜甫《醉歌行》："陆机二十作《文赋》，汝（从侄杜勤）更少年能缀文。……词源倒流三峡水，笔阵独扫千人军。只今年才十六七，射策（应试）

君门期第一。旧穿杨叶（百步射中杨叶）真自知,暂蹶霜蹄未为失（暂遭挫折,落试）。偶然擢秀非难取,会是排风有毛质（考中是偶然的,不难取,所以没考中,当是鹰隼排风有锋锷之故）。汝身已见唾成珠,汝伯何由发如漆。春光淡沲（tuó 沱,犹淡荡,形容满眼是春光）秦东亭,渚蒲芽白水荇青,风吹客衣日杲杲（gǎo 搞,明亮）,树搅离思花冥冥。酒尽沙头双玉瓶,众宾皆醉我独醒,乃知贫贱别更苦,吞声踯躅涕泪零。"③杜甫《苏端薛复筵简薛华醉歌》:"文章有神交有道,端复得之名誉早。爱客满堂尽豪杰,开筵上日（元旦）思芳草。……垂老恶闻战鼓悲,急觞为缓忧心捣。少年努力纵谈笑,看我形容已枯槁。……诸生颇尽新知乐,万事终伤不自保。气酣日落西风来,愿吹野水添金杯。如渑之酒常快意,亦知穷愁安在哉!……"

这里讲叙述的两种手法;（1）反接法,《述怀》诗是杜甫遭安禄山之乱,从长安逃出,到凤翔去谒见肃宗。他在五月里到凤翔,听说鄜州那里连鸡狗都被杀,他家正住在鄜州,他担心全家的安全,所以说:"自寄一封书,今已十月后。"接下去要是说"不见消息来",就成为在平常时期的盼望回信,不能写出战乱时期人们的迫切心情了。现在不这样,反而说"反畏消息来,寸心亦何有!"就反映了饱经战乱的人害怕有不幸消息传来的心情,就写得深刻而真切。再像宋之问《渡汉江》:"岭外音书断,经冬复历春。近乡情更怯,不敢问来人。"作者贬官到岭外,不知道家里的情况。这次回乡,迫切地想知道家里怎么样了。由于想到自己被贬时家里可能遭受到的迫害和发生的意外,所以反而害怕不敢向人打听了。这样反接，也深刻地表达了作者的心情。所谓"反接"，实际上是作者当时的心情跟一般人不一样，这是作者的特殊遭遇造成的。所以不是有意要写得特殊，只有这样，才能真实地反映作者的心情。

（2）突接法，《醉歌行》是杜甫送侄子杜勤落第回家，前面说杜勤很有才华，年纪又轻，暂时碰到挫折不算什么。又说："汝身已见唾成珠，汝伯何由发如漆"，杜勤已经咳唾成珠，出口成章了，那么杜甫怎么还能发如漆黑呢？说明侄子长成，自己已渐衰老。接下去忽然写景，"春光淡沲秦东亭，渚蒲芽白水荇青，风吹客衣日杲杲，树搅离思花冥冥。"前面抒情，突接写景，把情景结合起来看，在春光淡荡的秦东亭上，眼前所看到的是春天景物，这本是令人喜悦的，可是面对着少年的落第，和杜甫自己感到逐渐衰老，美好的景物和失意的心情相对照，所谓"良辰美景奈何天"，再加上客中送侄子的离别之感，更加强了自己无可奈何的失意心情。

《苏端薛复筵简薛华醉歌》讲"文章有神交有道"，说薛华善于作长歌，指文章有神；又说"诸生颇尽新知乐"，讲交有道。接下去忽然写景"气酣日落西风来，愿吹野水添金杯"，从而引出借酒浇愁的意思。这样从抒情或叙事突接写景，起两种作用：一是衬托作用，如用美好景物来反衬失意心情。二是转折作用，像从日落西风来，转到希望西风把水变成酒来添金杯，好尽量借酒浇愁。

还有一种突接，不是用写景来突接叙事，是用议论来突接叙事，这种议论跟上文叙事毫无关系。如李白《江夏赠韦南陵冰》："愁来饮酒二千石，寒灰重暖生阳春。山公醉后能骑马，别是风流贤主人。"二千石指南平太守李之遥，在李白愁时，太守请他喝酒，使他感到温暖。这位太守就是贤主人。下面突接："头陀云月多僧气，山水何曾称人意。不然鸣箛按鼓戏沧流，呼取江南女儿歌掉讴。我且为君捶碎黄鹤楼，君亦为我倒却鹦鹉洲。赤壁争雄如梦里，且须歌舞宽离忧。"突接的两句同上文讲的贤主人毫无关系，是说那里的头陀寺多僧气，看了讨厌，那里的山水没有秀气，不称心，看了败坏游兴。否则可以在大江里泛舟听歌取乐。既然那里的景物使人讨厌，所以我将捶碎黄鹤楼，黄鹤楼同头陀寺是一样可厌的，这就包括毁掉头陀寺在内，鹦鹉洲也是看了不称心的山水景物，所以要倒却，把这些使人讨厌的东西都扫除了，才好尽情歌舞。后面的狂言都是从突接的两句来的。这个狂言很突出，更显出这个突接的非常突出，在艺术上有它的特色，虽然思想性不强。

小说中也有这种手法，如《水浒》三十六回写宋江被张横逼得正要跳江时，忽然李俊驾船来了，宋江听得李俊声音便叫着求救，李俊失惊道："真个是我哥哥，早不做出来！"宋江钻出船上来看时，星光明亮。这里插入"星光明亮"的写景句，具有衬托作用。原来宋江死到临头，吓得心惊胆战，不会注意江上风光；到这时已经得救，心情变了，这才看到星光明亮。这里接着写景具有显示人物心情的作用。《水浒》九回写林冲接管了草料场，出门打酒："信步投东，雪地里踏着碎琼乱玉，迤逦背着北风而行，那雪正下得紧。"这里写雪跟下面情节有关。因为下雪，所以雪水把火种浸灭，从而证明草料场的起火是有人在放火，引起了林冲的警惕，发现仇人要借此加害自己，使得他终于杀死仇人。这里的写景起发展情节的转折作用。

仿效和点化

一

魏武帝乐府:"东临碣石,以观沧海。水何澹澹①,山岛竦峙。秋风萧飒,洪涛涌起。日月之行,若出其中,星汉灿烂,若出其里。"其辞亦有本。相如《上林》云:"视之无端,察之无涯。日出东沼,月生西陂。"马融《广成》云:"天地虹洞②,因无端涯。大明③出东,月生西陂。"扬雄《校猎》云:"出入日月,天与地沓④。"然觉扬语奇,武帝语壮。又"月生西陂"语有何致,而马融复袭之? (王世贞《艺苑卮言》卷三)

①澹澹:状水波摇荡。②虹洞:状广大。③大明:太阳。④沓(tà 踏):合,指天地相接。

文学创作中的描写,有的是有所继承的,就是仿效前人的写法加以变化,具有推陈出新的作用,这是好的;有的光是仿效，缺少变化，那是要不得的；也有的两种写法的类似只是暗合，并非仿效。现在通过比较，看看这些类似的写法怎样使它变化，怎样使它更丰富，写得成功或失败的原因何在，这对怎样点化的探讨也许有帮助。

文学创作中的点化手法是多种多样的，一种是比前人说得更具体，更丰富，创造出新的境界。比方司马相如《上林赋》："视之无端，察之无涯。"指上林地方广阔无边，这是概念的说明。下文说："日出东沼，月生西陂"，比较具体些，还缺乏形象描写。扬雄《校猎赋》作："出入日月，天与地沓"，第二句说，在那里境界广阔，望出去天与地合而为一，这样说就有新意。曹操在《观沧海》里说成："日月之行，若出其中，星汉灿烂，若出其里。"把星汉的形象加进去，配上山岛、秋风、洪涛的描写，内容更丰富，境界更开阔，色彩更鲜明，构成新的意境，就比司马相如的话更具体生动了。这就是善于点化的一例。再像马融《广成颂》作："天地虹洞，因无端涯。"同司马相如的话一样，也是概念的。又说："大明出东，月生西陂。"也讲日东升月西升，只是换个字面。这样的模仿是要不得的，它既没有加上新东西，又不能丰富原来的话，就谈不上点化了。

二

苏州诗曰："西施且一笑，众女安得妍？"而白乐天诗曰："回眸一笑百媚生，六宫粉黛无颜色。"杜子美诗曰："须臾九重真龙①出，一洗万古凡马空。"而东坡颂曰："振鬣②长鸣，万马皆喑③。"等④一意耳，其后用之益精。

吴曾《漫录》⑤谓乐天"回眸一笑百媚生"，盖祖李白《清平词》"一笑皆生百媚"之语。仆谓李白语又有所自，观江总"回身转佩百媚生，插花照镜千娇出"，意又出此。（王楙《野客丛书》卷十七）

王荆公晚年诗律尤精严，造语用字，间不容发⑥。然意与言会，言随意遣，浑然天成，殆不见有率率排比处。如"含风鸭绿鳞鳞起，弄日鹅黄袅袅垂。"读之初不觉有对偶。至"细数落花因坐久，缓寻芳草得归迟"，但见舒闲容与之态耳。而字字细考之，若经檃括权衡⑦者，其用意亦深刻矣。（叶梦得《石林诗话》卷上）

前辈读诗与作诗既多，则遣辞措意皆相像以起，有不自知其然者。荆公晚年闲居诗云："细数落花因坐久，缓寻芳草得归迟。"盖本于王摩诘"兴阑啼鸟散，坐久落花多"，而其辞益工也。（吴曾《能改斋漫录》卷八）

---

① 九重真龙：皇家的名马。② 振鬣：摇动马颈上的长毛。③ 喑（yīn因）：哑。④ 等：犹同。⑤《漫录》：即《能改斋漫录》。⑥ 间：空隙，指没有一丝头发的空隙。⑦ 檃（yǐn隐）括：矫正。权衡：称量。

上文指的点化，是就内容更丰富说的，这里是就内容更生动更细致说的，实际上是一回事。

韦应物《广陵遇孟九云卿》诗："西施且一笑，众女安得妍?"光说"一笑",没有作具体描绘。白居易的《长恨歌》,"回眸一笑百媚生,六宫粉黛无颜色",既写回眸,又写百媚,描绘神态细致多了,"六宫粉黛"也比"众女"更具体,后者更显得生动。比起李白的《清平词》,"一笑皆生百媚"来,更写出"回眸"的神态,内容更丰富。李白的"一笑皆生百媚",比江总的"回身转佩百媚生",各有特点。写"一笑"着眼在表情;写"回身转佩"着眼在姿态的美好。但一笑更显得活,更有表情。

杜甫《丹青引》写曹霸画马:"须臾九重真龙出,一洗万古凡马空。"写画马只写它的神态骨格体貌;苏轼写的是真马,所以写"振鬣长鸣",都用"万马空""万马喑"来衬托,这里很难分高下。

王安石《北山》:"北山输绿涨横陂,直堑回塘滟滟时。细数落花因坐久,缓寻芳草得归迟。"王维《过杨氏别业》:"兴阑啼鸟散,坐久落花多。"王维的一联,从兴阑里透露出作者的心情,是说游兴阑珊了,坐得久了,这时啼鸟散了,落花多了,已经有倦意。王安石的一联,写出舒齐幽闲从容的情态,写出景物的美好,写得更工细。为了赏玩景物,所以坐久归迟,这里有对落花芳草的爱赏,没有倦意,不是意兴阑珊,而是意兴不倦。

三

"朱门酒肉臭,路有冻死骨",此语本有所自。《孟子》:"狗彘食人食而不知检①,途有饿莩而不知发②。"《史记·平原君传》:

"君之后宫婢妾被绮縠③,余粱肉,而民衣褐不完④,糟糠不餍⑤。"
《淮南子》:"贫民糟糠不接于口,而虎狼厌刍豢⑥;百姓短褐
不完,而宫室衣锦绣⑦。"此皆古人久已说过,而一入少陵手,
便觉惊心动魄,似从古未经人道者。(赵翼《瓯北诗话》卷二)

①彘(zhì 滞):猪。检:制止。②饿殍(piǎo 漂):饿死的人。发:
开仓赈济。③被绮縠(hú 胡):穿着丝织品制成的衣裳。④褐(hè 贺):
粗麻布衣。完:完整。⑤餍(yàn 厌):足,饱。⑥虎狼:指贵族养
的动物。刍豢(chú huàn 除患):刍指吃草的牛羊,豢指吃谷的犬猪。
⑦衣锦绣:穿上锦绣,当指彩绘说。

这里讲的点化,是比前人说的说得更深刻,更尖锐,更
集中凝练,因而也更激动人心。如把贵族的奢侈浪费和人民
的极端痛苦的生活作强烈对比的,在古代不乏其例。像《孟
子》里的话就很尖锐而突出,指出贵族家里猪狗吃着人的谷
食,而人民却饿死在路上。此外像《史记》《淮南子》里,也
说了意义相似的话。杜甫《自京赴奉先县咏怀五百字》里的
名句"朱门酒肉臭,路有冻死骨",却写得更突出。用"朱
门"来指贵族豪门,用"冻死骨"来指饿死者,写得更形
象,更含蓄凝练,更具有惊心动魄的作用。

四

晏叔原:"今宵剩把银釭①照,犹恐相逢是梦中。"盖出于

老杜"夜阑更秉烛，相对如梦寐"，戴叔伦"还作江南别，翻疑梦里逢"，司空曙"乍见翻疑梦，相悲各问年"之意。（王楙《野客丛书》卷二十《词句祖古人意》）。

小山词："从别后，忆相逢，几回魂梦与君同。今宵剩把银釭照，犹恐相逢是梦中。"曲折深婉，自一有艳词，更不得不让伊独步。视永叔之"笑问双鸳鸯字怎生书""倚阑无绪更兜鞋"等句，雅俗判然矣。（陈廷焯《白雨斋词话》卷一）

①剩把：尽把。银釭：银灯。

一种点化，是借用前人的话融化到自己的境界中去，把前人的话的说法改一下，因而把它的风格也改变了，创造了新的风格。如晏几道《鹧鸪天》下半阕："从别后，忆相逢，几回魂梦与君同。今宵剩把银釭照，犹恐相逢是梦中。"杜甫《羌村》之一："世乱遭飘荡，生还偶然遂。邻人满墙头，感叹亦歔欷。夜阑更秉烛，相对如梦寐。"杜甫遭安禄山之乱，从长安逃出来，当时他的家里疑心他已牺牲，他也担心家里人都遭了难，所以碰见时还疑心在梦里，要拿起烛来互相照着。这诗写得真切，深刻地反映了经过乱离遭受苦难的夫妇的心情，语言质朴。晏词改用曲折婉转的话来说，话中加上"银釭"那样富家用的词，用来写女子的情思，语言清丽柔婉这说明融化前人的话，改变说法，来形成不同的风格。但陈廷焯《白雨斋词话》里推它为艳词独步，借它来贬低欧阳的词，用雅俗来分高低，不够恰当。晏词写夫妇别后相逢的感情，是写得婉转多情的。欧阳修《南歌子》下半阕："弄笔偎人久，描花试手初。等闲妨了绣工夫，笑问'鸳鸯两字怎生书'？"这是写新夫妇的生活。写得生动活泼，并不庸俗。这是反映两种不同的生活，不宜用此来分雅俗。

《国史补》称张旭工于草书，旭言："始吾见公主、担夫争路，而得笔法之意。后见公孙氏舞剑器，而得其神。"张旭写草书的笔法，从公主与挑夫争路中悟入，从公孙大娘的舞蹈中悟入，把舞蹈的某种姿势运用到笔法里，说明艺术上的手法可以互相吸引。如点染本是画家的笔法，也可以运用到写作上去。那么同属于不同风格的描写，更可以互相吸收了。

五

譬彼禽鸟，志识①其身，文辞其羽翼也。有大鹏千里之身，而后可以运垂天之翼②；鷃雀假雕鹗之翼③，势未举而先踬矣④，况鹏翼乎！故修辞不忌夫暂假，而贵有载辞之志识，与己力之能胜而已矣。（章学诚《文史通义·说林》）

"西风吹渭水，落叶满长安"，美成以之入词，白仁甫以之入曲，此借古人之境界为我之境界者也。然非自有境界，古人亦不为我用。（王国维《人间词话删稿》）

晁无咎云："少游如寒景词云：'斜阳外，寒鸦万点，流水绕孤村。'虽不识字人，亦知是天生好言语。"其褒之如此，盖不曾见炀帝诗耳。（胡仔《苕溪渔隐丛话》后集卷三十三）

"寒鸦千万点，流水绕孤村"，隋炀帝诗也。"寒鸦数点，

流水绕孤村"，少游词也。语虽蹈袭，然入词尤是当家。（王世
贞《艺苑卮言》）

秀水李竹懒（日华）曰："江为诗：'竹影横斜水清浅，
桂香浮动月黄昏。'林君复改二字为'疏影''暗香'以咏梅，
遂成千古绝调，所谓点铁成金也。"（顾嗣立《寒厅诗话》）

①志识：指作品的思想内容。②《庄子·逍遥游》中的寓言，
说大鹏的背不知有几千里大，它的翼像天上垂下来的云。③鷃
（yàn 晏）雀：小雀。假：借用。雕、鹗：猛禽。④未举：没有张开
翅膀，没有飞起来。踬（zhì 致）：阻碍，指掉下。

作品要求创造，反对抄袭，是指作品中的主要内容或全
篇的意境说的。要是作者有了全篇的新的内容，创作了新的意
境，在个别地方借用了别人的文辞或境界，而全篇的内容和意
境还是作者的，这样的借用是可以的。

贾岛《忆江上吴处士》："西风吹渭水，落叶满长
安。"这首诗的主题是忆友，"西风"两句只是写时令，别人
可以借用。周邦彦在《齐天乐》里借用，作："渭水西风，长
安乱叶，空忆诗情宛转。"作者回想到同朋友在京里（用长安
代京城）的情境，当时正是西风落叶，诗情宛转。白朴《梧桐
雨》杂剧第二折《普天乐》："銮驾迁，成都盼。更那堪泸
水西飞雁，一声声送上雕鞍。伤心故园，西风渭水，落日长
安。"写唐明皇在路上看到西飞雁，想起西风渭水，落日长
安，用来表达人物的凄苦心情，是很恰当的。

秦观的《满庭芳》"山抹微云"一首，是写别情的。分别时正在深秋的晚上，所以是"山抹微云，天粘衰草"；分别的地点是在城外水边，所以说"暂停征棹"。"斜阳外，寒鸦万点，流水绕孤村"，非常贴切地写出了当时情景。船傍在孤村，夕阳西下，寒鸦在归窠时飞回。因此，这三句虽然借用了隋炀帝的《短句》，"寒鸦千万点，流水绕孤村"，却是情景贴切。再说秦观这首词本身自有完整的意境，并不专靠隋炀帝的两句诗来构成意境，只是借用它来丰富所创造的意境。

宋代诗人林逋的梅花诗："疏影横斜水清浅，暗香浮动月黄昏。"这两句非常著名，是本于江为"竹影横斜水清浅，桂香浮动月黄昏"，只换了两个字。林逋的两句虽然受到江为这两句诗的触发，但是林逋一定是先有了那样的生活感受，才能从他这两句诗中得到触发。林逋的点化，是构成新的意境，赋予新的主题，是一种创造，而不是简单的借用。

六

苏子卿^①曰："明月照高楼，想见余光辉。"子美曰："落月满屋梁，犹疑照颜色。"庾信曰："落花与芝盖齐飞，杨柳共春旗一色。"王勃曰："落霞与孤鹜齐飞，秋水共长天一色。"梁简文曰："湿花枝觉重，宿鸟羽飞迟。"韦苏州曰："漠漠帆来重，冥冥鸟去迟。"三者虽有所祖^②，然青愈于蓝^③矣。（谢榛《四溟诗话》卷一）

顾况喜白乐天送友人原上草诗："野火烧不尽，春风吹又生。"乃是李太白瀑布诗："海风吹不断，江月照还空"意。（吴

开《优古堂诗话》）

①子卿：苏武字。按《文选》苏武诗中没有这里所引的两句，
王士禛《古诗选》作无名氏《拟苏李诗》中有。②所祖：所本，所
根据。③青愈于蓝：《荀子·劝学》："青，取之于蓝而青于蓝。"

有一种点化，是只模仿形式结构和个别词语，内容完全不
同，因此所创的意境也是全新的。如庾信《华林园马射赋》：
"落花与芝盖齐飞，杨柳共春旗一色。"王勃在《滕王阁序》
里作"落霞与孤鹜齐飞，秋水共长天一色。"只是模仿句子的
结构，拿两样东西来相比，还借用了"齐飞""一色"。至于
内容，一个是讲车子和旗子的，是写队伍的；一个是写秋天的
景色的，完全不同。庾信的话，描写在进行中的队伍，车子上
的曲柄凉伞（芝盖）在落花飞舞中前进，旗子同杨柳一样色彩
鲜明。王勃的话写从滕王阁上望出去，水天相接，而落霞孤鹜
的景色很美好，水天一色的境界极开阔，超过了庾信那两句。

白居易的《草》："野火烧不尽，春风吹又生。"在结
构上类似李白的《望庐山瀑布二首》之一："海风吹不断，江
月照还空。"但这种类似，是偶合，还是仿造，还不清楚。李
白的一联工于描绘，白居易的一联含意深刻，更为传诵，和李
白的一联内容完全不同，所创造的意境也是全新的。

七

《蔡宽夫诗话》云："亭亭画舸系寒潭①，直到行人酒半酣。

不管烟波与风雨，载将离恨过江南。"尝有人客舍壁间见此诗，莫知谁作。或云郑兵部仲贤②也，然集中无有，好事者或填入乐府。（胡仔《苕溪渔隐丛话》前集卷二十四）

郑文宝《柳枝词》："亭亭画舸系春潭，直到行人酒半酣；不管烟波与风雨，载将离恨过江南。"这首诗像唐朝韦庄的《古离别》："晴烟漠漠柳毵毵③，不那④离情酒半酣。更把玉鞭云外指，断肠春色是江南。"但是第三第四句那种写法，比韦庄的后半首新鲜深细得多了，后来许多作家都仿效它。例如：苏轼《虞美人》："无情汴水自东流，只载一船离恨向西州"；陈与义《虞美人》："明朝有酒大江流，满载一船离恨向衡州"；李清照《武陵春》："只恐双溪舴艋⑤舟，载不动许多愁"；辛弃疾《水调歌头》："明月扁舟去，和月载离愁"；张可久《蟾宫曲》："画船儿载不起离愁，人到西陵，恨满东州"；贯云石《清江引》："江声卷暮涛，树影留残照，兰舟把愁都载了。"王实甫的《西厢记》里把船变成车，例如第四本第一折："试着那司天台⑥打算半年愁，端的是太平车儿约有十余载"；第三折："遍人间烦恼填胸臆，量这些大小车儿如何载得起！"陆娟《送人还新安》又把愁和恨变成"春色"："万点落花舟一叶，载将春色到江南。"（钱锺书《宋诗选注》郑文宝诗注）

①画舸（gě 葛）：画船。寒潭：一作春潭。③郑仲贤：郑文宝。宋初诗人，字仲贤。③毵毵（sān 三）：状细长。④不那：无奈。⑤舴艋（zé měng 则孟）：小船。⑥司天台：天文台。

　　这里讲用一种类似手法来写同一内容，却有各种各样的表达方法，其中有借用，有点化，也可能有暗合。借用的像陈与义的"满载一船离恨向衡州"，只是借用苏轼的"只载一船离恨向西州"。也有"青出于蓝"的，像这里指出郑文宝的诗比韦庄的新鲜深细得多。韦庄写离情，从"晴烟漠漠柳毵毵"到"断肠春色是江南"，写烟柳和江南春色，这些题材，诗人写过的很多。郑文宝写离情，用画船"载将离恨过江南"，这是新的说法，所以给人新鲜的感觉。韦庄的"晴烟漠漠柳毵毵"，和"更把玉鞭云外指"，就具体的描写来看，看不出是在写离愁，尤其是玉鞭云外指的形象，也可以写春游。郑文宝写的烟波风雨，画船待发，从具体描写看，有力地烘托离愁，所以说深细得多吧。不过这两首诗的相像，也可能是"偶合"，不一定是"青出于蓝"。陆娟的"万点落花舟一叶，载将春色到江南"，后一句和郑文宝的诗句类似，但"万点落花"同"烟波风雨"不同，创造了新的境界。

　　这里引的其他的例子，仿效的痕迹比较明显。从这些例子看，作家都不愿机械地模仿，都有所变化，像从画舸的无情，不管烟波风雨，变为汴水的无情；从船载离愁，转为舴艋舟载不动愁；又把船变成车，把离愁变成春色；还加上一些不同景物的衬托，所以虽仿效而还是有变化的。

——以上写作

兴 起

一

司农又云："兴者托事于物，则兴者起也，取譬引类，起发己心。诗文诸举草木鸟兽以见意者，皆兴辞也。赋、比、兴如此次者，言事之道，直陈为正，故《诗经》多赋，在比兴之先。比之与兴，虽同是附托外物，比显而兴隐，当先显后隐，故比居兴先也。《毛传》特言兴也，为其理隐故也。（《毛诗·关雎传·正义》）

兴者，先言他物以引起所咏之辞也。周之文王，生有圣德，又得圣女姒氏以为之配。宫中之人于其始至，见其有幽闲贞静之德，故作是诗，言彼关关然之雎鸠，则相与和鸣于河洲之上矣，此窈窕之淑女，则岂非君子之善匹乎？言其相与和乐而恭敬，亦若雎鸠之情挚而有别也。后凡言兴者，其文意皆仿此云。（朱熹《诗经集传·关雎》）

诗文弘奥，包韫六义，毛公述传，独标兴体，岂不以风通而赋同，比显而兴隐哉！故比者，附也；兴者，起也。附理者切类以指事，起情者依微以拟议；起情故兴体以立，附理故比例以生。比则畜愤以斥言，兴则环譬以记讽，盖随时之义不一，故诗人之志有二也。

观夫兴之托谕，婉而成章，称名也小，取类也大。关雎有别，故后妃方德；尸鸠贞一，故夫人象义。义取其贞，无从于夷禽；德贵其别，不嫌于鸷鸟；明而未融，故发注而后见也。……楚襄信谗，而三闾忠烈，依诗制《骚》，讽兼比兴。（刘勰《文心雕龙·比兴》）

《诗》之兴全无巴鼻，后人诗犹有此体。如："青青陵上柏，磊磊涧中石；人生天地间，忽如远行客。"又如："高山有涯，林木有枝；忧来无端，人莫之知"；"青青河畔草，绵绵思远道。"（朱熹《朱子语类》卷八〇）

最早提出赋、比、兴的，是《周礼·春官·大师》，最早给予解释的是后汉的郑众，他做过大司农的官，因称他为司农。他注《周礼》说："比者比方于物也，兴者托事于物。"比是用物来打比方，兴就是用物来寄托。到了刘勰的《文心雕龙·比兴》篇，才对比兴做了专门研究。他先从六义讲起，六义就是风、雅、颂加赋、比、兴。风、雅、颂是三种音乐上的分别，赋、比、兴是三种写作手法。他指出"比显而兴隐"。像"芙蓉如面柳如眉"，"芙蓉"和"柳（叶）"是比喻的词，"面"和"眉"是被比的东西，所以比喻是很明显的。兴是暗比，像《关雎》的"关关雎鸠，在河之洲。窈窕淑女，君子好逑（配偶）。"相传雎鸠这种鸟，有一定的配偶而不乱，用它来起兴，暗比淑女具有贞洁的品德。那只是暗比，隐而不显。又《鹊巢》："维鹊有巢，维鸠居之。之子于归（这女子出嫁），百两（百辆车）迎之。"相传鸠鸟也有一定配偶，用来暗比这位新嫁娘具有贞一的品德。这种暗比，不点明不容易清楚，所以要经过注释才知道。比是比附，取一物的某一点来打比方，如取柳叶的细长来比眉。兴是兴起，用一物来引起情思，这种比拟是隐微的。就"兴者起也"说，兴在前，所以《诗经》里讲的兴，在诗的开头。又说"兴则环譬以记讽"，"环譬"是围绕着一个主意用几个暗比来引起它，那样的兴，就不是用一物来引起另一物了。到孔颖达写《毛诗正义》，指出诗文中举出草木鸟兽来透露用意的，都是兴。这样看来，兴有两种：一种放在诗的开头，用来引起所兴的事物，像关雎和鸠就是。一种是引了好多鸟兽草木来显示用意的，像屈原的《离骚》"讽兼比兴"，就是篇中引用了不少的草木鸟兽，有比有兴，就不同于放在每篇开头的兴了。刘勰指出"兴"是"婉而成章"，因为它的含义比较隐，比较含蓄婉转，初看时不易体会，但体会到了以后，给人的印象比较深切。所以说"称名也小，取类也大"，用的像关雎、鸠，但所含的意义比较大，类就是义类，指含义说的。这是兴这种修词手法的作用。

刘勰、孔颖达、朱熹，他们讲兴，都引了《关雎》，都把"淑女"说成后妃，即文王的妃太姒，把"君子"说成"文王"。这是三家都受传统说法的束缚，现在我们已经打破了这种传统，不讲"后妃之德"了。朱熹讲《关雎》，认为"雎鸠之情挚而有别""相与和鸣"，与淑女"幽闲贞静之德"与君子"相与和乐"。朱熹的解释同刘勰不一样。刘勰说："关雎有别，故后妃方德"。关雎有一定配偶不相乱的优点，所以用来比后妃的德行，"方"是比方，就是指出兴也是比方，不过是一种暗比。朱熹不讲关雎的挚而有别比淑女的德性，不讲"比显而兴隐"。那么朱熹对兴怎样看的呢？他说"《诗》之兴全无巴鼻"，就是兴所讲的事物，与下文全无关系，所以他不讲关雎是比淑女的，即关雎与淑女毫无关系。他又举出三个例子来说明兴和下文毫无关系。《古诗十九首》里说："青青陵上柏，磊磊涧中石。"《文选》李善注："言长存也"。下文"人生天地间，忽如远行客。"李善注："言异松石也。"朱熹认为松石和下文"人生"句毫无关系，但李善注认为不是毫无关系，是说人生的寿命不如松石那样长久，那么用松石的长存，来反衬人生的短促，是暗比中的一种反比。朱熹又举出"高山有涯，林木有枝"，认为山涯和树枝同下文"忧来无端，人莫之知"毫无关系。其实这也是反衬，用山的有涯，木的有枝，来反衬忧来无端，也是暗比中的反比。《文选·饮马长城窟行》："青青河畔草，绵绵思远道。"李善注："言良人行役，以春为期，期至不来，所以增思。"上句讲春天到了，下句讲思念远人，是有关系的，不是毫无关系。刘安《招隐士》："王孙游兮不归，春草生兮萋萋。"春草生本是同怀念远人联系的，所以第三个例子只能证明兴同上文相关，不是无关。那么《古诗为焦仲卿妻作》："孔雀东南飞，五里一徘徊。十三能织素，十四学裁衣。"孔雀的徘徊是兴，它同刘兰芝的"十三能织素"又有什么关系呢？原来兴的引起下文，有两种，一种是引起个别的人或物，如《关雎》的引起淑女；一种是引起全篇，像"孔雀东南飞"就是。从"孔雀东南飞"使人想起《双白鹄》：
"飞来双白鹄，乃从西北来。十十将五五，罗列行不齐。妻
卒疲且病，不能飞相随。五里一返顾，六里一徘徊。'吾欲
衔汝去，口噤不能开。吾欲负汝去，毛羽何摧颓。''乐者
新相知，忧来生别离。踌躇顾群侣，泪落纵横随。'"另一
首《艳歌何尝行》，上文大体相同，下文还有"'念与君离
别，气结不能言。各各重自爱，远道归还难。妾当守空房，闭
门下重关，若生当相见，亡者会黄泉。'"孔雀是大鸟，白鹄
也是大鸟。"西北来"同"东南飞"是一致的；"五里一徘
徊"同"五里一返顾，六里一徘徊"也一致；下写夫妇的生
离，跟兰芝和仲卿的情节也相应。像另一首提到"亡者会黄
泉"，更提到死别。因此用"孔雀东南飞"来起兴，就不是同
下文全无关系，是引起全篇的夫妇生离死别的悲剧。因此，这
就不同于朱熹的讲法，同于刘勰的讲法，"称名也小，取类也
大"。称名是提到孔雀，好像无关宏旨；取类是暗示夫妇的
生离死别的悲剧，就意义重大。从这个起兴，联想到它的含
义，就具有动人的艺术力量。这个起兴，不是游离于情节之外
的形象，而是和下文密切相关的形象，这就成为作品中构成形
象思维的一部分。要像朱熹说的，兴同下文"全无巴鼻"，那
么兴就成了游离于情节之外的形象，是跟全篇的意义无关的形
象，不属于全篇的形象思维的范围。但从朱熹所举的三个起兴
的例子看，还不能说它们是脱离了作品的形象思维。

　　有没有和下文全无关系的起兴呢？也可能有。那可能
由于我们不了解它同下文的关系。比方《古诗源》里的《饭
牛歌》："南山矸（同岸，高大），白石烂。生不逢尧与舜
禅。短布单衣适至骭（gàn干，小腿）。从昏饭牛薄夜半，长

夜漫漫何时旦。"相传这是宁戚唱给齐桓公听的歌，开头
"南山矸，白石烂"是起兴，它同下文有什么关系，看不
出来。

二

　　诗人皆以征古为用事，不必尽然也。今且于六义之中略
论比兴。取象曰比，取义曰兴，义即象下之意。凡禽鱼草木人
物名数，万象之中义类同者尽入比兴，关雎即其义也。如陶公
以孤云比贫士，鲍照以直比朱丝，以清比玉壶。时人呼比为用
事，呼用事为比。如陆机《齐讴行》："鄙哉牛山叹，未及至人
情。爽鸠苟已徂，吾子安得停。"此规谏之忠，是用事，非比也。
如康乐公《还旧园作》："偶与张邴合，久欲归东山。"此叙志
之忠，是比非用事也。详味可知。（释皎然《诗式·用事》）

　　于六义中，姑置风雅颂而言兴赋比，此三义者，今之村
歌俚曲，无不暗合，矫语称诗者自失之耳。如"月子弯弯照九
州"，兴也。"逢桥须下马，有路莫登舟"，赋也。"南山顶上一
盆油"，比也。行之而不著者也。明人多赋，兴比则少，故论
唐诗亦不中窾。如薛能云："当时诸葛成何事，只合终身作卧龙。"
见唐室之不可扶而悔入仕途，兴也；升庵误以为赋，谓其讥薄
武侯。义山云："侍臣最有相如渴，不赐金茎露一杯。"言云表
露未能治病，何况神仙？托汉事以刺宪、武，比也。于鳞以为
宫怨，评曰："望幸之思怅然。"吕望何等人物？胡曾诗云："当

时未入非熊梦，几向斜阳叹白头。"非咏古人，乃自况耳。读唐诗须识活句，莫堕死句也。（吴乔《答万季野诗问》）

比和兴原来是分得很清楚的，即"比显而兴隐"，比是明比，兴是暗比。但孔颖达《毛诗正义》说："诗文诸举草木鸟兽以见意者，皆兴辞也。"像《离骚》里引了许多鸟兽草木都有用意，说都是兴。在这里，比和兴就容易混淆了。诗里引用的鸟兽草木，有的又像比，如《离骚》，"惟草木之零落兮，恐美人之迟暮"，用草木来比美人，用美人来比贤人，说是比，可以；但从《正义》说，用草木的零落来引起美人的迟暮，又像兴。因此，到了后来，比兴就有些混淆了。

这里引的《诗式》，就有些混淆。《诗式》说："取象曰比，取义曰兴"，认为比只就形象说，兴才就意义说。像柳叶比眉，那确是从形象说；像关雎暗比淑女的品德，那确是就意义说。但它下文说，谢灵运《还旧园作》："辞满岂多秩，谢病不待年。偶与张邴合，久欲还东山。"他要辞官回家，是因病告退，同张良、邴汉辞官一样，也要像谢安那样归隐东山。这里借张良、邴汉、谢安三人的归隐来比自己想归隐，所以说是比，但这个比就不是光取形象，也有意义了。比有取象的，也有取义的，不能光说取象。用关雎来暗比淑女，不是取象，只是取义。但比也取义，那么比兴怎么分呢？这就造成混淆了，所以还是刘勰讲的"比显而兴隐"比较好。

陶渊明《咏贫士》："万族各有托，孤云独无依。"这个孤云是比贫士，从题目里能看出来。鲍照《代白头吟》："直如朱丝绳，清如玉壶冰。"这两个也是比喻。陆机的

《齐讴行》"鄙哉牛山叹，未及至人情"，齐景公登上牛山，想到自己要死，就叹气。晏子批评他怕死，感情鄙陋，懂得真理的人不会这样的。"爽鸠苟已徂，吾子安得停。"齐国本来是爽鸠氏统治的地方，爽鸠氏早已过去了，您怎么能够长生不死呢？这里借故事来批评贪图长生的人，是说理，不是比喻。这里说明用故事有的是比，有的不是，这是对的。但他说的取象取义的分别是不对的。

唐朝薛能《游嘉州后溪》："山屐经过满径踪，隔溪遥见夕阳春。当时诸葛成何事，只合终身作卧龙。"杨慎认为后两句是直说，没有寄托，是批评诸葛亮。那是借诗来论史。吴乔认为有寄托，说诸葛亮不该出来做官，只该隐居，不是批评诸葛亮，只是感叹自己不该出来做官，只该隐居。那是兴的另一种用法，像《楚辞》里讲鸟兽草木，都有寄托，是兴，即有寄托就是兴。和《诗经》中用一物来引起另一物叫"兴"的不同了。就薛能的诗看，杨慎说他批评诸葛亮是不对的。因为诸葛亮出来帮助刘备，建立蜀汉，做出一番事业，不能说他没有干事。吴乔的话是对的，薛能是借诸葛亮来感叹自己，说自己成不了什么事，还不如隐居。是有寄托的，是兴。李商隐《汉宫辞》："青雀西飞竟未回，君王长在集灵台。侍臣最有相如渴，不赐金茎露一杯。"李攀龙拘泥于"宫词"，沈德潜在《唐诗别裁》里批道："或谓天子求仙，宫闱必旷，故以'宫词'名篇。以相如比宫女，穿凿可笑。"这诗是借批评汉武帝求仙无益，来讥讽唐宪宗、武宗的求仙。吴乔的解释是对的，这不是写宫怨。这诗也是有寄托的，有寄托的是兴，那么吴乔为什么又说它是比呢？认为是借汉比唐。总之，在《楚辞》里的鸟兽草木已经比兴不分，所以吴乔在这里忽以为兴，忽以为比，也是比兴不分的一例。唐朝胡曾《渭滨》：
"岸草青青渭水流，子牙曾此独垂钩。当时未入非熊梦，几向
斜阳叹白头。"周文王出猎，占卜说，"所获非熊非罴"，
能得到好的辅佐。周文王在渭水边看到姜尚在钓鱼，想到梦
兆，就请姜尚回去。否则，姜尚只有叹息罢了。吴乔认为这是
自叹不遇，不是在讲姜尚。吴乔的话大概是对的。周文王要把
姜尚请回去，恐怕贵族反对，所以推说做了一个梦，梦里上
帝赐给他一个好帮手，这样把姜尚请回来，贵族就不好说话
了。所以这首诗说成有寄托，比较可信。

从上引的三个例子看，都有寄托，吴乔忽说是比，忽说
是兴，可见比兴在他的心目中已经合而为一了。

于是更有比兴连称不加分别的，如陈沆的《诗比兴
笺》，他把比兴作为一个概念。试举一例：韩愈《青青水中
蒲》："青青水中蒲，下有一双鱼。君今上陇去，我在谁与
居？""青青水中蒲，长在水中居。寄语浮萍草，相随我不
如。""青青水中蒲，叶短不出水。妇人不下堂，行子在万
里。"陈沆《诗比兴笺》："首章，君，谓鱼也；我，蒲自谓
也。次章，'相随我不如'，言蒲不如浮萍之相随也。此公寄
内而代为内人怀己之词。然前二章儿女离别之情，第三章丈夫
四方之志。"这里陈沆把这首诗称为比兴，就是比兴合一。但
也有分的，何焯的批韩诗，把首章的蒲鱼在一起，说："此
是反兴。"即蒲鱼是兴，引起君与我，但蒲鱼在一起，而君
与我分离，所以是反兴。次章我不如浮萍，何焯批；"此是
比。"即以我来比浮萍草，所以是比。三章叶短不出水，何焯
批："此是兴。"即以叶短不出水起兴，引起在封建社会里妇
人不出门。这是说，对于比兴，有按照《诗经》的说法加以分

别的，有按照《楚辞》的用法不加分别的。

再有，最早的所谓兴，是借一物来引起他物，像借关雎来引起淑女，诗里先写关雎后写淑女，两者都写。到《离骚》里讲草木，如"朝饮木兰之坠露兮"，木兰坠露兴什么就没有说，像吴乔讲的，诸葛只合作卧龙，是兴，兴什么也没有讲。这是兴的变化。把一首诗的后两句说是兴，是兴的意义的扩大。

比　喻

一

　　诗家有以山喻愁者，杜少陵云："忧端如山来①，澒洞②不可掇。"赵嘏云："夕阳楼上山重迭，未抵闲愁一倍多"是也。有以水喻愁者，李颀云："请量东海水，看取浅深愁③。"李后主云："问君能有几多愁？恰似一江春水向东流。"秦少游云："落红万点愁如海"是也。贺方回云："试问闲愁都几许？一川烟草，满城风絮，梅子黄时雨。"盖以三者比愁之多也，尤为新奇。兼兴中有比，意味更长。（罗大经《鹤林玉露》卷七）

　　贺方回《青玉案》词收四句云："试问闲愁都几许？一川烟草，满城风絮，梅子黄时雨。"其末句好处全在"试问"句呼起，及与下"一川"二句并用耳。或以方回有"贺梅子"之称，专赏此句误矣。且此句原本寇莱公④"梅子黄时雨如雾"诗句，然则何不曰莱公为"寇梅子"耶？（刘熙载《艺概》）

①如山来：当作"齐终南"。②浤（hòng 哄）洞：汹涌。③阎
简弼同志说，《容斋随笔》卷四《李顾诗》："予绝喜李顾诗云：'远
客坐长夜，雨声孤寺秋。请量东海水，看取浅深愁。'"查《全唐诗》
李顾卷中无此诗，此实为李文山（群玉）《雨夜呈长官》五言诗的
前四句。④寇莱公：宋寇准封莱国公。

这里提出诗词中的比喻有各种表达法。第一种是以一
样东西即一个词来作比。如秦观《千秋岁》"落红万点愁如
海"，用海来比愁。第二种是用词组和句子来作比，如杜
甫《自京赴奉先县咏怀五百字》："忧端齐终南，浤洞不可
掇。"愁绪像终南山那样高，用"齐终南"这个词组来比
"忧端"。赵碬用"山重迭"这个词组来比"闲愁"。李煜
《虞美人》用"一江春水向东流"这句话来比"几多愁"。第
三种是贺铸《青玉案》用三样东西来比闲愁：一川烟草，满城
风絮，梅子黄时雨。也就是用三个比喻来比一样事物，这种
手法称为"博喻"，详见《博喻》条。不过这个博喻有个特
点，就是既是比喻，又是写景。当时正是黄梅时节，满河烟雨
迷蒙，满城飞絮飘荡，因此这个结尾，既是以景烘情，烘托气
氛，表现愁情，又是用来比喻愁思的多。所以这个结尾极为著
名，作者因而有"贺梅子"的称呼。

刘熙载在《艺概》里认为，这个结尾是从寇准诗"杜鹃
啼处血成花，梅子黄时雨如雾"来的。其实贺铸的结尾同寇准
的诗有不同。寇准用雾比雨，是一般比喻，贺铸是博喻；寇用

"如"字是明喻，贺是隐喻。《艺概》里指出贺词最后三句同试问句结合在一起不能分割，这点是正确的。最后三句是博喻，试问句是被喻的东西，这两者应该结合起来才能看到它的好处。

二

　　唐僧多佳句，其琢句法比物以意而不指言一物，谓之象外句。如无可上人①诗曰，"听雨寒更尽，开门落叶深"，是落叶比雨声也。又曰："微阳下乔木，远烧入秋山"，是微阳比远烧也。用事琢句，妙在言其用而不言其名耳。（魏庆之《诗人玉屑》）

　　①无可上人：无可和尚，是贾岛堂弟。

　　这是另一种比喻手法。释无可《秋寄从兄岛》："听雨寒更尽，开门落叶深。"听了一夜雨声，早上开门一看，不是雨是落叶，用雨声来比落叶声。马戴《落日怅望》："微阳下乔木，远烧入秋山。"看到太阳从山上树林中落下去，好像远处的野火在秋山上燃烧，也是比喻。这是用比喻来写景，构成对偶。

三

《易》之有象，取譬明理也，"所以喻道，而非道也"（语本《淮南子·说山训》）。求道之能喻而理之能明，初不拘泥于某象，变其象也可；及道之既喻而理之既明，亦不恋着于象，舍象也可。到岸舍筏，见月忽指，获鱼兔而弃筌蹄①，胥得意忘言之谓也。词章之拟象比喻则异乎是。诗也者，有象之言，依象以成言，舍象忘言，是无诗矣，变象易言，是别为一诗甚且非诗矣。故《易》之拟象不即，指示意义之符也；《诗》之比喻不离，体示意义之迹也。不即者可以取代，不离者勿容更张。取《车攻》之"马鸣萧萧"，《无羊》之"牛耳湿湿"，易之曰"鸡鸣喔喔""豚耳扇扇"，则牵一发而动全身，着一子而改全局，通篇情景必随以变换，将别开面目，别成章什。毫厘之差，乖以千里，所谓不离者是矣。

穷理析义，须资象喻，然而慎思明辩者有戒心焉。游词足以埋理，绮文足以夺义，韩非所为叹秦女之滕、楚珠之椟也（《外储说》左上）②。拟象比喻，亦有相抵互消之法，请征之《庄子》。罗璧《识遗》卷七尝叹："文章一事数喻为难，独庄子百变不穷"，因举证为验。夫以词章之法科《庄子》未始不可，然于庄子之用心未始有得也。说理明道而一意数喻者，所以防读者之囿于一喻而生执着也。星繁则月失明，连林则独树不奇，应接多则心眼活；纷至沓来，争妍竞秀，见异思迁，因物以付，庶几过而勿留，运而无所积，流行而不滞，通多方而不守一隅矣。若夫诗中之博依繁喻③，乃如四面围攻，八音交响，群轻折轴，累土为山，积渐而高，力久而入，初非乍此倏彼、斗起忽绝，后先消长代兴者，作用盖区以别矣。

是故《易》之象，义理寄宿之蘧庐也④，乐饵以止过客之旅亭也；《诗》之喻，文情归宿之菟裘也⑤，哭斯歌斯，聚骨肉之家室也。倘视《易》之象如《诗》之喻，未尝不可撷我春华，拾其芳草。哲人得意而欲忘之言，得言而欲忘之象，适供词人之寻章摘句，含英咀华。苟反其道，以《诗》之喻视同《易》之象，等不离者于不即，于是持"诗无达诂"之论，作"求女思贤"之笺；忘言觅词外之意，超象揣形上之旨；丧所怀来，而亦无所得返。以深文周纳为深识底蕴，索隐附会，穿凿罗织，匡鼎之说诗⑥，几乎同管辂之射覆⑦，绛帐之授经⑧，甚且成乌台之勘案。自汉以还，有以此专门名家者。固者高叟之讥⑨，其庶免矣夫！（钱锺书《管锥编·周易正义·乾》）

①筌是捕鱼具，蹄是捕兔具。②秦伯把女儿嫁给晋公子，送去七十个陪嫁姑娘，都穿着锦绣的衣裳。到了晋国，晋国人爱这些陪嫁姑娘而看轻秦伯的女儿。楚国人到郑国去卖珠子，用木兰做匣子，用香料熏了，镶上珠玉、玫瑰、翡翠，郑国人买了这个匣子把珠还了。③博依：博喻。④蘧庐：驿站上供旅客的宿舍。⑤菟裘：鲁隐公准备退休的住处。⑥汉朝匡衡会讲诗，当时人说："无说诗，匡鼎（当）来"。⑦三国时魏国管辂，能猜出覆盖下的东西。⑧后汉马融挂着

绛纱帐教授经书。⑨《孟子·告子下》称高叟谈诗执着不知变通。

这里提出说理文中的比喻同诗里所用的不同。说理文中的比喻，只是用来说明道理，道理说明了，比喻就可放弃，只要能说明道理，可以用这个比喻，也可以用那个比喻，比喻本身不是道理。诗中的比喻往往成为诗的形象，诗通过这些形象来表达情思，形象已成为诗的主要成分，不能放弃，放弃了就没有这首诗了，形象也不能变换，一变换就成了另一首诗，不再是原来的诗了。

像《诗·车攻》是写打猎的："萧萧马鸣，悠悠旆旌。"写军队打猎时的整肃，军中没有喧哗，只听见马叫声，看到旗子在飘动。要是改"萧萧马鸣"为"鸡鸣喔喔"，就不行了，在打猎的部队中不会有鸡叫，那全诗就得改成田家风光，不再是军队打猎了。《诗·无羊》："尔牛来思，其耳湿湿。"说牛耳润湿，表示牛的健康，这是写放牧牛羊的情景，所以不能改成"豚耳扇扇"，诗中没有写猪，一改，全诗的情景都得改了。

这里提出一个问题，就是对说理文中的比喻和诗中形象的理解。读了说理文的比喻，要问这是什么意思，比方秦伯嫁女、楚人卖珠，都说明不能轻重倒置这个道理，这种比喻本是用来说理的，所以可这样要求。对诗中所写的景物不能这样要求，对诗中所写的景物都要问一个是什么寓意，那容易造成穿凿附会。苏轼《王复秀才所居双桧》二首的第二首："凛然相对敢相欺，直干临空未要奇。根到九泉无曲处，世间唯有蛰龙知。"这首诗咏桧，赞桧的树干很直，使人肃然起敬。桧不仅树干是直的，就是在地下的根也是直的，那是看不见的，只有地下的蛰龙才知道。这诗大概是赞美王复秀才，在公开场合是很正直的，在私下里也是很正直的，这是从诗里可以看出来的。在神宗元丰年间，苏轼有事被关在御史狱里，"时相进呈，忽言：'苏轼于陛下有不臣意。'神宗改容曰：'轼固有罪，然于朕不应至是，卿何以知之？'时相因举轼《桧》诗：'根到九泉无曲处，岁寒唯有蛰龙知'之句，'陛下龙飞在天，轼以为不知己，而求知地下之蛰龙，非不臣而何！'神宗曰：'诗人之词，安可如此论，彼自咏桧，何预朕事。'"（《苕溪渔隐丛话》前集卷四六）。《苕溪渔隐丛话》里又引一说，说宰相是王禹玉，是听了舒亶的话才这样讲的。这首诗是送给王复秀才的，秀才还没有进入朝廷，根本谈不上为神宗所知，所以说轼有"不臣之心"完全是深文罗织。

不过有的诗也确实是有寓意的，有寓意的诗同没有寓意的诗又怎样去分别呢？诗是通过形象来表达情意的，有寓意的诗，在全诗所写的形象里总要透露出一些寓意来；寓意就从形象里流露出来，不是在形象以外去找的。舒亶从"蛰龙"两字中去罗织罪状，那是脱离了全诗所表达的形象，因为从全诗所表达的形象和这诗所赠送的对象看，都没有"不臣之心"，所以是罗织罪状。

博 喻

　　韩苏两公为文章，用譬喻处重复联贯，至有七八转者。韩公《送石洪序》①云："论人高下，事后当成败，若决江河②下流东注；若驷马③驾轻车，就熟路，而王良造父④为之先后也；若烛照、数计而龟卜⑤也。"《盛山诗序》⑥云："儒者之于患难，其拒而不受于怀也，若筑河堤以障屋霤⑦；其容而消之也，若水之于海，冰之于夏日；其玩而忘之以文辞也，若奏金石⑧以破蟋蟀之鸣，虫飞之声。"苏公《百步洪》诗云："长虹斗落⑨生跳波，轻舟南下如投梭，水师绝叫⑩凫雁起，乱石一线争磋磨⑪。有如兔走鹰隼⑫落，骏马下注⑬千丈坡，断弦离柱箭脱手，飞电过隙珠翻荷"之类是也。（洪迈《容斋三笔》卷六）

　　他（苏轼）在风格上的大特色是比喻的丰富、新鲜和贴切，而且在他的诗里还看得到宋代讲究散文的人所谓"博喻"或者西洋人所称道的莎士比亚式的比喻，一连串把五花八门的形象来表达一件事物的一个方面或一种状态。这种描写和衬托的方法仿佛是采用了旧小说里讲的"车轮战法"，连一接二的搞得那件事物应接不暇，本相毕现，降伏在诗人的笔下。

在中国散文家里，苏轼所喜欢的庄周和韩愈就都用这个手法；例如庄周的《天运》篇连用"刍狗已陈"⑭"舟行陆""车行水""猿狙衣⑮周公之服""丑人学西施捧心而颦"⑯五个比喻来说明不合时宜这一点；韩愈的《送石处士序》连用"河决下流""驷马驾轻车就熟路""烛照""数计""龟卜"五个比喻来表示议论和识见的明快这一点。

在中国诗歌里，《诗经》每每有这种写法，像《国风》的《柏舟》连用镜、石、席三个形象来跟心情参照，《小雅》的《斯干》连说"如跂斯翼⑰，如矢斯棘⑱，如鸟斯革⑲，如翚⑳斯飞"来形容建筑物线条的整齐挺耸；唐代算韩愈的诗里这类比喻最多，例如《送无本师》先有"蛟龙弄角牙"等八句四个比喻来讲诗胆的泼辣，又有"蜂蝉碎锦缬"等四句四个比喻来讲诗才的秀拔……但是我们试看苏轼的《百步洪》第一首里写水波冲泻的一段："有如兔走鹰隼落，骏马下注千丈坡，断弦离柱箭脱手，飞电过隙珠翻荷"，四句七种形象，错综利落，衬得《诗经》和韩愈的例子都呆板滞钝了。其他像《石鼓歌》里用六种形象来讲"时得一二遗八九"，《读孟郊诗》第一首里用四种形象来讲"佳处时一遭"，都是例证。上古理论家早已着重诗歌语言的形象化，很注意比喻；在这一点上，苏轼充分满足了他们的要求。（钱锺书《宋诗选注·苏轼》）

①《送石洪序》：当作《送石处士序》。②若决江河：当作"若河决"。

③驷马：四匹马。④王良、造父：古代著名的驾驶马车的能手。⑤
龟卜：用龟甲来占卜。⑥《盛山诗序》：即《韦侍讲盛山十二诗序》。
⑦屋霤：下雨时屋脊上流下的水，屋脊陡，水流急，比喻急流。⑧
金石：乐器，像钟是金，磬是石。⑨长虹：比喻百步洪的流水。斗落：
突然落下去。⑩绝叫：指惊叫。⑪指船在石头旁擦过，只差一线。
⑫隼（zhǔn 准）：猛禽，像鹰。⑬下注：犹奔下。⑭刍狗：用草
扎成的狗，祭时用。已陈：已经陈列，即已祭过，便被抛弃。⑮狙：
猴子。衣：穿着。⑯捧心而矉：心痛，捧着心皱眉头。⑰跂（qí 其）：
颠起脚跟。翼：状飞。⑱矢：箭。棘（jí 吉）：有棱角。⑲革：翅，
张开翅膀。⑳翚（huī 挥）：野鸡。

　　用多种多样的比喻来加强形象性，是文学的表现手法的
一种。就上文所举的例子看，同样是博喻，内中还有分别。

　　（一）用多种比喻来比一样事物的各个方面，使这样事
物突显出来。如《送石处士序》，用五个比喻来比石处士的议
论，"若河决下流东注"，用黄河的奔腾向东流比喻议论的
雄辩不穷；"若驷马驾轻车，就熟路，而王良造父为之先后
也"，用驾轻就熟来比喻他对所议论的事非常熟悉，非常有把
握，显得了如指掌、万无一失那样。用"若烛照、数计而龟卜
也"三个比喻来比他的议论有先见之明。这五个比喻的文字长
短错落，有变化，绝不呆板。《斯干》篇用四个比喻来比建筑
物的各种形态，"如跂斯翼"，像颠起脚跟那样高耸；"如矢
斯棘"，像箭头那样有棱角；"如鸟斯革"，像鸟那样张开
翅膀；"如翚斯飞"，像野鸡那样飞，当指建筑物装饰的华

彩。这是四个极整齐匀称的比喻。再像《柏舟》篇用三个比喻来比心理的各个方面，如"我心匪鉴，不可以茹"，说我的心不是镜子，不能不分好坏，一概容纳；"我心匪石，不可转也"，说我的心不是石头，不能任人转动；"我心匪席，不可卷也"，说我的心不是席子，不能听人卷曲，表示自己的意志不能动摇。

（二）用多种比喻来比一样事物的一个方面，像《百步洪》诗用六个比喻来比轻舟在急流中飞速地冲下去。"兔走鹰隼落"，像鹰隼从空中飞速地下来抓逃跑的兔子；"骏马下注千丈坡"，像好马从千丈高坡冲下来；"断弦离柱"，像迸裂的琴弦飞出去；"箭脱手"，像箭从手里飞出去；"飞电过隙"，像闪电从空隙中闪过；"珠翻荷"，像露珠很快从荷叶上滚下去。这六个比喻着重在比船行的飞快。《读孟郊诗》用四个比喻来比孟郊诗好处不多。如"孤芳擢荒秽"，孤零零的花在杂乱的荒草中挺立着；"水清石凿凿，湍激不受篙"，水清石洁白，但水浅流急不能行船，虽有可取而好处不大；"初如食小鱼，所得不偿劳；又似煮彭越（小螃蟹），竟日（整天）持空螯（没有肉）"，也是比虽有可取而好处不多。

（三）用几个寓言故事和比喻交错起来来说明一个道理，如《庄子·天运》篇。它讲"刍狗已陈"的寓言，说用草扎成的狗供起来祭，祭过后就抛弃，要是把祭过的刍狗再供起来，一定要做恶梦。把古代先王的道理、制度比做刍狗，说它在古代起过一定作用，好比供起来祭过，到了后世，它已经过时了，应该抛弃，好比刍狗祭过后要抛掉。孔丘要把先王的道理、制度在后世实行，所以到处碰壁，在宋、卫、陈、蔡等地所遭受的困苦，正是在做恶梦。再用水里不能走车，陆上不能行船，比喻先王之道不能行于今日。再用水车来比，转动时忽高忽低，并不一样。再用柤梨橘柚的味道不同，比各个朝代的法度不一样。再用猿猴和人的不同，来比古和今的不同。又用"效颦"的寓言，说西施心痛，捧着心口皱眉，那里有个丑女认为这样的姿态很美，也捧着心口皱眉，越显得丑。比喻形式的模仿是丑的。这里，《庄子》把两个寓言，一个孔丘受难的故事，五个比喻，交错起来说明古今不同，古代的制度不能在今天实行。那又比光用比喻显得内容更丰富而有力了。

这样看来，第一种博喻，可以突出一样事物各个方面的特点，显出它的丰富多彩来。第二种博喻，突出一样事物一个方面的特点，通过各种形象比喻来突出这个特点，收到特写镜头的效果。第三种博喻，把寓言、故事、比喻交织起来，显得内容更深厚，富有说服力。

喻之二柄

至于自家语有时异用者,如韦苏州诗:"心同野鹤与尘远,诗似冰壶彻底清。"又《送人诗》:"冰壶见底未为清,少年如玉有诗名。"黄常明云:"此可为用事之妙,盖不拘故常也。"(吴景旭《历代诗话》卷五十二《翻案》)

同此事物,援为比喻,或以褒,或以贬,或示喜,或示恶,词气迥异;修词之学,亟宜拈示。斯多噶派哲人尝曰:"万物各有二柄,"合采慎到、韩非"二柄"之称,聊明吾旨,命之"比喻之两柄"可也。

李白《志公画赞》:"水中之月,了不可取";施肩吾《听南僧说偈词》:"惠风吹尽六条尘,清净水中初见月";超妙而不可即也,犹云"高山仰止,虽不能至,心向往之",是为心服之赞词。黄庭坚《沁园春》:"镜里拈花,水中捉月,觑着无由得近伊";《红楼梦》第五回仙曲《枉凝眸》:"一个枉自嗟讶,一个空劳牵挂,一个是水中月,一个是镜中花";点化禅藻,发抒绮思,则撩逗而不可即也,犹云"甜糖抹在鼻子上,只教他舐不着，"是为心瘁之恨词。《论衡·自纪》曰："如衡之平，如鉴之开"；诸葛亮《与人书》曰："吾心如秤，不能为人作轻重"；均以秤喻无成见私心，处事遇人，各如其分，公平允当，褒夸之词也。《朱子语类》卷一六："这心之正，却如秤一般，未有物时，秤无不平，才把一物在上面，秤便不平了"；周亮工《书影》卷一〇："佛氏有'花友''秤友'之喻，花者因时为盛衰，秤者视物为低昂"；则言心之失正、人之趋炎，为诮让之喻矣，"秤友"正刘峻《广绝交论》所斥"操权衡"之"量交"也。（钱锺书《管锥编·周易正义·归妹》）

比喻的"异用"，即同一个比喻的褒贬、好恶异用，钱锺书先生据以提出"比喻之两柄"来。慎到的二柄是"威德"，韩非的二柄是"刑德"，在这里都是借用。韦应物《赠王侍御》，"诗似冰壶彻底清"，这个"冰壶"是比喻，用它来比诗的彻底清，是赞美的比喻。"冰壶见底未为清"，是同一个比喻，不过这个冰壶是未为清，是带有贬义的比喻，贬低冰壶是为了抬高少年，用少年的冰清玉洁来比，冰壶就显得不清了。

比喻的二柄，也有用来指同样的事物的，主要是写变化。比方屈原的《离骚》，上面说："扈江离与辟芷兮，纫秋兰以为佩"，这里的辟芷与秋兰都是香草或香花，是好的，比品德的高洁。到后来"兰芷变而不芳兮，荃蕙化而为茅"，香草变坏了；"览察椒兰其若兹兮，又况揭车与江离"，这里的椒兰、江离等都含贬义。接下来说："惟佩之可贵兮，委厥美而历兹；芳菲菲其难亏兮，芬至今犹未沫"。这个佩就是上文"纫秋兰以为佩"，用秋兰等香草结成的佩，有褒义；但上文既指出这些香草都变坏了，变成了贬义，那又怎么说这个佩还是可贵，还是芳香呢？正因为比喻有二柄，外面的香草变坏了，用的是贬义；我这个佩上的香草还是香的，没有变，用的是褒义，所以并不矛盾。这就在一篇作品里，同样用秋兰作比，这个比喻就有两柄。一种是贬的，指变坏的；一种是褒的，指没有变坏的。都是秋兰，可用二柄来比，正说明事物的变化。

喻之多边

"海水饶大波，邓林多惊风"，喻世道之屯艰，人事之不测，盖鱼鸟依风波以为生，亦因风波而失所者，巨细之异耳。如鲸鹏则风波愈大而所凭愈厚，所游愈远，如君子之可大受，周于德者之不忧邪世也。（陈沆《诗比兴笺》）

比喻有两柄而复具多边。盖事物一而已，然非止一性一能，遂不限于一功一效。取譬者用心或别，着眼因殊，指因而旨则异；故一事物之象可以子立应多，守常处变。譬夫月，形圆而体明，圆若明之在月，犹《墨经》言坚若白之在石，不相外而相因。镜喻于月，如庾信《咏镜》："月生无有桂"，取明之相似，而亦可兼取圆之相似。茶团、香饼喻于月，如王禹偁《龙凤茶》："圆似三秋皓月轮"，或苏轼《惠山谒钱道人烹小龙团》："特携天上小团月，来试人间第二泉"；只取圆之相似，不及于明。月亦可喻目，洞瞩明察之意，如苏轼《吊李台卿》："看书眼如月"，非并状李生之貌"环眼圆睁"。月又可喻女君，太阴当空之意，如陈子昂《感遇》第一首："微月生西海，幽阴始代升"，陈沆《诗比兴笺》解为隐拟武则天；则圆与明皆非所思存，未可穿凿谓并含阿武婆之"圆姿替月""容光照人"。"月眼""月面"均为常言，而眼取月之明，面取月之圆，各傍月性之一边也。王安石《记梦》："月入千江体不分，道人非复世间人"，黄庭坚《黄龙南禅师真赞》："影落千江，谁知月处"，则言平等普及，分殊理一，为水月之第二边。李白《溧阳濑水贞义女碑铭》："明明千秋，如月在水"，则另主皎洁不灭，光景常新，乃水月之第三边。（钱锺书《管锥编·周易正义·归妹》）

对于比喻，钱锺书先生又提出多边的说法。本来讲比喻，只取事物的一点或一边来作比，如"芙蓉如面柳如眉"，只取柳叶的细长来比眉；又如"柳腰"，只取柳条的迎风摇摆来比舞女的腰肢；《世说》把王恭比做"濯濯如春月之柳"，把柳比做青春焕发；《晋书·顾悦之传》说："蒲柳常质，望秋先零"，比喻早衰。这就是同一比喻的四边了。喻的多边大都不用在一篇作品里，分见于各处，也有用在一篇作品里的，那往往讲变化，如韩愈的《海水》："海水非不广，邓林岂无枝，风波一荡薄，鱼鸟不可依。海水饶大波，邓林多惊风，岂无鱼与鸟，巨细各不同。海有吞舟鲸，邓有垂天鹏，苟非鳞羽大，荡薄不可能。我鳞不盈寸，我羽不盈尺，一木有余阴，一泉有余泽。我将辞海水，濯鳞清冷池，我将辞邓林，刷羽蒙茏枝。海水非爱广，邓林非爱枝，风波亦常事，鳞羽自不宜。我鲸日已大，我羽日以修，风波无所苦，还作鲸鹏游。"先说"海水饶大波，邓林多惊风"，比喻世上的大事变，像大风大浪，会使鱼鸟失所，这是一边。次说大鲸大鹏没有大波惊风，"荡薄不可能"，大风惊波正是鹏鲸凭着它才能飞腾浮荡，它成了施展才力的依靠，这是第二边。同样的大风大浪，从对鱼鸟不利到对鱼鸟有利，这是由于"巨细各不同"，即对小鱼小鸟不利，对大鲸大鹏有利，这里的比喻的二边，还是指不同的鱼鸟，不是指同样的鱼鸟。我是寸鳞尺羽，不宜在大风惊波中荡薄，这是一边；我的鳞羽长成了，也要凭借大风惊波来施展才力，是又一边。这里就写出寸鳞尺羽同鲸鹏的不同，我又有怎样的变化，写出这种不同和变化来，才能在我身上适用两边的比喻。

曲　喻

　　《大般涅槃经》卷五《如来性品》第四之二论分喻云："面貌端正，如月盛满，白象鲜洁，犹如雪山。"满月不可即同于面，雪山不可即是白象。《翻译名义集》卷五第五十三篇申言之曰："雪山比象，安责尾牙？满月况①面，岂有眉目？"慎思明辨，说理宜然。至诗人修辞，奇情幻想，则雪山比象，不妨生长尾牙，满月同面，尽可妆成眉目，英国玄学诗派之曲喻多属此体。

　　吾国……要以玉溪②为最擅此，着墨无多，神韵特远。如《天涯》曰："莺啼如有泪，为湿最高花。"认真啼字，双关出泪湿也。《病中游曲江》曰："相如未是真消渴③，犹放沱江过锦城。"坐实渴字，双关出沱江水竭也。《春光》曰："几时心绪浑无事，得及游丝百丈长。"执着绪字，双关出百尺长丝也。

　　长吉赋物，其比喻之法尚有曲折。夫二物相似，故以此喻彼，就彼此相似，只有一端，非为全体。长吉乃往往以一端相似，推而及之于初不相似之他端。如《天上谣》云："银浦④流云学水声。"云可比水，皆流动故，此外无似处；而一入长吉笔下，则云如水流，亦如水之流而有声矣。《秦王饮酒》云："敲日玻璃声。"日比琉璃，皆光明故；而来长吉笔端，则日似玻璃光，亦必具玻璃声矣。同篇云："劫灰⑤飞尽古今平。"夫劫乃时间中事，平乃空间中事；然劫既有灰，则时间亦如空间之可扫平矣。（钱锺书《谈艺录》）

①况：比。②玉溪：李商隐号玉溪生。③相如：司马相如。消渴：糖尿病。④银浦：犹银河。⑤劫灰：佛家称世界从造成到毁灭叫劫，世界一度毁灭后留下的灰叫劫灰。

曲喻比一般的比喻要转一个弯，在小说里也有这种修辞法。像鲁迅的《阿Q正传》里写阿Q头上有几处癞疮疤，因此他讳说"癞"以及一切近乎"癞"的音，后来推而广之，"光"也讳，"亮"也讳，再后来，连"灯""烛"都讳了。未庄的闲人们便喜欢跟他开玩笑，"一见面，他们便假作吃惊的说：'哈，亮起来了。'阿Q照例发了怒，他怒目而视了。'原来有保险灯在这里！'他们并不怕。"这里用"亮"和"保险灯"来比癞疮疤，因为疤是光滑的，由光滑的光转为光亮的光，再由光亮的光转为发光的保险灯，都是曲喻。通过这些曲喻，显示当时人喜欢取笑阿Q生理上的缺陷，从而描绘阿Q在被取笑后的动作，通过它来显示阿Q的性格。

诗歌中的曲喻结合得更紧。像上文所举出的李商隐诗："莺啼如有泪，为湿最高花。"把莺啼的啼转为啼哭，由啼哭引出眼泪，联到沾湿最高的花。通过曲喻来表现悲苦的心情，把作者的悲哀写到莺身上，又是一种拟人化的手法。"相如未是真消渴，犹放沱江过锦城。"从糖尿病古称消渴双关到消除口渴，要喝水，夸大到把沱江水喝干；再从沱江的流到锦城，说明沱江水没有被喝干，反证相如还不是真消渴，这里是双关、曲喻、夸张几种修辞格的合用。"几时心绪浑无事，得及游丝百丈长"，从心绪的绪转作丝绪，引出游丝，反映作者的懒散心情。

上文所举的李贺诗："银浦流云学水声。"把云的流动比成水的流动，转成流云也像流水的发声。流云不会发声，这样说好像没有理由，但诗人可以这样通过曲喻来唤起联想作用，从流云想到流水，再想到流水的美妙声音，把声音也加到流云上去，好像流云也能发出声音似的。牛希济《生查子》，"记得绿罗裙，处处怜芳草"，草是绿的，从草的绿联想到罗裙的绿，从绿罗裙联想到穿绿罗裙的人，于是看到绿草就联想到那人，因为爱那人也爱绿草，可以用来说明诗人的这种联想。从流云里看到流水的景象，从而像听到流水的声音，这样的联想，就丰富了诗的意境。"羲和敲日玻璃声，劫灰飞尽古今平。"羲和替日驾车，赶太阳快走，所以要敲日。由于日像琉璃那样光明，转为琉璃，因而发出玻璃声来。按照佛家的说法，世界经过一度毁灭的长时间叫劫，劫火中留下的灰飞尽了，由空间中来的劫灰转为指时间中事的劫，所以灰尽转为古今扫平。这些曲喻都显示出诗人丰富的联想。钱锺书先生在《谈艺录》里指出这种曲喻手法的特点，又在《通感》里指出"银浦流云学水声"里视觉和听觉可以相通，也是通感。

通　感

　　……故歌者上如抗，下如坠，曲如折，止如槁木；倨中矩，勾中钩，累累乎端如贯珠。《疏》："上如抗"者，言歌声上响，感动人意，使之如似抗举也。"下如坠"者，言声音下响，感动人意，如似坠落之意也。"曲如折"者，言音声回曲，感动人心，如似方折也。"止如槁木"者，言音声止静，感动人心，如似枯槁之木止而不动也。"倨中矩"者，言其音声雅曲，感动人心，如中当于矩也。"勾中钩"者，谓大屈也，言音声大屈曲，感动人心，如中当于钩也。"累累乎端如贯珠"者，言声之状累累乎感动人心，端正其状，如贯于珠，言声音感动于人，令人心想形状如此。（《礼记·乐记·疏》）

　　白居易《琵琶行》里传诵的那几句："大弦嘈嘈如急雨，小弦切切如私语；嘈嘈切切错杂弹，大珠小珠落玉盘；间关莺语花底滑，幽咽泉流水下难。"白居易只是把各种事物所发出的声音——雨声、私语声、珠落玉盘声、间关鸟声、幽咽水声——来比方琵琶声，并非说琵琶的大弦、小弦各种声音"令人心想"

这样那样的"形状";他只是从听觉联系到听觉,并非把听觉沟通于视觉。……韩愈《听颖师弹琴》诗里的描写……那才是"心想形状如此""听声类形"……把听觉转化为视觉了。"跻扳分寸不可上,失势一落千丈强",这两句可以和"上如抗,下如坠"印证,也许不但指听觉通于视觉,而且指听觉通于肌肉运动觉:随着声音的上下高低,身体里起一种"抗""坠""扳""落"的感觉。(钱锺书《通感》,见《文学评论》1962 年 1 期)

"通感"是把听觉、视觉、嗅觉、味觉、触觉沟通起来。钱锺书先生提出这种"通感",给我们指出修辞上的一种手法是很有意义的。《礼记·乐记》里指出音乐"感动人意","上如抗"像把声音举起来,举起来要用力,这就跟肌肉运动觉联系起来。"下如坠",声音从高变低,像从高处落下来,这就跟视觉联系。《老残游记》里记大明湖边听白妞黑妞说书,声音一层高似一层,用攀登泰山来作比,越升越高,也是从声音联想到攀登的肌肉运动觉与泰山的视觉。"曲如折",声音的转折,如表达音调的变化,引起听众情绪的变化。"止如槁木",声音止静,像枯木的止而不动,这如白居易《琵琶行》里说:"水泉冷涩弦凝绝,凝绝不通声渐歇,别有幽愁暗恨生,此时无声胜有声。"声音从高到低,从低到像泉水因冷而凝结那样越来越低沉,低沉到好像要停止那样,这就是如枯木之止而不动,但并不真的停止,在低沉中发出一种幽愁暗恨,所谓"无声胜有声"。这就从听觉引起视觉如槁木,引起触觉,如泉的冷涩。"倨中矩"指声音雅正,合乎规矩;矩指方正,规指圆规,圆规也就是"勾中钩"了。

"累累乎端如贯珠",状声音的圆转像珠子,这个圆转的声音,一个接着一个联起来的,所以称"贯珠",这也就是听觉通于视觉了。从听觉引起人的视觉、触觉,也就是音乐不光使人感到悦耳,"声入心通",引起人的感情,所以会通于视觉和触觉,这样写,不光写出音乐之美,也写出音乐感动人的力量,写出音乐的作用。孔《疏》里阐发得深刻。《通感》里把白居易写音乐,跟韩愈的写音乐来对比,这就显出韩愈写得深刻,因为韩愈写出通感来,写出音乐的"感动人意"来。

有的写法,我们原来不理解的,是否可用通感来解释?《历代诗话》卷四十九《香》:"《渔隐丛话》曰:'退之诗云:"香随翠笼擎偏重,色照银盘泻未停。"樱桃初无香,退之以香言,亦是一语病。'吴旦生曰:'竹初无香,杜甫有"雨洗娟娟静,风吹细细香"之句,雪初无香,李白有"瑶台雪花数千点,片片吹落春风香"之句;雨初无香,李贺有"依微香雨青氛氲"之句;云初无香,卢象有"云气香流水"之句。妙在不香说香,使本色之外,笔补造化。'"为什么说樱桃、竹、雪、雨、云是香的呢?不好理解。吴景旭认为这是诗人笔补造化,天生这些东西都是不香的,诗人补天生之不足,给它们加上香。这样说还不能使人信服。诗人的创造只该反映生活真实,不香的东西说香,不是违反真实吗?这可能也是通感。鲜红的樱桃在诗人眼里好像花一样美,把樱桃看成是红花,于是就唤起一种花香的感觉,视觉通于嗅觉,只有用"香"字才能写出这种通感来,才能写出诗人把樱桃看得像花一样美的喜爱感情来。经过雨洗的竹子显得更其高洁,说"雨洗娟娟静",它是那样洁静,唤起诗人说的"天寒翠袖薄,日暮倚修竹",从修竹联想到佳人,所以用"娟娟"两字来形容它，娟娟不正是美好的佳人吗？佳人才有"风吹细细香"来。这个"香"正和"娟娟"联系，正和诗人把修竹比佳人的用意相联系吧。诗人把"雪花"和"春风"联起来，在他眼里的雪花，已像春风中的"千树万树梨花开"了，把雪说成春风中的花，自然要说香了。把雨和云跟"氤氲"和"气"连起来，这就同氤氲的香气连起来了，这大概和春天的氤氲花香结合着，所以雨和云都香了。这样，视觉通于嗅觉，写出这些事物的"感动人意"来。用通感来解释，是不是可以体会得更深切些。

林逋的名篇《山园小梅》："众芳摇落独暄妍，占尽风情向小园。"《瀛奎律髓》卷二十纪昀批："冯（班）云'首句非梅'，不知次句'占尽风情'四字亦不似梅。"这样的批评也是不知通感所产生的。梅花开放时天还很冷，怎么说"暄妍"呢？"暄妍"是和暖而美艳，似不合用。用"风情"来指梅，好像也不合适。其实，这是诗人写出对梅花的感情来，既然李白可以把雪花看成春风中的香花，那么林逋为什么不可以把梅花看成春风中的香花呢？作者忘记了寒冷，产生了"暄妍"之感，觉得它很有"风情"，这正是从视觉联系到温暖的触觉，正写出梅花的"感动人意"来。写诗不是写科学报道，冯、纪两位未免太拘泥于气候了。

再像林逋的《梅花》诗："小园烟景正凄迷，阵阵寒香压麝脐。""香"是嗅觉，"压"是触觉，是嗅觉通于触觉，用的也是通感手法。再像"暗香浮动月黄昏"（《山园小梅》），"香"是嗅觉，"暗"是视觉，是嗅觉通于视觉，突出香的清淡。杨万里《怀古堂前小梅渐开》："绝艳元非着粉团，真香亦不在须端。""真"是意觉，是嗅觉通于意觉。如韩愈《芍药歌》"翠叶红蕊天力与""温馨熟美鲜香起",翠红是视觉,"温"是触觉,这是视觉通于触觉。韩愈的《南山诗》写南山的石头的各种形象,"或妥若弭伏,或竦若惊雊(雉叫)""或背若相恶,或向若相佑""或如火熹焰"。这就把写石头的视觉同听觉(惊雊)、触觉(火熹)、意觉(相恶)相通,不光写出各种石头的形状,也写出诗人对各种石头的感情了。

夸 张

一

《学林新编》云："《古柏行》曰'霜皮溜雨四十围，黛色参天二千尺。'沈存中《笔谈》云：'无乃太细长。'某按子美《潼关吏》诗曰：'大城铁不如，小城万丈余。'岂有万丈城耶？姑言其高。'四十围''二千尺'者，亦姑言其高且大也。诗人之言当如此，而存中乃拘以尺寸校之，则过矣。"

《诗眼》云："形似之意，盖出于诗人之赋，'萧萧马鸣，悠悠旆旌'是也。激昂之语，盖出于诗人之兴，'周余黎民，靡有孑遗'[①]是也。古人形似之语，如镜取形、灯取影也，故老杜所题诗，往往亲到其处，益知其工。激昂之言，孟子所谓'不以文害辞，不以辞害志'[②]，初不可形迹考，然如此，乃见一时之意。"

"余游武侯庙，然后知古柏诗所谓'柯如青铜根如石'，信然，决不可改，此乃形似之语。'霜皮溜雨四十围，黛色参天二千尺。云来气接巫峡长，月出寒通雪山白。'此激昂之语。不如此，则不见柏之大也。文章固多端，警策往往在此两体耳。"（胡仔《苕溪渔隐丛话》前集卷八）

①西周的百姓，没有一个留下来。这是《诗经·云汉》篇里的句子。当时西周灭亡了，所以这样说。黎民：百姓。靡有：没有。孑（jié 结）遗：留下一个。②不要拘泥文字来损害全篇的意思，不要拘泥全篇来损害作者所要表达的用意。

杜甫写了一首《古柏行》，讲诸葛亮庙里的古柏树，里面有两句道："霜皮溜雨四十围，黛色参天二千尺。"宋朝一位很博学的学者沈括在《梦溪笔谈》里讲：四十围是径七尺，高二千尺，不是太细长吗？他用算术来算诗人的话。因此，有人指出这是形容柏树的高大，好比杜甫《潼关吏》说，"小城万丈余"，难道有万丈高城吗？

另一个人指出，诗人的描写有两种：一种是形似之意，就是照形象描写；一种是激昂之语，就是夸张。比方《诗·车攻》描写马叫，说"萧萧"，描写旗子静静地悬挂着说"悠悠"，杜甫描写古柏的形状，说"柯如青铜根如石"，这些就是照形象描绘。再像《诗·云汉》说，西周的百姓没有留下一个，这就是夸张的说法。对于夸张的说法，我们读起来不可拘泥字面，认为西周百姓都死光了，实际上诗人是说西周百姓死得很多，我们要通过夸张懂得他的用意。说古柏大四十围，高二千尺，也是一种夸张，好比下文说古柏上面的云气连接巫峡，通连雪山，都是夸张。

这里给我们指出诗人的两种描写手法，一种是描绘形象，一种是夸张。对于夸张的话，不可拘泥字面来理解。对于描绘形象，用镜子取形、灯取影来作比，这个"取"字含有客观形象与主观领会相结合意。细写如镜取形，毫发毕露，略写如灯取影，轮廓逼真，好像画有工笔与写意的不同。

二

其更有事所必无者，偶举唐人一二语，如"蜀道之难难于上青天""似将海水添宫漏①""春风不度玉门关""天若有情天亦老""玉颜不及寒鸦色"等句，如此者何止盈千累万，决不能有其事，实为情至之语。夫情必依乎理，情得然后理真，情理交至，事尚不得耶？（叶燮《原诗》）

①漏：铜壶滴漏，古代计时器。

抒情诗里往往运用夸张手法，说出事实上绝对不会有的事，诗人却通过它来抒写极为深刻的感情。由于感情是真切的，所以这些事实上不会有的话也变成合理的和真实的了。用现在的话来说，就是艺术的真实不同于生活的真实，由于艺术是从生活中高度概括来的，所以比生活更集中，更高。照事实说，蜀道难走，总不会比上青天还难，可是李白的《蜀道难》强调蜀道艰险，用"蜀道之难难于上青天"的话，惊心动魄地表达出对蜀道艰难的强烈感情。夜不论怎样长，宫漏不论怎样滴不完，总不用把海水添进去；可是李益《宫怨》说，"似将海水添宫漏，共滴长门一夜长"，写宫漏好像接通了大海似的，水永远滴不完，夜长得没有了期，强调"愁人知夜长"的愁苦的深切。事实上玉门关外还是有春天的，可是王之涣为了强调关外的荒凉，驻守在关外的士兵的愁苦，所以在《出塞》里夸张地说，"羌笛何须怨杨柳，春风不度玉门关"。天既不会有情也不会老，可是李贺在《金铜仙人辞汉歌》里写汉朝灭亡后，京城里的铜人搬到魏京，从铜人落泪的传说里写汉灭亡的悲痛，说："衰兰送客咸阳道，天若有情天亦老。"宫女的玉貌自然远不是寒鸦所能比，可是王昌龄为了强调宫女被锁闭在深宫里，还不如寒鸦可以从欢乐的昭阳殿那里飞来，带着那里的日影，所以在《长信怨》里说成"玉颜不及寒鸦色，犹带昭阳日影来。"上引的诗，既是夸张，又是决不能有其事的情至语。就情至语说，像陈羽《吴中览古》："春色似怜歌舞地，年年先发馆娃宫。"对吴宫的怀念深切，所以说春色先到。李白《劳劳亭》："春风知别苦，不遣柳条青。"强调离愁，联系折柳送别，所以说不让柳条青，希望阻止送别的事。张说《蜀道后期》："秋风不相待，先到洛阳城。"用秋风先到，来衬出自己的后期。这些话说得好像都没有道理，却从中显出极为强烈的感情来。

从上举的例子看，可分为两类：一类写明是假设比况的话，如"天若"的"若"，"似将"的"似"；一类不写明，像其余不用比况的字。不写明的，更其要使读者一看就知道这是诗人夸张的说法而不是事实，不会引起误解才行。像这里的三例：蜀道不论怎样难总不会难过上青天，玉门关外不会没有春天，玉颜不会不及寒鸦色的，正由于诗人说的那些话是

"决不能有其事"，所以读者才不会发生误解，才知道是夸张的"情至语"。

比体和直言

一

白乐天《女道士诗》云："姑山①半峰雪，瑶水②一枝莲。"
此以花比美妇人也。东坡《海棠》云："朱唇得酒晕生脸，翠
袖卷纱红映肉。"此以美妇人比花也。山谷《酴醾》云："雾湿
何郎试汤饼③，日烘荀令炷炉香④。"此以美丈夫比花也。山谷
此诗出奇，古人所未有，然亦是用荷花似六郎⑤之意。（魏庆
之《诗人玉屑》卷九）

①姑山，即《庄子·逍遥游》里的藐姑射山，上有仙人，肌肤
如冰雪，体态像处女，这里指仙女。②瑶水：即瑶池，仙人西王母
的住处。③何郎：三国时魏国的何晏，他吃汤饼时脸上出汗，用
巾揩汗，越揩脸越白。④荀令：三国初荀或称荀令君，他的香
炉里烧着香，衣上也有香气。⑤六郎：唐朝的张宗昌，有人说"莲
花似六郎"。

　　比体就是比拟，即以物比喻人或以人比喻物。白居易用莲花比美妇人，又因她是女道士，所以用藐姑射山、瑶池来作陪衬，即比作仙女。苏轼用美妇人比花，酒晕、红肉比红花，翠袖比绿叶。黄庭坚用美男子比花，何郎、荀令都指美男子，荀令还兼指香气。诗中用美男子比花比较少见，一般总是用花比美女，或用美女比花，所以"此诗出奇"。但用美男子比花，前人也是有过的，如《唐书·杨再思传》"人言六郎似莲花"就是。这里用两个男子来比，一个是取其美，一个是取其香。李商隐的《牡丹诗》"荀令香炉可待熏"，也用荀令的典故。这里用何郎、荀令两个典故，显出黄庭坚诗讲究用典的方法。用"雾湿"也是比喻，比何郎脸上出汗。把黄庭坚的用典，同苏轼的两句比较而言，还是后者写得生动而比喻新鲜。不过这几个比喻，都谈不上有什么意义。

二

　　《小雅·鹤鸣》之诗，全用比体①，不道破一句，三百篇中创调也。要以俯仰物理而咏叹之，用见理随物显，唯人所感，皆可类通，初非有所指斥一人一事，不敢明言而姑为隐语也。

　　若他诗有所指斥，则皇父尹氏暴公②不惮直斥其名，历数其愿③，而且自显其为家父④，为寺人孟子⑤，无所规避。诗教虽云温厚，然光昭之志，无畏于天，无恤于人⑥，揭日月而行，岂女子小人半含不吐之态乎？《离骚》虽多引喻，而直言处亦无所讳。（王夫之《姜斋诗话》卷下）

①比体：比喻体。②皇父：周朝的卿士，地位不高而掌大权，见《诗•十月之交》。尹氏：周朝的太师，三公之一，见《诗•节南山》。暴公：周朝大臣，见《诗•何人斯序》。③慝（tè 特）：罪恶。④家父：周朝大夫，《节南山》里明说"家父作诵，穆如清风"。⑤寺人孟子：周朝的太监叫孟子的，他在《诗•巷伯》里说明"寺人孟子，作为此诗"。⑥无恤于人：不顾别人不正确的批评。

儒家对诗教的说法，见于《礼记•经解》篇，说："温柔敦厚，诗教也。"这种说法在文艺理论上有很大影响。这里指出这种说法的片面性。就拿儒家尊为经典的《诗经》来说，其中的诗也不完全是温柔敦厚的。像《诗•小雅•十月之交》和《节南山》里，就对周朝掌大权的皇父、尹氏进行攻击，并且在诗里说明作者自己的名字，一点不隐讳。这里指出，只要作者的心地光明磊落，就不用害怕什么，不用规避。还指出除了温柔敦厚以外，直言指斥的诗是非常必要的。又引《离骚》来说明屈原也是在诗里直言指斥坏人的。这种强烈攻击坏人坏事的诗，暴露王朝的黑暗，富有思想性，具有更强烈战斗性。在风格上说，这类诗比较刚健，和柔婉的温柔敦厚派的诗不同，对丰富诗的各种风格说也是很有意义的。

这里又提到《鹤鸣》篇具有另一种表现手法和另一种风格，就是所谓比体。引原诗一章如下："鹤鸣于九皋，声闻于野。鱼潜在渊，或在于渚。乐彼之园，爰有树檀，其下绀荗。他山之石，可以为错（石器）。"这是说，鹤在极远的沼泽地带叫，声音一直传到原野里，这可能是比喻真诚的话会流传到很远的地方去。鱼有时潜伏在深渊里，有时游到洲渚边，这可能比喻"理之无定在"，即到处都可以看到事物的道理。爱好那个园里有贵重的树木，它的下面有落叶，这可能比喻好的事物也有它的缺点。别的山头上的石头可以用来打磨玉器，这可能比喻极平凡的东西也有它的用处。这诗就这样用四个比喻组成，它们究竟用来比什么，没有说，它们之间有没有联系，没有说。它是一种比较特别的表现手法。它通过比喻让读者从中体会诗的含意，这种含意要读者凭着各自的生活体验去作补充，需要读者去再创造，它的风格是比较含蓄的，同直言体可以作为对照。

衬 托

一

唐人《少年行》云："白马金鞍从武皇①，旌旗十万猎长杨②。楼头少妇鸣筝坐，遥见飞尘入建章③。"想知少妇遥望之情，以自矜得意，此善于取影者也。

"春日迟迟，卉木萋萋④，仓庚喈喈⑤，采蘩祁祁⑥。执讯获丑⑦，薄言⑧还归。赫赫南仲⑨，狁于夷⑩。"其妙正在此。训诂家⑪不能领悟，谓妇方采蘩而见归师，旨趣索然矣。建旌旗，举矛戟，车马喧阗⑫、凯乐竞奏之下，仓庚何能不惊飞，而尚闻其喈喈？六师在道，虽曰勿扰，采蘩之妇，亦何事暴面于三军之侧耶？征人归矣，度⑬其妇方采蘩而闻归师之凯旋，故迟迟之日，萋萋之草，鸟鸣之和，皆为助喜。而南仲之功，震于闺阁，室家之欣幸，遥想其然，而征人之意得可知矣。乃以此而称南仲，又影中取影，曲尽人情之极至者也。（王夫之《姜斋诗话》卷上）

①武皇：汉武帝，唐人借汉帝来指唐代皇帝。②长杨：汉朝宫名。汉朝命人捕野兽放在长杨宫的射熊馆里，以备皇帝打猎用。③建章：汉朝宫名。④卉木：草木。萋萋：茂盛。⑤仓庚：黄鹂。喈喈（jiē皆）：鸣声。⑥蘩（fán烦）：白蒿。祁祁（qí其）：众多。⑦执讯：捉住要审问的敌人头目。获丑：捉住敌人的徒众。⑧薄言：状迫切。⑨南仲：周朝大将名。⑩狁（xiǎn yǔn 险允）：北方种族名。夷：平定。⑪训诂家：注释古语的人。⑫喧阗（tián 田）：指喧哗。⑬度：测度，猜测。

不描写形体，描写它的影子，通过影子来显出形体，叫取影，也就是衬托。这是指不正面描写人物，却描写别的事物来显出人物，或用别的人物来烘托作品中的主人公。王昌龄《少年行》，只写"白马金鞍"，显得服饰的豪华；"从武皇"，显得地位的显贵；"旌旗十万"，写出声势的煊赫。这里只从侧面写，没有正面写人物。但这些究竟写谁，还不清楚。再用少妇来陪衬，写少妇鸣筝遥望，透露出她的得意心情，这就暗中点出这个豪华煊赫的人物正是她的丈夫，正是诗中歌咏的少年（古代的少年即青年）。这里没有提到少年，实际句句在写少年，从服饰、地位、声势烘托出少年来，再用少妇来烘托，所以是善于衬托。

《诗·小雅·出车》里没有一个字写胜利归来的战士心情，却是通过他对妻子的想象来表现。他想象他的妻子在采白蒿，春天太阳美好，草木茂盛，黄鹂叫得欢。写春日、卉木、仓庚用来衬出采蘩的妇人内心的喜悦，写她的喜悦是由于她丈夫的凯旋归来。用战士妻子的行动和心情来衬出战士归来的心情，写战士想象他妻子的喜悦来衬出战士的喜悦，这是衬托。战士的心情没有正面写出，是陪衬；用战士的心情来衬出南仲的恩威，是双重陪衬。这里写的景物只是起衬托作用，用来透露人物心情，并不是写妇人在采蘩时碰到南仲大军的归来。要真是那样，大军来时，尘土飞扬，早把黄鹂吓跑了，妇人也不会再注意到春日、卉木、仓庚了，也无心采蘩了，所以说这里还是运用双重陪衬的手法。

二

《艺苑雌黄》云："宋玉《九辩》云：'悲哉秋之为气也！萧瑟兮草木摇落而变衰，憭栗兮若在远行，登山临水兮送将归。'潘安仁《秋兴赋》引此语而曰：'送归怀慕徒之恋兮，远行有羁旅之愤。临川感流以叹逝兮，登山怀远而悼近。彼四感之疚心兮，遭一途而难忍。'安仁以登山、临水、远行、送归为四感。予顷年较进士于上饶，有同官张扶云：'曾见人言，若在远行，登山临水送将归，是七件事，谓远也，行也，登山也，临水也，送也，将也，归也。'……安仁谓之四感，盖略而言之。"（胡仔《苕溪渔隐丛话》后集卷一）

悲愁无形，侔色揣称，每出两途。或取譬于有形之事，如《诗·小弁》之"我心忧伤，惄焉如捣"，或《悲回风》之"心踊跃其若汤""心轸羁而不形兮"；是为拟物。或摹写心动念生时耳目之所感接，不举以为比喻，而假以为烘托，使读者玩其景而可以会其情，是为寓物；如马致远《天净沙》云："枯藤、老树、昏鸦，小桥、流水、人家，古道、西风、瘦马，夕阳西下——断肠人在天涯！"不待侈陈孤客穷途、未知税驾之悲，当前风物已足销凝，如推心置腹矣。二法均有当于黑格尔谈艺所谓"以形而下象示形而上"之旨，然后者较难，所须篇幅亦逾广。《诗》之《君子于役》等篇，微逗其端，至《楚辞》始粲然明备，《九辩》首章，尤便举隅。潘岳谓其以"四感"示"秋气"之"悲"，实不止此数。他若"收潦水清""薄寒中人""羁旅无友""贫士失职""燕辞归""蝉无声""雁南游""鹍鸡悲鸣""蟋蟀宵征"，凡与秋可相系着之物态人事，莫非"感"而成"悲"，纷至沓来，汇合"一途"，写秋而悲即同气一体。举远行、送归、失职、羁旅者，以人当秋则感其事更深，亦人当其事而悲秋愈甚，如李善所谓春秋之"别恨愈切"也。

李仲蒙说"六义"，有曰，"叙物以言情谓之'赋'"，刘熙载《艺概》卷三移以论《楚辞》："《九歌》最得此诀。如'嫋嫋兮秋风，洞庭波兮木叶下'，正是写出'目眇眇兮愁予'来；'荒忽兮远望，观流水兮潺湲'，正是写出'思公子兮未敢言'来"，妙得文心。窃谓《九辩》首章尤契斯义。"叙物以言情"非他，西方近世说诗之"事物当对"者是。如李商隐《正月崇让宅》警句："背灯独共余香语"，未及烘托"香"字；吴文英《声声慢》："腻粉阑干，犹闻凭袖香留"，以"闻"衬"香"，仍属直陈；《风入松》："黄蜂频扑秋千索，有当时纤手香凝"，不道"犹

闻"，而以寻花之蜂"频扑"示手香之"凝""留"，蜂即"当对"闻香之"事物"矣。（钱锺书《管锥编·楚辞补注·九辩》一）

这里讲写情用景物来烘托的手法。这种手法《诗经》里已经有了。如《君子于役》："鸡栖于埘（鸡屋），日之夕矣，羊牛下来。君子于役，如之何勿思。"用鸡栖、日落、牛羊归来，衬出妇人对出外的丈夫的怀念。《诗经》里运用的衬托还比较简单，到《楚辞·九辩》里就显得更丰富了。

悲哉秋之为气也！萧瑟兮草木摇落而变衰。憭栗（犹悽怆）兮若在远行，登山临水送将归。泬寥（状空旷）兮天高而气清；寂寥兮收潦而水清。憯悽增欷兮薄寒之中人。怆怳懭悢（状失意）兮去故而就新；坎廪（不顺利）兮贫士失职而志不平。廓落（空虚）兮羁旅（作客）而无友生；惆怅兮而私自怜。燕翩翩其辞归兮，蝉寂寞而无声；雁嗈嗈（和鸣声）而南游兮，鹍鸡啁哳（鸣声）而悲鸣。独申（达）旦而不寐兮，哀蟋蟀之宵征（夜振翅鸣）。

在这里，潘岳认为写了四样景物来做衬托，太少了；张扶把"送将归"说成三件事，又太支离破碎了。这里可以注意的，《九辩》里用来作为衬托的景物，同《君子于役》里的不同。《君子于役》里写鸡栖、日落、牛羊回来，没有在这三件事上加上感情色彩；《九辩》里写的景物，往往加上感情色彩，在"草木摇落"上加"萧瑟"，在"远行"上加"憭栗"，在"收潦水清"上加"寂寥"，在"薄寒中人"上加"憯悽"等。加上这些有感情色彩的形容，目的在加强这种气氛。马致远的《天净沙》里用的也是这种写法，他写的"藤""树""鸦"上加上有感情色彩的形容词"枯""老""昏"。《九辩》不受字数限制，可以写得词藻丰富；《天净沙》受字数限制，写得简要。还有一点，用景物做烘托，要构成一幅画面，在这幅画面里的事物，有可以用来烘托感情的，也有并不能用来烘托感情的，这些不能用来烘托感情的东西，为了构成一幅画面，也有必要，如《天净沙》里的"小桥、流水、人家"，《九辩》里的"天高气清"就是。这种烘托气氛的事物，像《君子于役》和《天净沙》里写的，都是诗中人的眼中所见的客观存在的东西，如鸡栖、日落、古道、西风、瘦马，《九辩》里还写了主观想象的东西，如"憭栗兮若在远行，登山临水送将归"，用了个"若"字，好像在远行，既然是好像，可见并非真的远行，并非真的有人"登山临水送将归"，只是作者的主观想象罢了。《九辩》里运用这些手法，在烘托感情上显得更为突出。

再看《楚辞·九歌·湘夫人》："帝子（女）降兮北渚，目眇眇兮愁予。嫋嫋（状柔弱）兮秋风，洞庭波兮木叶下。""沅有芷兮澧有兰，思公子兮未敢言。荒忽兮远望，观流水兮潺湲（水声）。"在秋风的吹拂中，洞庭湖里泛起了微波，树叶纷纷下落，这样写景物，正是烘托这个帝女即湘夫人哀愁的心情。"愁予"就是哀愁。"眇眇"，又在想望又害怕的眼光。湘夫人下降到北渚等待湘君，没有看到湘君，她又是想望他又担心他为什么不来，这种微波落叶正好烘托出这种感情上的微波。湘夫人神思恍惚，远望不见湘君，只看见流水，这样写，正烘托出湘夫人想念湘君又未敢吐露，就是有所顾虑。这样烘托，比上面的写法更进一步了。用鸡栖、日落、牛羊回来做烘托，比较简单，没有像这里写得比较细致而深入。《九辩》里用了许多形容词，还不如这里写得生动，也没有这里写情那样细致。尤其是"嫋嫋兮秋风，洞庭波兮木叶下"，成为千古传诵的名句，现在读来还觉得亲切可喜，不像《九辩》那样的难解，它的借景写情，确实超过《九辩》。

上面都是用景物来烘托感情，还有用景物来烘托事物，再来烘托感情的。如"黄蜂频扑秋千索，有当时纤手香凝"，用"黄蜂频扑"来烘托纤手的香气留在秋千索上，再用黄蜂频扑索上香来衬出对那位打秋千的女人的怀念，更曲折了。李商隐的"背灯独共余香语，不觉犹歌《起夜来》"，没有用事物来烘托"香"，只用"共余香语"来烘托悼亡的感情，妻子死了，只留下她用的东西上的余香了，就只是用事物来烘托感情。

反衬和陪衬

　　杜牧《题桃花夫人庙》①："细腰宫②里露桃新，脉脉③无言几度春。至竟息亡缘底事④？可怜金谷堕楼人⑤。"不言而生子，此何意耶？绿珠之堕楼，不可及矣。（沈德潜《唐诗别裁》卷二十）

　　"昔我往矣，杨柳依依⑥；今我来思⑦，雨雪霏霏⑧。"以乐景写哀，以哀景写乐，一倍增其哀乐。知此，则"影静千官里，心苏七校前"，与"唯有终南山色在，晴明依旧满长安"，情之深浅宏隘见矣。况孟郊之乍笑而心迷，乍啼而魂丧者乎？（王夫之《姜斋诗话》卷上）

　　①桃花夫人：春秋时息侯的夫人。楚文王灭了息国，掳息夫人回去，和她生了两个儿子。她一直不开口，楚文王问她，她答道："我一个妇人嫁了两个丈夫，不能殉节，还说些什么！"②细腰宫：楚王好细腰，所以用来指楚宫。③脉脉：状含情而不语。④缘底事：因为什么事，指楚文王为了要夺息夫人而灭息。⑤金谷：晋朝石崇

筑有金谷园。堕楼人：绿珠是石崇爱妾，孙秀要夺取她，石崇不许。孙秀派兵捉石崇，绿珠跳楼自杀。⑥依依：柳条柔软的样子。⑦思：语助词。⑧霏霏：状雪飞。

这里讲反衬和陪衬手法。如杜牧咏息夫人的诗，用绿珠来作反衬。绿珠反抗孙秀的掠夺，跳楼自杀；息夫人却不能反抗楚文王的掠夺，苟且偷生。经过这样一反衬，作者的用意就很清楚了。

这里又讲到反衬手法在表情上很有力量。用美好的景物来写快乐，用凄苦的景物来写悲哀，这是陪衬；用凄苦的景物来写快乐，用美好的景物来写悲哀，这是反衬。作者认为反衬比陪衬更有力量。《诗·小雅·采薇》写守边兵士的劳苦。兵士出征时心里是愁苦的，诗人写道："昔我往矣，杨柳依依"，用杨柳在春风中飘荡的美好景物来反衬士兵的愁苦，春天是欢乐的季节，士兵却在这时被迫出征，所以加倍显得愁苦。士兵回来时心情是愉快的，诗人写道："今我来思，雨雪霏霏。"在雨雪中赶路是苦的，用苦景来反衬愉快的心情，见得士兵为了急于回家而不顾雨雪忙着赶路，加倍显出心情的愉快。

下面指出用陪衬手法的不如用反衬的有力。杜甫在沦陷的长安逃出来，逃到凤翔去朝见肃宗，惊魂才得到安定，所以在《喜达行在所》之三里说："影静千官里，心苏七校前。"他的心情是愉快的，诗句是以乐景写乐。另一例，见李拯《退朝望终南山》，说终南山色是美好的，晴明满长安也是好的，也是以乐景写乐。"乍笑"是喜，"心迷"也指喜，"乍啼"是悲，"魂丧"也是悲，也是陪衬而非反衬。

　　这种反衬和陪衬手法，鲁迅先生《在酒楼上》里也运用过。这篇里写道，"深冬雪后，风景凄清，懒散和怀旧的心绪联结起来，我竟暂寓在S城的洛思旅馆里了"。下面写那旅馆"窗外只有溃痕斑驳的墙壁，帖着枯死的莓苔；上面是铅色的天，白皑皑的绝无精采，而且微雪又飞舞起来了"。这样的景物同懒散的心情相应，是陪衬。再下面写"我"到一石居酒馆里去喝酒，在靠窗的一张桌旁坐下，眺望楼下的废园。"这园大概是不属于酒家的，我先前也曾眺望过许多回，有时也在雪天里。但现在从惯于北方的眼睛看来，却很值得惊异了：几株老梅竟斗雪开着满树的繁花，仿佛毫不以深冬为意；倒塌的亭子边还有一株山茶树，从暗绿的密叶里显出十几朵红花来，赫赫的在雪中明得如火，愤怒而且傲慢，如蔑视游人的甘心于远行。"这里写老梅开着斗雪的繁花和赫赫的明得如火的山茶花，同懒散的心情就是反衬。作者在运用这种反衬手法时还加上有力的描写，如写"我"的惊异，写山茶花"愤怒而且傲慢"，对"我"蔑视，这就更加强了这种反衬作用，使反衬手法发挥出更深刻的艺术力量来，从这里透露鲁迅先生对当时知识分子这种阴暗懒散的心情的批判来。

　　这里指出反衬的力量超过陪衬，事实上不尽如此。这两种手法都有适用的场合，很难分优劣。杜甫《自京赴奉先县咏怀五百字》说，"朱门酒肉臭，路有冻死骨"，是反衬的名句；他的《登高》，"无边落木萧萧下，不尽长江滚滚来。万里悲秋常作客，百年多病独登台"。前一联写秋景，有悲凉意，后一联写悲秋多病，以哀景写哀，是陪衬的名句。杜甫对这两种手法都运用。只要用得恰当，都能起艺术的感染作用。

衬垫和衬跌

太白七绝，天才超逸，而神韵随之。如"朝辞白帝彩云间[1]，千里江陵一日还"。如此迅捷，则轻舟之过万山不待言矣。中间却用"两岸猿声啼不住"一句垫之，无此句则直而无味，有此句，走处仍留，急语须缓，可悟用笔之妙。（施补华《岘佣说诗》）

词之妙全在衬跌。如文文山《满江红》和王夫人[2]云："世态便如翻覆雨，妾身元是分明月。"《酹江月》和友人驿中言别云："镜里朱颜都变尽，只有丹心难灭。"此二句若非上句，则下句之声情不出矣。（刘熙载《艺概》卷四）

[1]白帝：四川奉节县东白帝城，地势极高，所以说在彩云间。
[2]参见页 96《立意》四。

衬垫是防止语气太直，一泻无余，用景物来旁衬；衬跌是正意先不说出，用一句话来衬托一下，再说出正意，经这一

衬托，说出正意就更有力量。衬垫好比不让水直泻下去，所谓
"走处仍留，急语须缓"；衬跌好像把水闸住，让水位提高了
再跌落下去，就更有力。

先看衬垫。李白《早发白帝城》："朝辞白帝彩云间，
千里江陵一日还。两岸猿声啼不住，轻舟已过万重山。"这话
本于盛弘之《荆州记》："或王命急宣，有时朝发白帝，暮
到江陵，其间千二百里，虽乘奔御风，不为疾也。"（《御
览·地部》十八引）《荆州记》讲到从白帝到江陵，用乘奔马
和驾着风都比不上，来形容船的速度极快。李白在诗里不用这
些比喻，改用两岸猿声，这是他的高明处。假使第三句也用乘
奔御风那样比喻，那么整首诗讲船行的快速，就不免单调，而
且一直下来，直泻无余。现在第三句用两岸猿声来作旁衬，丰
富了江行的景物；这句起了衬垫作用，来缓和语势，使全篇有
起伏，不再直泻无余了。（《水经注·江水》中描写三峡的一
段，就是从《荆州记》中节录的。）

盛弘之《荆州记》里也提到三峡猿啼，作"每至晴初
霜旦，林寒涧肃，常有高猿长啸，属引凄异，空谷传响，哀
转久绝。故渔者歌曰：'巴东三峡巫峡长，猿鸣三声泪沾
裳。'"写猿鸣是哀转的，听了使人下泪的。又它写"朝发白
帝，暮到江陵"，因为"王命急宣"，是被逼冒险。李白诗中
所表达的情绪和它完全不同，是豪迈的，在两岸猿声中轻舟已
过万重山了，不仅没有愁苦的情绪，还有蔑视三峡艰险的气
概，创造了作者特具的风格。

再说衬跌。文天祥《满江红·代王昭仪》，先说人情世
态，翻云覆雨，变化无常，比喻宋朝灭亡前后的世态变化，再
说出自己像月亮那样分明，用世态的反复来衬出自己的坚贞不

变，就更有力。文天祥《酹江月》，先说朱颜变尽，显得自己饱经忧患，国破家亡，再反衬出自己对国家的忠心永远不变，也更有力。

顿　挫

美成词，有前后若不相蒙①者，正是顿挫之妙。如《满庭芳·夏日溧水无想山作》，上半阕云："人静乌鸢自乐，小桥外新绿溅溅。凭栏久，黄芦苦竹，拟泛九江船②。"正拟纵乐矣，下忽接云："年年如社燕③，飘流瀚海④，来寄修椽⑤。且莫思身外，长近樽前。憔悴江南倦客，不堪听急管繁弦。歌筵畔，先安枕簟，容我醉时眠。"是乌鸢虽乐，社燕自苦，九江之船卒未尝泛，此中有多少说不出处。或是依人之苦，或有患失之心，但说得虽哀怨，却不激烈，沉郁顿挫中别饶蕴藉。后人为词，好作尽头语，令人一览无余，有何趣味？（陈廷焯《白雨斋词话》卷一）

①不相蒙：犹不相承接。②用白居易《琵琶行》典。白居易谪官到九江，那里"黄芦苦竹绕宅生"。他在浔阳江上送客，听到琵琶声，便在九江的船里请那个女子弹琵琶。③社燕：燕子在春社来，秋社去。④瀚海：指沙漠。⑤修椽：长的椽子，指大屋。

顿挫往往同抑扬连起来，说成抑扬顿挫，唱京戏的多讲究抑扬顿挫。唱腔避免平板，避免没有起伏，要有高低，是抑扬；要有缓急，唱到关键性的句子，要作小顿，唱得摇曳多姿，这就是顿挫。因此，顿挫在诗文中是小小停顿，用的是含蓄关锁的话。就这里引的词说，上面还有五句："风老莺雏，雨肥梅子，午阴嘉树清圆。地卑山近，衣润费炉烟。"前三句讲景物美好，用"午阴嘉树清圆"作小顿。下面两句就来个转折，转到那儿土地低湿，衣服都潮润的，地方不好，"衣润费炉烟"是第一个转折的小顿。接下去说小桥绿水，可以泛船听歌，又来个转折，转到寻欢作乐上，"拟泛九江船"是第二个转折的小顿。接下去却说自己像社燕飘零，在外作客，只能借酒浇愁，没有听歌雅兴，是第三个转折，用结尾作顿。顿挫处含有对上文作小结转入另一意的意味，而这些顿挫写得很含蓄，所以说"顿挫中别饶蕴藉"。

顿挫这种手法，诗文是相通的，林纾对这种手法，结合古文为例，作了很好的说明道：

"凡读大家之文，不但学其行气，须学其行气时有止息处。由之（好比）走长道者，惜马力，惜仆力，惜自己之脚力，必少驻道左，进糇（干粮）加秣（饲料），然后人马之力皆复。文之用顿笔，即所以息养其行气之力也。

"惟顿时不可作呆相，当示人以精力有余，故作小小停蓄，非力疲而委顿（困累）于中道者比。若就浅说，不过有许多说不尽阐不透处，不欲直捷宣泄，然后为此关锁之笔，略为安顿，以下再伸前说耳。不知文之神妙者，于顿笔之下并不说明，而大意已包笼于一顿之中。如《汉书·丙吉传》略谓：帝以郭穰夜到郡邸（一郡在京的寄宿处）狱；亡轻重

（不论轻罪重罪），一切皆杀之，而皇曾孙亦在内。吉相守至天明，不听入。寻（不久）帝亦寤。班固于此处作一顿笔曰：'因赦天下，郡邸狱系者独赖吉得生，恩及四海矣。'试思吉一拒之恩，能及四海，则武帝残杀之威，一旦即可以普及四海，固不斥帝而但称吉，此等含蓄不尽之顿笔，浅人曾学得到否？就文势而言，似顿笔；就文理而言，是结笔。大家文字以小结作顿，往往有之，特（但）不如班氏于小顿小结处能神光四射耳。

"欧文讲神韵，亦于顿笔加倍留意。如《丰乐亭记》曰：'升高以望清流之关，欲求晖、凤就擒之所（赵匡胤擒南唐将皇甫晖、姚凤处），故老皆无在者，盖天下之平久矣。'又曰：'百年之间，徒见山高而水清，欲问其事而遗老尽矣。'或谓'故老无在'及'遗老尽矣'用笔似沓（重复），不知前之思故老，专问南唐事也；后之问遗老，则兼综南汉、吴、楚而言。本来作一层说即了，而欧公特为夷犹（迂回缓转）顿挫之笔，乃愈见风神。"（林纾《春觉楼论文·用顿笔》）

《汉书·丙吉传》里讲到汉武帝听说监牢里有天子气，派郭穰到牢里去把所有犯人都杀死。当时汉武帝信任江充，江充陷害太子，太子被迫起兵，兵败自杀，汉武帝的曾孙因此陷在牢里。所以郭穰到来时，丙吉拒绝他不准他进来。所谓监牢里有天子气，可能是有人怕汉武帝的曾孙长大后要报仇，所以想借此来害死他。汉武帝也觉悟到不能杀死自己的曾孙，因此大赦天下。这里用"恩及四海矣"来作小结，从这小结中一方面赞美丙吉，一方面反衬出汉武帝的残杀之威，是很有含蓄的小顿。

历来称赞欧阳修的文章一唱三叹，富有情韵之美，他的善用顿挫是加强情韵之美的方法之一。《丰乐亭记》是写滁州的景物，那里在五代时曾经是南北战争争夺的场所，欧阳修回忆当时的战争，说"盖天下之平久矣""欲问其事而遗老尽矣"，用这两句话来作两个小结，从这两个小结里赞美宋朝的太平，人民已经忘掉战争的苦难，是借古颂今，有寓意的，所以它既有含蓄而又具有声情之美。

反 说

杜甫《奉陪郑驸马韦曲》之一:"韦曲花无赖,家家恼杀人。绿樽虽尽日,白发好禁春。石角钩衣破,藤枝刺眼新。何时占丛竹,头带小乌巾。"此诗全是反言以形容其佳胜,曰"无赖",正见其有趣;曰"恼杀人",正见其爱杀人;曰"好禁春",正是无奈春何;曰"钩衣刺眼",本可憎而转觉可喜。说得抑扬顿挫,极生动之致。(江浩然《杜诗集说》引王嗣奭说)

这里指出杜甫在诗里不是正面说,却用反话来透露正意,这同他当时的心情有关。韦曲的春色很好,这正是及时赏玩春光的时候,可是诗人的头发白了,青春已经消逝,不再有少年的游兴,所以对着春光有无可奈何的感慨。"白发好禁春",是说衰老的人怎好当着这春光而尽情领略,所以说花无赖,说恼杀人,这是从自己感叹衰老这角度说的。从另一角度说,虽说春无赖,说恼杀人,实际上是喜爱春光;正如做母亲的有时说孩子顽皮,心里实是喜欢他的活泼。这种反话只有在适宜的场合才可用,才能表达人物的心情。

用 事

一

　　李商隐《泪》:"永巷长年怨绮罗[①],离情终日思风波;湘江竹上痕无限[②],岘首碑前洒几多[③];人去紫台秋入塞[④],兵残楚帐夜闻歌[⑤];朝来灞水桥边问[⑥],未抵青袍送玉珂。"[⑦]何焯批:"岘首、湘江,生死之感也;出塞、楚歌,绝域之悲、天亡之痛也;凡此皆伤心之事,然岂若灞水桥边,以青袍寒士而送玉珂贵客尤极可悲可痛乎?""前皆借事为词,落句方结出本意。"朱彝尊批:"句句是泪,不是哭。八句七事,律之变也。予谓不然。若七事平列,则通首皆是死句,落韵'未抵'二字亦转不下矣。此是以上六句兴下二句也。"(《李义山诗集辑评》卷中)

　　辛弃疾《贺新郎·别茂嘉十二弟[⑧]》:"绿树听鹈鴂,更那堪、鹧鸪声住,杜鹃声切[⑨]。啼到春归无啼处,苦恨芳菲都歇。算未抵人间离别:马上琵琶关塞黑,更长门、翠辇辞金阙[⑩];看燕燕,送归妾[⑪]。　　将军百战身名裂,向河梁回头万里,故人长绝⑫；易水萧萧西风冷，满座衣冠似雪，正壮士悲歌未彻⑬。啼鸟还知如许恨，料不啼清泪长啼血。谁共我，醉明月。"稼轩《贺新郎》词送茂嘉十二弟，章法绝妙，且语语有境界。此能品而几于神者。然非有意为之，故后人不能学也。（王国维《人间词话》）

①永巷：汉时宫中长巷，以关闭失宠的贵妇或得罪的宫女。②舜的二妃在舜死后泪洒湘竹。③晋朝羊祜死后，在岘首山上建碑，人们哀悼他，见碑流泪。④王昭君嫁给南匈奴单于，在秋风入塞时到匈奴而离汉宫。⑤项羽在垓下被汉军所围，听见汉军皆唱楚歌，认为楚地皆为汉所得。⑥灞桥在长安灞水上，为唐人送别处。⑦珂：马的口勒，口勒镶玉，指贵人。⑧辛茂嘉当是谪官到远处去，所以历举许多恨事来送别。⑨作者认为鹧鸪、杜鹃是两种鸟，都鸣声悲切。鹧鸪的叫声像"行不得也哥哥"。⑩指王昭君出塞和番，她从汉朝的长门宫出来，坐着翠辇，离开汉朝宫阙，阙即宫门外的望楼。⑪卫庄公妾的儿子被杀，庄公妻庄姜送她回娘家去，当时回去后不能再相见，庄姜作了《燕燕》诗。⑫汉朝李陵，同匈奴作战，战败投降，身名都毁了。相传他同老友苏武在河桥上分别，苏武被拘在匈奴，得到放回。李陵和苏武一别，永不可再见了。⑬荆轲去刺秦王，燕太子丹和他的客人在易水上送别，都穿着白衣冠。荆轲唱了"风萧萧兮易水寒，壮士一去兮不复还。"

用事就是用典，诗词要不要用典，不能一概而论。钟嵘

《诗品》说："若乃经国文符，应资博古，撰德驳奏，宜穷往烈。至乎吟咏情性，亦何贵于用事？'思君如流水'，既是即目；'高台多悲风'，亦惟所见；'清晨登陇首'，羌无故实；'明月照积雪'，讵出经史。观古今胜语，多非补假，皆由直寻。"这是说，诗是表达情性的，即抒情的，不需要用典，又举出诗中名句，都是白描，不用典的；至于治国的大文章，要总结过去的经验，或序述或驳辩，要考查过去的事迹，那都需要用事。这里，钟嵘是反对在抒情诗里用事的。他的话有针对性，针对当时"文章殆同书钞"的毛病说的，自然是正确的。倘就抒情诗能不能用典说，可分两方面：一是写景抒情，以写景为主的，不该用典，用典不容易把景物的特点描绘出来，这就造成隔膜，即王国维所反对的用代字，钟嵘举出的名句，都是即景抒情的，都不用典。一是以抒情为主的，所抒发的感情又比较复杂深厚，比方对国家的、人生的、个人遭遇的种种感触，这种感情要在格律诗里表达出来，受到字数的限制，或者在当时有些话不便明说，这时，正可借用过去的事，来表达不便明说的或不容易用几句话来说出的感情，用事在这时候才需要。所以王国维一方面反对用代字，另一方面又竭力赞美辛弃疾用了不少故事的《贺新郎》词。不过这里有一个限度，就是作者确实有这种丰富的感情要表达，才适应用一事。倘作者并没有这种丰富的感情，为了卖弄博学，堆砌了许多典故，那就不行，所以不该"有意为之"，即不是为用事而用事才好。

　　就以上的两首说，都含有对国事的、身世的感慨。李商隐的一首，以青袍寒士送玉珂贵客，可悲可痛为什么会超过上面所举的各事呢？为什么会联想到以上的各事呢？古代的士子往往用妇女来自比，士子在政治上的失意，受排挤，贬斥在外，往往用妇女的被幽禁、昭君出塞来作比；当时政治上的挫折，流放的悲哀，有的用"四面楚歌"来比，有的有生离死别的悲痛。用这些故事，正表达这样的感情。所以在这些故事里寄托着这种身世遭遇的感触。辛弃疾的一首，张惠言说："茂嘉盖以得罪谪徙，故有是言。"这话大概可靠，所以词里写了四件生离死别的事，表示他们兄弟这一别，很难再见。用了李陵的事，可能指茂嘉的得罪说的；用王昭君出塞的事，既联系谪徙，又可能有在政治上不能施展抱负的感慨，跟李商隐的用这一故事的含意相似。其他两事都含有遭际不幸的意味。王国维赞赏他"语语有境界"，境界是指情景结合说的，正说明用这四件故事是同作者当时的心情结合着的。他不是写一般的离别感情，不用这些故事就表达不出来。再有这样用典，不是简单地讲昭君出塞，而是写昭君离长门宫，坐翠辇，辞汉宫，一路马上琵琶，出关而又用"黑"字来表达心情，所以能构成一种意境。

二

李商隐《昨夜》："不辞鶗鴃妒年芳，但惜流尘暗烛房。昨夜西池凉露满，桂花吹断月中香。"何焯批："此言失意之中，不堪加以悼亡也。又加甚也，故著'不辞'二字。"（《李义山诗集辑评》卷中）

辛弃疾《贺新郎》："甚矣吾衰矣！怅平生交游零落，只今余几？白发空垂三千丈，一笑人间万事。问何物能令公喜？

我见青山多妩媚,料青山见我应如是。情与貌,略相似。　一尊搔首东窗里,想渊明《停云》诗就,此时风味。江左沉酣求名者,岂识浊醪妙理? 回首叫云飞风起。不恨古人吾不见,恨古人不见吾狂耳。知我者,二三子。"楼敬思云:"稼轩驱使《庄》《骚》经史,无一点斧凿痕,笔力甚峭。"(唐圭璋《宋词三百首笺》)

　　用事有比较明显的,像上节举的两例便是。有不明显的,把用的典故融化在诗句里,几乎看不出在用典的,这里所举的两例便是。这就像盐融化在水里,看不出盐而有盐味。像李商隐的诗"不辞鹈鴂妒年芳",本于屈原《离骚》:"恐鹈鴂之先鸣兮,使百草为之不芳。"鹈鴂就是杜鹃,杜鹃鸟叫的时候,正是春尽花落,所以即使不知这句在用典,同样也可以体会,不嫌春尽花落,暗指不嫌自己的青春消逝,事业无成。"但惜流尘暗烛房",但可惜流动的灰尘使点烛的房内暗了,这是指哀悼妻子的死去,暗用潘岳《悼亡诗》的"床空委清尘",这已看不出用典。最后"桂花吹断月中香",用月中有桂树的神话,但看作在月光中狂风吹折桂枝也可比喻悼亡。这首诗开头结尾两句不当作用典也可以理解,但还有用典的痕迹,只有第二句已经看不出用典痕迹,下面一首,有的话也看不出用典的痕迹。

　　辛弃疾的一首,"甚矣"句用《论语·述而》:"甚矣吾衰也。""白发"句用李白《秋浦歌》:"白发三千丈,缘

愁似个长。""能令公喜"用《世说新语·宠礼》里讲的王
恂、郗超两人做桓温的幕僚,"能令公喜,能令公怒。"能
够使桓温或喜或怒,辛弃疾活用这句话,作能使我喜。"我
见"句本于《新唐书·魏徵传》太宗说魏徵"我但见其妩媚
耳"。"一尊"句本于陶渊明《停云》诗:"有酒有酒,闲饮
东窗。""江左"句本于苏轼《和陶》:"江左风流人,醉中
亦求名。""岂识"句本于杜甫《晦日寻崔戢李封》:"浊
醪有妙理,庶用慰沉浮。""不恨古人"两句,本于《南
史·张融传》"不恨我不见古人,所恨古人又不见我。"这
首词里用了这许多出典,除了"渊明《停云》诗就"和"江
左"两处一看就知有出典外,其他各处几乎看不出在用典,把
出典都融化在词里,即使不知道这些出典,同样可以理解,正
如水中着盐了。

  盐融化在水里,虽看不到盐而有盐味。把典故融化在诗
词里,虽痕迹不露而这些出典的用意有的也包含在词里。如
"甚矣吾衰矣",原句不光叹老,叹所志无成,这个意味就由
出典带到词里。"能令公喜",原句是指桓温对两位幕僚的赏
识,这个意味带到词里,成了作者对青山的赏识,把原意变
了,原意是赏识人才,这里变成赏识青山,难道没有人才可以
赏识吗?因为"江左沉酣求名者",只知求名求利,所以作者
不赏识他们,只好去赏识青山,反过来,也只有青山能赏识
他,这里含有很深的感慨。是不是当时没有人才呢?"想渊明
《停云》诗就",在想念亲友,说明当时的人才和作者都不在
一起,因此除怀念亲友外,感叹只有二三子知我,见知我的人
少。"云飞风起"大概联系到"大风起兮云飞扬""安得猛士
兮守四方",这就把出处的政治意味带到词里来了。在那样时

代，自己本可为国效劳，虽古人也未敢多让，所以有不恨古人吾不见的气概。那么，把出典融化在词里，也把出典中的某些意味融化在词里，可以丰富词的意味，使词的意味更浓厚，可供体味。

用典还有一种，像用鸡汤煮菜，把浮在汤上的油腻取去，使它净化，这样煮的菜有鲜味而无油腻。像李白《宫中行乐词》："只愁歌舞散，化作彩云飞。"纪昀批："用巫山事无迹。"（《瀛奎律髓》卷五）巫山事就是用宋玉《高唐赋》里讲楚王梦见神女，神女愿荐枕席，临去时说"旦为行云，暮为行雨。"后来"云雨"往往连用，含有指男女之事的意味。李白在这里，去掉"雨"字，只取"云"字，又把它改为"化作彩云飞"，把这个典故净化了，把它本身所带有的男女之事的油腻去掉了，这比水中着盐的用典显得更高明了。

三

文人用故事，有直用其事者，有反其意而用之者。李义山诗："可怜夜半虚前席[①]，不问苍生[②]问鬼神。"虽说贾谊，然反其意而用之矣。林和靖诗："茂陵他日求遗稿，犹喜曾无封禅书[③]。"虽说相如，亦反其意而用之矣。直用其事，人皆能之；反其意而用之者，非学业高人，超越寻常拘挛之见，不规规然蹈袭前人陈迹者，何以臻此。（严有翼《艺苑雌黄》）

李义山咏《贾生》云："可怜夜半虚前席，不问苍生问鬼神。"马子才[④]咏《文帝》云："可怜一觉登天梦，不梦商岩梦梓郎[⑤]。"

虽同一律，皆有新意。（王应麟《困学纪闻》卷十八）

①虚前席：让出前面的座位，指汉文帝接见贾生，向他问鬼神的事。②苍生：百姓。③茂陵：汉武帝的陵墓，这里借来指汉武帝。司马相如病死后，汉武帝派人到他家里去找遗稿，家里说有一篇《封禅书》。古代天子到泰山上去祭天地，告成功，称封禅。《封禅书》劝汉武帝去封禅，有迎合汉武帝好大喜功的意思。④马子才：宋诗人马存字。⑤商岩：商朝的贤人傅说，在傅岩地方作泥水匠。商朝的高宗知道了，推说他梦里看到一位贤人，形状怎样的，便把傅说找来，立为国相，国家大治。棹郎：给皇家划船的黄头郎。相传汉文帝在梦里要上天，上不去，有一个黄头郎把他推了上去。汉文帝回头看到他的衣带后有个洞。后来汉文帝在黄头郎中看到一人，衣带后有个洞，问他姓名叫邓通，汉文帝认为邓就是登天的登，便非常宠爱他。

诗人用故事，往往借古喻今，有寄托，这样才有意义。李商隐用了贾谊的故事。贾谊是汉初的政治家，受到大臣的排挤，放逐在外。汉文帝想到他的才能，召他回来，在夜半让出前面的座位来接待他，问他鬼神之事。要是直接引用这个故事，就是正面说；这诗却从这件事发感慨，感叹汉文帝不向贾生问百姓的事却问鬼神的事，感叹汉文帝明知贾生的才能却不能用他，这就是反用故事。林逋用了司马相如的故事，司马相如退职家居，临死前还写《封禅书》来讨好汉武帝，迎合他好大喜功的心理。林逋反用这个故事，说要是皇帝他日来求遗稿，他自喜没有封禅书，说明他不想讨好皇帝，表示他的高洁的品格。这里也引了马存的诗，它同李商隐的诗写法一样，也是反用，不过他不光是反用，还有反衬作用，就是把反用和反衬结合起来。汉文帝梦见棹郎邓通，诗里不是直用其事，是反其意而用之，含有他不该梦见邓通的意思。再写商朝高宗的梦见傅说来做反衬，这就见得汉文帝不如商朝高宗。因为邓通是个小人，汉文帝宠爱他，赐给他铜山，允许他自己可以铸钱，这对国家和人民在经济上都会带来损害，商朝高宗任用贤人傅说，对国家和人民都有利。马存运用了反用和反衬的手法，含蓄地表达了他对汉文帝的批判，是有力的。

层 递

　　杜陵诗云："万里悲秋常作客，百年多病独登台。"盖"万里"，地之远也；秋，时之惨凄也；"作客"，羁旅也；"常作客"，久旅也；"百年"，暮齿也；"多病"，衰疾也；台高，迥处也；"独登台"，无亲朋也，十四字之间含八意，而对偶又精确。（罗大经《鹤林玉露》卷十一）

　　词家意欲层深，语欲浑成。作词者大抵意层深者语便刻画，语浑成者意便肤浅，两难兼也。或欲举其似，偶拈永叔词云："泪眼问花花不语，乱红飞过秋千去。"此可谓层深而浑成，何也？因花而有泪，此一层意也；因泪而问花，此一层意也；花竟不语，此一层意也；不但不语，又乱落、飞过秋千，此一层意也。人愈伤心，花愈恼人，语愈浅而意愈入，又绝无刻画费力之迹，谓非层深而浑成耶？然作者初非措意，直如化工生物，笋未生而苞节已具，非寸寸为之也。若先措意，便刻画愈深，愈堕恶境矣。此等一经拈出后，便当扫去。（王又华《古今词论》引毛先舒说）

层递是一层一层的分成许多层次，显得含意深沉。要是光说作客登台，已有客中思乡的意思；说成"常作客""独登台"，加上久客和孤独意，就进一层了；加上"悲秋""多病"，更进一层，更悲苦；再加上离乡万里，人在暮年，又进一层。这样层层深入，所以更见深沉。欧阳修《蝶恋花》两句也有层层深入的妙处。夏承焘、盛弢青同志《唐宋词选》对欧阳修这首词说："未了两句有好几层意思：泪眼而问花，是无人可告诉，一层；花不能语，不得花的同情，二层；乱红飞，花自己也凋谢了，三层；花被风吹过秋千去，秋千是她和丈夫旧时嬉游之处，触动愁恨，不堪回首，四层。"

这里指出这种层层深入手法，要写得浑成而不要刻露，就是读起来只是感到含意深沉，不觉得其中有许多层次的痕迹；也就是作者在写作时，只是有深厚的感情要表达，并不考虑到其中可以分成若干层次，要是有意做作，便不行了。大概作者对生活发掘得深，通过形象，用精练的话写出，这样就含蓄而不浅露。由于言简意深，寻味起来就觉得层层深入，情意无穷。谈诗的要帮助读者作深入体会，免得把作者的深挚情意轻轻略过，所以说成可以分作多少层次，帮助我们体会。但根本问题，还在作者要有深厚情意，要是作者并无深厚的思想感情，只在文字上用力，想写成许多层次，那是不行的。所以说"一经拈出后，便当扫去"，就是不要放弃根本而只在层递上用功夫。

复迭错综

　　杜甫《草堂》："旧犬喜我归，低佪入衣裾；邻舍喜我归，沽酒携胡芦。大官喜我来，遣骑问所须；城郭喜我来，宾客临村墟。"赵彦材云："此四韵《木兰歌》格也，其辞'耶（爷）娘闻女来，出郭相扶将；阿姊闻妹来，当户理红妆；小弟闻姊来，磨刀霍霍向猪羊。'"（郭知达《九家集注杜诗》）

　　复迭，复指重复，迭指重迭。重复是全部相同，重迭是形式局部相同，内容并不重复。像"旧犬"八句，"耶娘"六句是重迭，两个"喜我归"是重复。错综指其中的变化，像"喜我归"和"喜我来"，"归"和"来"变换一下。就其局部相同说叫重迭，就其局部不同说叫错综。词语有复迭，也有错综，是民歌中常用的手法。像《诗·芣苢》："采采芣苢（fú yǐ 浮以，车前子，治妇人不孕），薄言采之。采采芣苢，薄言有（取）之。采采芣苢，薄言掇（拾）之。采采芣苢，薄言捋之。采采芣苢，薄言袺（jié 结，用衣襟来盛）之。采采芣苢，薄言襭（jí吉，用衣襟掖在带间来盛）之。"这里，要是不重迭说，便不能表达出当时的感情；要是完全重复，又显得缺少变化；所以重迭错综，才能很好地把感情表达出来。《木兰歌》和杜诗里的几句，也是重迭错综来表达无限喜悦的心情。

但有时重复也是必要的，古文中也有这种手法。顾炎武举了具体例子来作说明：

"齐人有一妻一妾而处室（住在一起）者，其良人（丈夫）出，则必餍（吃饱）酒肉而后反（返）。其妻问所与饮食者，则尽富贵也。其妻告其妾曰：'良人出，则必餍酒肉而后反，问所与饮食者，尽富贵也，而未尝有显者（贵人）来；吾将瞯（jiàn侦探）良人之所之（往）也。'

"有馈（kuì馈）生鱼于郑子产，子产使校人（管池子的小吏）畜之池。校人烹之，反（返）命曰：'始舍之，圉圉焉（yǔ呆呆地）；少（一会儿）则洋洋焉，悠然而逝（很快游走）。'子产曰：'得其所哉！得其所哉！'校人出，曰：'孰谓（谁说）子产智，予既烹而食之，曰："得其所哉！得其所哉！"'

"此必须重迭而情事乃尽。此《孟子》文章之妙。使入《新唐书》，于齐人，则必曰，'其妻疑而瞯之'，于子产，则必曰，'校人出而笑之'，两言而已矣。是故辞主乎达，不主乎简。"（顾炎武《日知录》卷十九《文章繁简》）

清初的学者顾炎武提出"辞主乎达，不主乎简"，就是文章要写得能够表情达意，不要硬省字。他举出了《孟子》中的两个例子。一个例子先叙述齐国有一个人骗他妻妾的事，妻对妾说："男人出去，一定吃饱了酒肉才回来，问他同谁一起吃喝的，说都是富贵人，可是不曾有贵人到我们家里来；我要侦察男人，看他到哪儿去。"这里前面的叙述和妻的话有重复，前面的叙述是不能省的，省了别人看不明白。妻的话是否可省呢？照意义说，省去了还可以看懂，可是省去了文章就显得干瘪不生动，妻的神情也表达不出来，所以不能省。

另一个例子讲有人送一条活鱼给郑国子产的事，小吏骗了子产，出来对人说："谁说子产聪明，我已经把鱼煮来吃了，他还说'找到合适的地方了！找到合适的地方了！'"这里，小吏重复了子产说过的话，这个重复的话要是删去了，那么小吏怎样取笑子产的神情就表达不出来，为了要表达人物的神情，要写得生动，在这些地方就不能省。像这样的重复是必要的。这样，才能使文章写得活泼生动。

点　染

　　词有点染，柳耆卿《雨霖铃》云：“多情自古伤离别，更那堪冷落清秋节。今宵酒醒何处？杨柳岸晓风残月。”上二句点出离别冷落，“今宵”二句，乃就上二句意染之①。点染之间不得有他语相隔，隔则警句亦成死灰矣。（刘熙载《艺概》）

　　案点与染分开说，而引词以证之，阅者无不点首。得画家三昧，亦得词家三昧。（《词学集成》引江顺诒语）

　　　　①柳永《雨霖铃》作“念去去千里烟波，暮霭沉沉楚天阔。多情自古伤离别，更那堪冷落清秋节！今宵酒醒何处？杨柳岸晓风残月。”

　　点染是画家手法，有些处加点，有些处渲染。这里借来指有些处点明，有些处烘托，点明后用景物来烘托，更有意味。柳永《雨霖铃》：“念去去千里烟波，暮霭沉沉楚天阔。”点明“去去”，就用千里烟波，暮霭沉沉，楚天空阔，三样景物来烘托，衬出远别的离情。接下去说："多情自古伤离别，更那堪冷落清秋节"，这里点明"伤离别"，用"冷落清秋节"来渲染，再衬上多情，更觉难堪，所以说"更那堪"。这是一重渲染。再有这句点明在冷落的清秋节伤离别，说"今宵酒醒何处？杨柳岸晓风残月"，用杨柳岸、晓风、残月三样东西构成一种凄清的意境，来烘托在清秋节伤离别的感情。这是又一重渲染。这里有两重渲染，显得感情的色彩更浓重。这样，先点明，后用景物渲染，烘托感情，收到情景相生的效果。

诗里用点染的，像韦应物的《闻雁》："故园渺何处，归思方悠哉。淮南秋雨夜，高斋闻雁来。"点明归思，用秋雨、雁声来烘托。岑参《碛中作》："今夜不知何处宿，平沙万里绝人烟。"点明无处投宿，用平沙万里来渲染。韦应物《休日访人不遇》："怪来诗思清人骨，门对寒流雪满山。"点明诗思很清，用寒流和雪来渲染。全诗的意境都从烘托中表现出来。

侧重和倒装

一

《漫叟诗话》云："前人评杜诗云：'红豆啄残①鹦鹉粒，碧梧栖老凤凰枝'，若云'鹦鹉啄残红豆粒，凤凰栖老碧梧枝'，便不是好句。余谓词曲亦然。李景②有曲，'手卷真珠上玉钩'，或改为'珠帘'，舒信道有曲云，'十年马上春如梦'，或改云'如春梦'，非所谓遇知音。"（胡仔《苕溪渔隐丛话》前集卷五十九）

沈存中："'红稻啄余鹦鹉粒，碧梧栖老凤凰枝'，此盖语反而意宽。韩退之《雪诗》，'舞镜鸾窥沼，行天马渡桥'，亦效此体，然稍牵强，不若前人之语浑也。"沈之说如此。盖以杜公诗句，本是"鹦鹉啄余红稻粒，凤凰栖老碧梧枝"，而语反焉。韩公诗句，本是"窥沼鸾舞镜，渡桥马行天"，而语反焉。韩公诗，从其不反之语，义虽分明而不可诵矣，却是何声律也③？若杜公诗则不然④，特纪其旧游之渼陂，所见尚余红稻在地，乃宫中所供鹦鹉之余粒，又观所种之梧年深，即老却凤凰所栖之枝。既以红稻碧梧为主，则句法不得不然也。（郭知达《九家集注杜诗》卷三十《秋兴八首》其八"香稻"句下注）

……盖韵文之制，局囿于字句，拘牵于声律，散文则无此等禁限。韵语既困羁绊而难纵放，苦绳检而乏回旋，命笔时每意溢于句，字出乎韵，类旅人收拾行媵，物多箧小，安纳孔艰。无已，"上字而抑下，中词而外出"（《文心雕龙·定势》），必于窘迫中矫揉料理，故歇后倒装，不通欠顺，而在诗词中熟见习闻，安焉若素。此无他，笔舌韵散之"语法程度"，各自不同，韵文视散文得以宽限减等尔。后世诗词险仄尖新之句，《三百篇》每为之先。如李颀《送魏万之京》："朝闻游子唱骊歌，昨夜微霜初渡河"（"昨夜微霜，〔今〕朝闻游子唱骊歌，初渡河"），白居易《长安闲居》："无人不怪长安住，何独朝朝暮暮闲"，（"无人不怪何〔以我〕住长安〔而〕独〔能〕朝朝暮暮闲？），黄庭坚《竹下把酒》："不知临水语，能得几回来"（"临水语，不知能得几回来"）；皆不止本句倒装，而竟跨句倒装，《诗·七月》已导夫先路："七月在野，八月在宇，九月在户，十月蟋蟀入我床下"（"蟋蟀七月在野，八月在宇，九月在户，十月入我床下"）。词之视诗，语法程度更降，声律愈严，则文律不得不愈宽，此又屈伸倚伏之理。如刘过《沁园春》："拥七州都督，虽然陶侃，机明神鉴，末必能诗"（"陶侃虽然〔作〕拥〔有〕七州〔之〕都督"）；元好问《鹧鸪天》："新生黄雀君休笑，占了春光却被他"（"君休笑，却被他新生黄雀占了春光"）；属词造

句，一破"文字之本"，倘是散文，必遭勒帛。(钱锺书《管锥编·毛诗正义·雨无正》)

①红豆啄残：当作香稻啄余。下文的红稻也当作香稻。②李景：当作李璟，即南唐中主。③这是说，韩愈的两句诗，要是顺着说，不成声律；即"窥沼鸾舞镜('舞'字，《韩昌黎集》作'入')，渡桥马行天"，为平仄平仄仄，仄平仄平平，不符合律诗平仄的规定，律诗的平仄当作平仄平平仄，仄平平仄平。④不然：不这样。这是说，即就声律说，杜甫的两句诗也同韩愈的不一样。杜甫的两句顺着说，"鹦鹉啄余香稻粒，凤凰栖老碧梧枝"，即平仄仄平平仄仄，仄平平仄仄平平，完全符合律诗的规定。这里的含意是说，韩愈的两句不能不倒说，因为一顺说就不合声律。杜甫的两句可以倒说也可以顺说，在声律上没问题，那么他所以要倒说，是意义上的要求，不是声律关系。

杜甫《秋兴八首》的第八首里，有"香稻啄余鹦鹉粒，碧梧栖老凤凰枝"，照字面看，像不好解释，要是改成"鹦鹉啄余香稻粒，凤凰栖老碧梧枝"，就很顺当。为什么说这样一改就不是好句呢？原来杜甫这诗是写回忆长安景物，他要强调京里景物的美好，说那里的香稻不是一般的稻，是鹦鹉啄余的稻；那里的碧梧不是一般的梧桐，是凤凰栖老的梧桐，所以这样造句。就是"香稻——鹦鹉啄余粒，碧梧——凤凰栖老枝"，采用描写句，把重点放在香稻和碧梧上，是侧重的写法。要是改成"鹦鹉啄余香稻粒，凤凰栖老碧梧枝"，便成为叙述句，叙述鹦鹉凤凰的动作，重点完全不同了。再说，照原来的描写句，侧重在香稻碧梧，那么所谓鹦鹉啄余，凤凰栖老都是虚的，只是说明香稻碧梧的不同寻常而已。要是改成叙述句，好像真有鹦鹉凤凰的啄和栖，反而显得拘泥了。说鹦鹉啄余还可解释，说凤凰栖老显然是虚的。因此，把"香稻""碧梧"提前并不是倒装句法，是侧重在香稻碧梧上。

上文又谈到韩愈的《春雪》诗句，"入镜——鸾窥沼，行天——马渡桥"，所谓"入镜"，是说鸾鸟在池上看到自己的影子；所谓"行天"，是对马过高桥时的感觉，是侧重地写出作者的感觉。

再像不说"珠帘"而说"真珠"，侧重珠字，显示生活的富丽，运用夸张手法。再说，珠帘也可以解释作装饰着珠子的帘子，而"真珠"是指用真珠串成的帘子，两者含义并不一样。"春如梦"和"如春梦"，侧重点也不同。"春如梦"是说春天像在梦中，"如春梦"是说像在春梦里，不一定指春天。由于侧重点不同，意义也不一样。

"香稻"两句除了侧重的写法外，这两句里还有倒装，那是"鹦鹉啄余""凤凰栖老"这样的主谓结构把它颠倒成"啄余鹦鹉""栖老凤凰"，即把谓语放在主语前了。这是为了平仄关系的倒装，要是不倒装，作"香稻（仄）鹦鹉（仄）啄余（平）粒（仄），碧梧（平）凤凰（平）栖老（仄）枝（平）"，用音步来说，即仄——仄——平——仄，平——平——仄——平（双字构成的音步以第二字为准，如"香稻"是平仄，根据第二字作仄音步），那就变成两个仄音步和两个平音步连用，不符合律诗的格律，所以把它颠倒一下，说成"啄余鹦鹉""栖老凤凰"。这样为了平仄关系而把主谓结构颠倒一下，在诗里是容许的。如杜甫《阁夜》，"野哭千家闻战伐"，是千家野哭。王维《出塞作》，"居延城外猎天骄"，是天骄（外族的首领）在打猎。都是把主谓结构颠倒一下，同"啄余鹦鹉""栖老凤凰"一样。但这种主谓结构的倒装，以不引起误解为限。如"香稻啄余鹦鹉粒"，只能是鹦鹉啄，不能是香稻啄，不会引起误解。再像"猎天骄"，猎是打猎，只能是天骄去打猎，不能作别解，也不会引起误解。

再看钱锺书先生讲的诗词中的倒装句，如《七月》里的"蟋蟀"，倘作"蟋蟀七月在野，……十月入我床下"，完全可以，那么这个倒装，又有侧重的作用，即侧重在"入我床下"，大概蟋蟀入我床下，更引起我的注意，才唤起我想到它七月在野，八月在宇，九月在户，才使我感到天气由热转凉了。

至于律诗和词里的倒装，出于格律上的需要，说明诗词的结构同散文不同，散文所不能容许的，诗词可以容许。像"朝闻游子唱骊歌，昨夜微霜初渡河"，这个"初渡河"的主语，是承上省去，即"游子"，即今见游子初渡河，"昨夜微霜"正点明时令，这个点明时令的话是可以移后的。这里虽倒装，但不会引起误解。也因为是先听见唱骊歌，后看见初渡河，所以这样来分先说什么，后说什么的。"无人不怪长安住，何独朝朝暮暮闲"。在这里，"怪我""独我"的"我"在诗里是可以省略的。倘住在乡下，那么天天闲着也不奇怪，住在长安，朝暮闲着就可怪，所以把"长安住"提前，再说明怪我什么，也有突出"长安住"的意味，显出我与众不同。"不知临水语，更得几回来"（据《山谷外集》卷三），这个"不知"，为什么不是"临水语"，而是"不知更得几回来"呢？因为临水语，不论是我说的，或他说的，我都知道，不是不知，所以不知的不是临水语，只能是不知更得几回来。还有，这里用柳宗元《再上湘江》诗："不知从此去，更遭几年回。"所以这里含有，临水语，不知从此去，更得几回来。看了它的出处，就更明白了。由于"不知"的不能是"临水语"，所以这样的倒装也不会引起误解。"拥七州都督，虽然陶侃"，这里把主语"陶侃"移后，主谓结构倒装前面已讲过了。"新生黄雀君休笑，占了春光却被他"，即君休笑新生黄雀，"新生黄雀"是"笑"的宾语，宾语提前也是可以的，不会引起误解。"却被他占了春光"，"占了春光"是"他"的谓语，谓语提前也可以。因为这样倒装，不会引起误解。总之，诗词中结构的倒装，有出于修辞上的需要，有限于格律，像以上各例，都不会引起误解，所以是可容许的。

二

老杜多欲以颜色字置第一字，却引实字来。如"红入桃花嫩，青归柳叶新"是也。不如此，则语既弱而气亦馁。他如"青惜峰峦过，黄知橘柚来""碧知湖外草，红见海东云""绿垂风折笋，红绽雨肥梅""红浸珊瑚短，青悬薜荔长""翠深开断壁，红远结飞楼""翠干危栈竹，红腻小湖莲""紫收岷岭芋，白种陆池莲"，皆如前体。若"白摧朽骨龙虎死，黑入太阴雷雨垂"，益壮而险矣。（范晞文《对床夜语》卷三）

　　杜甫的另一种侧重写法，是用颜色字放在句子头上，或用颜色构成的词组放在句子头上，下面再加说明。

　　用颜色字放在句子头上的，如《放船》："青——惜峰峦过，黄——知橘柚来。"《晴二首》之一："碧——知湖外草，红——见海东云。"《秋日夔州咏怀》："紫——收岷岭芋，白——种陆池莲。"看到青色，爱峰峦在船前过去，看到黄色，知道成熟的橘柚过来；看到碧色，知道是湖外草绿，看到红色，知道是东方海上的云霞；紫色的是从岷岭收获来的芋，白色的是在陆上开凿的池中莲花。

　　用颜色构成词组放在句子头上的，如《陪郑广文游何将军山林十首》之五："绿垂——风折笋，红绽——雨肥梅。"《观李固请司马弟山水图三首》之三："红浸——珊瑚短，青悬——薜荔长。"《晓望白帝城盐山》："翠深——开断壁，红远——结飞楼。"《寄岳州贾司马巴山严八使君》："翠干——危栈竹，红腻——小湖莲。"色绿而下垂的是被风吹折的笋，色红而饱满的是经雨滋润的肥大梅子；色红而浸在水里的是短短的珊瑚，色青而挂下来的是长长的薜荔；深翠色的是山壁上的裂缝，远远的红色是高耸的红楼；青翠而带干枯的是栈道上的竹子，色红而腻的是小湖中的莲花。

　　这样把色彩放在句子头上，要把色彩突出来，也是侧重写法。这种写法，给读者以色彩鲜明的感觉，在有些场合也符合生活的真实。比方诗人坐着船前进，先看到黄色，再知道是橘柚。还有，先写色彩确实使句子挺拔，比方作"风折笋垂绿，雨肥梅绽红""峰峦惜青过，橘柚知黄来"，句就软弱。这可能由于先写色彩，再加说明，容易引起人的注意，较有吸引力。比方"绿垂风折笋"，看到"绿垂"时，不知是讲什么，自然注意看下去。要是说"风折笋垂绿"，就没有这种吸引力。这里也显出修辞的作用来。

对　偶

一

有扇对，又谓之隔句对。如郑都官①"昔年共照松溪影，松折碑荒僧已无。今日还思锦城事，雪销花谢梦何如？"等是也。盖以第一句对第三句，第二句对第四句。

有借对。孟浩然"厨人具鸡黍，稚子摘杨梅。"太白"水春云母碓，风扫石楠花。"少陵"竹叶于人既无分，菊花从此不须开。"言之者有是也。

有就句对者，又曰当句有对。如少陵"小院回廊春寂寂，浴凫飞鹭晚悠悠"，李嘉祐"孤云独鸟川光暮，万里千山海气秋"是也。（严羽《沧浪诗话》）

唐人诗文或于一句中自成对偶，谓之当句对。盖起于《楚辞》"蕙蒸兰藉""桂酒椒浆"②"桂枅兰橹"，"斫冰积雪。"③自齐梁以来，江文通、庾子山诸人亦如此。如杜诗"小院回廊春寂寂，浴凫飞鹭晚悠悠""清江锦石伤心丽，嫩蕊浓花满目

斑""书签药裹封蛛网，野店山桥送马蹄""戎马不如归马逸，
千家今有百家存"……（洪迈《容斋诗话》卷二）

此体（当句对）创于少陵，而名定于义山。少陵《闻官
军收两河》云："即从巴峡穿巫峡，便下襄阳向洛阳。"《曲江
对酒》云："桃花细逐杨花落，黄鸟时兼白鸟飞。"《白帝》云："戎
马不如归马逸，千家今有百家存。"义山《杜工部蜀中离席》云：
"座中醉客延醒客，江上晴云杂雨云。"《春日寄怀》云："纵使
有花兼有月，可堪无酒又无人。"又七律一首，题曰"当句有对"，
中一联云："池光不定花光乱，日气初涵露气干。"（钱锺书《谈
艺录》）

①郑都官：晚唐诗人郑谷官都官郎中。②《楚辞·九歌·东皇
太一》："蕙肴蒸兮兰藉，奠桂酒兮椒浆。"蕙肴蒸，用蕙草蒸肉；兰藉，
用兰作垫。桂酒，桂花酒；椒浆，用椒放在浆中制成。③《九歌·湘
君》："桂櫂兮兰枻，斲冰兮积雪。"桂櫂（zhào 照），用桂树作成的
桨。兰枻（yì 异），用木兰作成的船旁板。斲（zhuó 卓），砍。

这几则都是讲对偶的。律诗中的对偶，一般说来，三四
句相对，五六句相对，要求字数相等、平仄相对、句法相
当。如杜甫《咏怀古迹》中的两联，即第三句到第六句：

支离（平）——东北（仄）——风尘（平）——际（仄），

漂泊（仄）——西南（平）——天地（仄）——间（平）。

三峡（仄）——楼台（平）——淹日（仄）——月（仄），

五溪（平）——衣服（仄）——共云（平）——山（平）。

这里第三四句相对，第五六句相对。每句都是七字，是字数相等。"支离"对"漂泊"都是连绵词。"东北"对"西南"都是方位词。"风尘"对"天地"都是名词，这里还含有"风"对"尘""天"对"地"的各自相对。"际"对"间"意义相近。"三峡"对"五溪"都是地名，又都有数字。"楼台"对"衣服"都是名词，这里还含有"楼"对"台""衣"对"服"的各自相对。"淹"对"共"都是动词。"日月"对"云山"都是名词，这里还含有"日"对"月""云"对"山"的各自相对。这是句法相当。就平仄说，古代诗的音节以两字或一字为一顿，称音步，双音步如"东北""五溪"，单音步如"际""间"。双音步的平仄以第二字为准，如"东北（平仄）"为仄音步，"五溪（仄平）"为平音步。律诗的对偶，要求仄音步对平音步，平音步对仄音步，如"支离（平）"对"漂泊（仄）""东北（仄）"对"西南（平）"，这就是平仄相对。这是律诗中最常见的对偶，是就形式说的。就意义说，又有"流水对""正对""反对"的分别。

"流水对"就是两句的意思联贯而下，好像不是对偶。如王之涣的《登鹳雀楼》："白日依山尽，黄河入海流。欲穷千里目，更上一层楼。"白日""黄河"是两句并列写景，意思不是联贯的。"欲穷""更上"两句，意思联贯而下，好像不是对偶，实际上对得很工整，是流水对，是很好的对偶。因为对偶的好处是符合于美学上的所谓均齐，但过于求均齐又怕呆板，又怕迁就对偶这种形式而损害内容。流水对既有均齐之美，又自然而不呆板，意思联贯而下并不损害内容，所以是很好的对偶。

《文心雕龙·丽辞》说："反对为优，正对为劣。"

正对是并列的事物相对，反对是相反的事物互相映衬。在诗中，正对很多，反对很少，所以用正反来分优劣的话在律诗中并不适用。像上引的"支离""漂泊""三峡""五溪"都是正对。反对的例子，如《书·大禹谟》："满招损，谦受益。"陆游《秋夜读书》："白发无情侵老境，青灯有味似儿时。"律诗中绝大多数是正对，古人并不认为"正对为劣"，因为用诗来抒情达意，不可能要求对偶的句子都是意义相反的。

这里指出扇对即隔句对，是一二句同三四句相对，如郑谷《寄裴晤员外》诗。借对，如孟浩然《裴司士员司户见寻》诗中"鸡黍"对"杨梅"，"杨"和"羊"同音，所以能同"鸡"相对。李白《送内庐山寻女道士李腾空》诗中"云母碓"对"石楠花"，"楠"和"男"同音，和"母"相对。杜甫《九日》诗中"既无分"对"不须开"，这个"分"是"本分"之"分"，同"分散"之"分"是一个字，和"开"相对。

这里又指出当句对，即一句中自相对，如《楚辞·九歌·东皇太一》，"蕙肴蒸兮兰藉，奠桂酒兮椒浆"，《九歌·湘君》，"桂櫂兮兰枻，斫冰兮积雪"，这里"蕙蒸"对"兰藉"，"桂酒"对"椒浆"，"桂櫂"对"兰枻"，"斫冰"对"积雪"。杜甫《涪城县香积寺官阁》，"小院回廊春寂寂，浴凫飞鹭晚悠悠"，"小院"对"回廊"，"浴凫"对"飞鹭"。李嘉祐《同皇甫冉登重玄阁》诗中"孤云独鸟""万里千山"，各自为对。杜甫《白帝》，"戎马不如归马逸，千家今有百家存"，"戎马"对"归马"，"千家"对"百家"。这样，当句对有两种，一种是字面不同的，如

"小院"对"回廊",一种是有一个字相同的,如"戎马"对"归马"。

二

尹文端公^①论诗最细,有差半个字之说。如唐人"夜琴知欲雨,晚簟觉新秋。""新秋"二字,现成语也;"欲雨"二字,以"欲"字起"雨"字,非现成语也,差半个字矣。以此类推,名流多犯此病,必云"晚簟恰宜秋","宜"字方对"欲"字。(袁枚《随园诗话》卷二)

晋宋间诗人造语虽秀拔,然大抵上下句多出一意。如"鱼戏新荷动,鸟散余花落。""蝉噪林逾静,鸟鸣山更幽"之类,非不工矣,终不免此病。(魏庆之《诗人玉屑》卷三引《蔡宽夫诗话》)

王荆公以"风定花犹落"对"鸟鸣山更幽",则上句静中有动,下句动中有静。(又《诗人玉屑》卷三引沈括《梦溪笔谈》)

耿沩《赠田家翁》诗:"蚕屋朝寒闭,田家昼雨闲。"此写出村居景象;但上句语拙,"朝""昼"二字合掌。若作"田家闲昼雨,蚕屋闭春寒",亦是王孟手段。(谢榛《四溟诗话》卷一)

①尹文端公:即清朝人尹继善。

这里讲的"差半个字"是属于对句中的句法问题。"欲雨"对"新秋","新"是修饰"秋"的,"欲"不是修饰"雨"的,两者结构不一样,所以说差半个字。改为"宜秋",同"欲雨"的结构相似,就对得更工了。

对偶句还要避免内容的重复,要是两句内容不同而用意相同的,也不免美中不足。如王藉《若耶溪》诗:"蝉噪林逾静,鸟鸣山更幽。"正像说听见滴答钟声越显得夜深人静,两句同样说有了声音(蝉噪、鸟鸣),反而越显出环境的幽静,所以王安石把它同谢贞《春日闲居》诗"风定花犹落"配合起来,构成"风定花犹落,鸟鸣山更幽"的对句,这样,一句写所见,一句写所闻,看到的是静中有动,听到的是动中见静,不是一意,就更工了。这里讲的一意还是内容不同,如一讲蝉噪,一讲鸟鸣;要是两句内容相同就成为合掌了。

"合掌"是对偶中的毛病,就是两句词意有重复。如刘琨《重赠卢谌》:"宣尼悲获麟,西狩涕孔丘。"鲁国人在西边打猎打到一只麒麟,孔子知道了为此流泪,感叹他的道行不通了。这里的"宣尼"和"孔丘"都指孔子,"悲"就是"涕","获麟"和"西狩"是一件事。这两句意思完全一样,是合掌。要是换一种说法,如"西狩忽获麟,道穷泣孔丘",就不是合掌了。像这样的合掌,只是作者不注意,是可以避免的。这里举的"蚕屋朝寒闭,田家昼雨闲",两句意思不同,"朝"和"昼"照字面看意思也不一样,谢榛以为合掌,可能认为"朝"有从朝到晚意,与"昼"字意思相同;但"朝寒"是早晨寒冷,不是一天到晚冷,所以和"昼"字并不重复;要是以"朝"与"昼"内容部分相同也算合掌,那就立论太苛刻了。这里指出把"蚕屋朝寒闭,田家昼雨闲",改作"田家闲昼雨,蚕屋闭春寒",就是王维、孟浩然的写法。这两者的不同，前者是把动词"闭""闲"放在"朝寒""昼雨"后面，后者是把"闭""闲"放在"朝寒""昼雨"前面。看王维《送平澹然判官》："黄云断春色，画角起边愁。瀚海经年到，交河出塞流。"前两句，"断""起"在前，和"闭""闲"在前同；后两句"到""流"在后，和"闭""闲"在后同。孟浩然《李公园卧疾》："春雷百卉坼，寒食四邻清。伏枕嗟公干，归田羡子平。"前两句"坼""清"在后，后两句"嗟""羡"在前。不能说这样的动词或形容词在前是王、孟家风，在后就不是王、孟家风。王、孟风格决定于他们的意境，不决定于用词。

文中的对偶同律诗中的对偶稍有不同。律诗中的对偶要限字数，文中的对偶可长可短，不限字数。律诗中的对偶要避免重复的字（句内可以重复，上句和下句中的字要避重复），文中的对偶中尤其是虚字不必避。律诗中的对偶要讲平仄，一般的对偶要求不这样严格。如王勃的《滕王阁序》："老当益壮，宁知白首之心；穷且益坚，不坠青云之志。"这里有两个"益"字"之"字，可以重复。又如《荀子·解蔽》："生则天下歌，死则天下哭。"不但"天下"可以重复，也不讲究平仄。不过发展到后来的对联，也要讲究平仄和避免重复的字了。

互文和互体

　　"秦时明月"一章，前人推奖之而未言其妙。盖言师劳力竭而功不成，由将非其人之故，得飞将军备边，边烽自熄，即高常侍《燕歌行》归重"至今人说李将军"也①。

　　边防筑城，起于秦汉。明月属秦，关属汉，诗中互文。（沈德潜《说诗晬语》）

　　杜少陵诗云："风含翠篠娟娟净，雨裛②红蕖冉冉香。"上句风中有雨，下句雨中有风，谓之互体。杨诚斋③诗："绿光风动麦，白碎日翻池"，亦然。上句风中有日，下句日中有风。（罗大经《鹤林玉露》卷七）

　　①原诗作"君不见沙场争战苦，至今犹忆李将军。"也讽刺当时边将没有像李广那样的人才，使敌人不敢来侵犯。②裛（yì意）：沾湿。③诚斋：宋诗人杨万里的号。

　　互文是两个词（比方"秦汉"）本来要合在一起说的，

如"秦汉时明月秦汉时关"，可是为了音节和字数的限制，要省去一个，于是前面省去个"汉"字，后面省去个"秦"字，解释时要把两个词合起来讲。如王昌龄《出塞》"秦时明月汉时关"，是诗中的一种特殊结构，实际是说，月是古时的月，关是古时的关，用秦汉指古，即秦汉时明月秦汉时关，是互文见义。诗中有此用法。如《古诗十九首》："迢迢牵牛星，皎皎河汉女。"说牵牛星遥远，织女星明亮，也是互文，即迢迢皎皎牵牛星，皎皎迢迢河汉女。再像《木兰辞》："雄兔脚扑朔，雌兔眼迷离。"扑朔状跳跃，迷离状眼睛眏动，也是互文，即雄兔脚扑朔眼迷离，雌兔眼迷离脚扑朔，所以两兔在地上跑时，很难分别谁雌谁雄。不光诗里有互文，文中也有互文。像《文心雕龙·神思》："子建援牍（拿起纸）如口诵，仲宣举笔似宿构。"曹植拿起纸来写像口里念熟似的，王粲拿起笔来写像早已做好似的。光拿纸或光拿笔都不能写作，所以这里实际是"子建援牍举笔""仲宣举笔援牍"，也是互文。

互体是上文的话里含有下文说出的词在内，下文的话里含有上文说出的词在内。杜甫《狂夫》诗："风含翠篠娟娟净，雨裛红蕖冉冉香。"一句写微风中的绿竹，一句写细雨中的红荷花，句里点明风和雨。说风的句里也含有雨意，在细雨中绿竹更显得洁净美好，所以说"娟娟净"。说雨的句里含有风意，所以闻到红荷花的冉冉香气。杨万里的诗："绿光风动麦，白碎日翻池。"一句说风中的麦子在摇动，一句说日光照在池子的水波上。说风的句里也含有日光，所以说

"绿光";说日光的句里也有风,所以水上有波浪把日光翻动捣碎。江浩然《杜诗集说》引罗大经话,说道:"但杜本无心,杨则有意矣。"

杜甫的一联写得自然,他看到风中翠竹的美好洁净,闻到雨里红莲的冉冉清香,不是有意要在风中见雨,在雨中见风;所以说"杜本无心"。杨万里的诗"白碎日翻池",就显得费力,不自然,看出有意做作的痕迹,所以说"杨则有意"。这里表示杨不如杜。

互文和互体相类似而稍有不同。互体的句子,不知道它是互体同样可以解释,如说风中翠竹美好洁净。互文的句子,不知道它是互文有时就不好解释,如"秦时明月汉时关",为什么明月属秦关属汉,不好讲。"雄兔脚扑朔,雌兔眼迷离",既然雄兔和雌兔这样不同,那么只要看它们的脚和眼就可分出雌雄来,为什么说分不出雌雄呢?不作互文,就不好讲了。

修　改

一

《漫叟诗话》云：“桃花细逐杨花落，黄鸟时兼白鸟飞。”
李商老云：“尝见徐师川说，一士大夫家有老杜墨迹，其初云，‘桃
花欲共杨花语’，自以淡墨改三字，乃知古人字不厌改也。不然，
何以有日锻月炼之语？”（胡仔《苕溪渔隐丛话》前集卷八）

这一则讲杜甫改诗的例。杜甫在《解闷》之七里说“新
诗改罢自长吟”，可见他是很注意改诗的。这里举的一首，原
作“桃花欲共杨花语”，用的是拟人手法，改为“桃花细逐
杨花落”是描写。为什么要把拟人手法改掉呢？只有从原诗
《曲江对酒》来看：“苑外江头坐不归，水晶宫殿转霏微。桃
花细逐杨花落，黄鸟时兼白鸟飞。纵饮久判人共弃，懒朝真与
世相违。吏情更觉沧州远，老大悲伤未拂衣。”当时，杜甫坐
在长安的风景区曲江，对着酒，想到自己为人所弃，跟当权派
合不来，在长安无事可做，心情懒散而无聊。所以老是坐在江

头不想回去，坐得久了，因而注意到"桃花细逐杨花落，黄鸟时兼白鸟飞"，这样写，正衬出他空闲无聊的心情。要是作"桃花欲共杨花语"，用拟人法，就同当时懒散无聊的心情不相适应了。要是写无限幽怨的心情，那么用拟人法就比较合适，如欧阳修《蝶恋花》："泪眼问花花不语，乱红飞过秋千去。"问题不在于能不能用拟人法，在于用得合不合适，只要合适就好。

二

齐己《早梅》诗："前村深雪里，昨夜数枝开。"郑谷曰："数枝，非早也，未若'一枝'。"（宋长白《柳亭诗话》卷三）

蘧①尝于欧阳文忠公诸孙望之处得东坡先生数诗稿，其和欧叔弼诗，"渊明为小邑"，继圈去"为"字，改作"求"字，又连涂"小邑"二字，作"县令"字，又三改乃成今句。至"胡椒铢两多，安用八百斛？"初云"胡椒亦安用，乃贮八百斛？"若如初语，未免后人疵议，又知虽大手笔，不以一时笔快为定，而惮屡改也。（何薳《春渚纪闻》卷七）

《东皋杂录》云："鲁直《嘲小德》有'学语春莺啭，书窗秋雁斜'。后改曰：'学语啭春莺，涂窗行暮鸦。'以是知诗文不厌改也。"（胡仔《苕溪渔隐丛话》后集卷三十一）

①薳：宋代人何薳，《春渚纪闻》作者。

"前村深雪里，昨夜数枝开"，一夜里，早开的梅花有几枝开放，这是写实，写得很自然，也跟《早梅》这题目切合。把"数枝开"改成"一枝开"来迁就"早"字，反而显出做作的痕迹。事实上，一棵树上的花在一夜中开放时，不会只有一枝开的，改为一枝开，反而不真实。再说，不该为了迁就题目，把真实的描写改得不真实。所以这两句诗不必改。

苏轼诗，先作"渊明为小邑"，可以解作做小县县官，也可解作治理小县，有歧义。再作"渊明求小邑"，是求个小县官做，但求官没点明；三作"渊明求县令"，才点明了。这样点明，更能显示陶渊明因家境穷困求做小官的心情，含意要丰富。"胡椒亦安用，乃贮八百斛？"是说胡椒又有什么用，却贮藏到八百斛那样多？这里前一句有毛病，因为胡椒是有用的东西。改为"胡椒铢两多"，二十四铢为一两，胡椒是调味品，只要铢两重已经多了，哪儿用得到八百斛？这样说就没有问题了。这是指唐代的元载尽量贪污财物，后来抄家时，单就胡椒一项说就有八百斛。

黄庭坚嘲小孩的诗，"学语春莺啭，书窗秋雁斜"，第一句说小孩学语像黄莺叫，这话没问题。第二句作"书窗"，好像这个小孩会在窗上写字了，并且写得像秋雁飞时成为斜笔的人字形那样整齐，这就不符合真实了。因为学语的小孩不会写字，更不会写得整齐。改成"涂窗行暮鸦"，用墨笔在窗上乱涂，涂成一团团黑的，像乌鸦，这就对了。

三

贾岛初赴举在京师，一日于驴上得句云："鸟宿池中①树，僧敲月下门。"又欲作"推"字，炼之未定。于驴上吟哦，引手作推敲之势，观者讶之。时韩退之权京兆尹[2]，车骑方出。岛不觉行至第三节，尚为手势未已。俄为左右拥至尹前，岛具对所得诗句，"推"字与"敲"字未定，神游象外，不知回避。退之立马久之，谓岛曰："敲字佳。"遂并辔而归，共论诗道，留连累日，因与岛为布衣之交。（阮阅《诗话总龟》卷十一）

①中：当作"边"。②权：代理。京兆尹：京城地方长官。

贾岛《题李凝幽居》："闲居少邻并，草径入荒园。鸟宿池边树，僧敲月下门。"这几句诗并不好，只是他对作诗非常认真，一个字都不肯放过，要反复研究，这种精神还是可取的。对于用"敲"字还是"推"字，韩愈认为"敲"字好。王夫之在《姜斋诗话》里说："若即景会心，则或推或敲，必居其一；因景因情，自然灵妙，何劳拟议哉！"诗人不是为写景而写景，景物有会于心，可以用来表达情意，才写，所谓"即景会心"。究竟是"敲"还是"推"合于情意呢？假如诗人已经有了要表达的情意，那么两字中哪个字合于情意，当下就可决定，用不到反复推求。问题是诗人对所要表达的情意还不明确，所以决不定。就这首诗看，敲的该是李凝幽居的门，这个僧可能是作者自指，因作者出家为僧，法名无本。那他在晚上去找李凝，应该敲门，才和幽居相应。从音节上说，敲字也较为响亮。

四

"璧门金阙倚天开，五见宫花落古槐。明日扁舟沧海去，却将云气望蓬莱。"此刘贡父诗也，自馆中出知曹州时作。旧云"云里"，荆公改作"云气"。(《诗人玉屑》卷六"改一字"引《王直方诗话》)

刘攽字贡父，他因不同意王安石的新法，从朝廷调到曹州去做官。五次看见宫槐花落，说明在朝廷做了五年官。他到曹州去，还在想望朝廷。蓬莱是仙山，唐朝京城有蓬莱宫，"望蓬莱"是想望朝廷。仙山在云里，所以要从云里望蓬莱。但刘攽既从朝廷贬官到地方，在地方上就不好说在云里了，所以王安石要把它改为"云气"吧。改为"云气"，就是把望云气当作望蓬莱了，可能因为蜃气也是云气，蜃气里有楼台城阙吧。王安石改诗的例子，参见《精警》四。

精　警

　　陶潜诗："采菊东篱下，悠然①见南山。"采菊之次②，偶然见山，初不用意，而境与意会，故可喜也。今皆作"望南山"。杜子美云："白鸥没浩荡③，万里谁能驯"，盖灭没于烟波间耳。而宋敏求谓余云，"鸥不解没④"，改作"波"字。二诗改此两字，便觉一篇神气索然⑤也。（苏轼《东坡志林》）

　　①悠然：状态度从容。②采菊之次：在采菊中；次：处所，犹中。③浩荡：水势广阔。④鸥不会钻到水里去。⑤神气索然：毫无精神；索然：尽，没有。

　　诗的语言最精练，往往差了一个字就会影响一句诗，甚至会影响一首诗的艺术性。古人称这样的字为"诗眼"。诗眼也好比人的眼睛，从前顾恺之画人物极有名，他画人物时非常注意画眼睛，说："传神写照，正在阿堵（这个）中。"就是要在眼睛里传达出人物的神情来。诗眼也这样，也能传出一首

诗的精神，这个字用不好，也会使诗变得没有精神。苏轼在这
方面给我们举出两个例子。

陶渊明《饮酒》之五里讲他在东篱下采菊，无意中抬头
看见南山的风景很好，心里感到很大喜悦，所以说"悠然见南
山"。用"见"字表示无意中看到，改成"望"字，变成有
意地去望。无意看到为什么"境与意会"，有意去望为什么
"神气索然"呢？那得联系下面的话看，下面说："山气日夕
佳，飞鸟相与还。此中有真意，欲辨已忘言。"原来陶渊明在
归去来兮辞》里曾经把自己比做"鸟倦飞而知还"。所以他看
到南山的气象好，"飞鸟相与还"，想到自己脱离恶俗的官
场，感到内心的喜悦，这就是"境与意会"。这样的境界是
在无意中看到的，不可能有意去找。用"望"字变成有意
去找，就破坏了诗的意境，跟当时的情境不相合，变得毫
无诗意了。

杜甫的《奉赠韦左丞丈二十二韵》诗，写鸥鸟在浩渺无
边的万里烟波之中飞翔，没有谁能够驯服它，写出了广阔的境
界，写出了鸥鸟自由自在地飞翔。"没"指灭没，消失。写白
鸥的消失，才能显出万里烟波的广阔。这个"没"不是钻进水
里的意思。改成"白鸥波浩荡"，显不出白鸥的自在飞翔，所
以毫无精神了。这样一改，意义也全变了。"白鸥没"是主谓
结构，讲白鸥怎样；"白鸥波"是偏正结构，讲的是像白鸥的
波浪，即讲波浪，因此下句"万里谁能驯"变成驯波浪，不是
驯白鸥了。比方"鸳鸯瓦冷霜华重，翡翠衾寒谁与共"，鸳鸯
瓦、翡翠衾是讲瓦和衾，所以白鸥波也成了讲波浪了。

联系上文看，杜甫说："今欲东入海，即将西去秦（离
开长安）。"原来杜甫不愿再投奔腐朽的封建统治者，想离开

长安到东方去，他说成东入海，所以联系到海上白鸥，想象自己成为自由自在地飞翔的白鸥。要是改成"白鸥波"，变成讲波浪，就跟上文连不起来，歪曲了杜甫的诗意了。

<h1 style="text-align:center">二</h1>

元宗乐府词①云："小楼吹彻玉笙寒②。"（冯）延巳有"风乍起，吹皱一池春水"之句，皆为警策。元宗尝戏延巳曰："吹皱一池春水，干卿何事？"延巳曰："未若陛下'小楼吹彻玉笙寒'。"元宗悦。（马令《南唐书·冯延巳传》）

《雪浪斋日记》云：荆公问山谷云："作小词，曾看李后主词否？"云："曾看。"荆公云："何处最好？"山谷以"一江春水向东流"为对。荆公云："未若'细雨梦回鸡塞③远，小楼吹彻玉笙寒'。又'细雨湿流光'最好。"（胡仔《苕溪渔隐丛话》前集卷五十九）

南唐中主词："菡萏④香销翠叶残，西风愁起绿波间。"大有众芳芜秽，美人迟暮之感。乃古今独赏其"细雨梦回鸡塞远，小楼吹彻玉笙寒"，故知解人正不易得。（王国维《人间词话》）

①元宗：南唐中主李璟。乐府词：即词，因词是配合音乐的。

②在小楼上吹玉笙，玉笙的声音充满小楼，有寒意，透露出哀怨意。

③鸡塞：当即是鸡鹿塞，古代西部边关。④菡萏（hàn dàn 汗淡）：荷花。

　　这里，南唐的李璟、冯延巳，宋朝的王安石、黄庭坚直到《人间词话》的作者王国维，都举出了词中不同的警句，我们看看这些句子好在哪里。冯延巳的《谒金门》说："风乍起，吹皱一池春水。"这话写眼前景物，写得很自然。联系这首词来看，接下去写"闲引鸳鸯芳径里"，是一个女子在逗弄鸳鸯，从而引起她对远人的怀念。因此，这个"吹皱一池春水"就不是毫无关系的写景，正暗示女子的心给鸳鸯等搅动了。这就情景相生，写得自然而含蓄。

　　李璟的《摊破浣溪沙》："细雨梦回鸡塞远，小楼吹彻玉笙寒。"这两句也是写女子想念远人，那个远人出征驻守在边关上，女子在细雨声中醒来感到边关的遥远，她不再能入睡，吹着玉笙。这里写出女子想念远人的感情，从中透露出她的愁怨，写得形象而含蓄。

　　李璟的《摊破浣溪沙》："菡萏香销翠叶残，西风愁起绿波间。"写一个女子看到西风起来，水面的荷花凋零了，感到自己青春的容易消逝。通过具体景物来写人物心情，也写得情景相生。

　　李煜的《虞美人》："问君能有几多愁？恰似一江春水向东流。"用一江春水来比喻愁的多，用春水东流来比喻愁的无尽，写得概括性强，比喻形象而具体。"细雨湿流光"，写得非常细致，有特点。

　　前引的这些警句，哪个最好呢？除了"细雨湿流光"只有孤零零一句，原作已经看不到，不好评价外，别的几句，都是通过景物的描写来表达情意，写得情景相生，富有含意，都有技巧。我们似可从它们概括的广度和含义的深度来看。"吹皱一池春水"如上所说，有扰乱心境的含意，此外没有更深的意义。"细雨梦回"两句,写出了封建社会中妇女怀念远人的痛苦。它们都有含义,只是这个主题,在前人诗里已经写得很多,作者并没有作深一层的探索,说不上有多么深刻的思想性。

"菡萏香销"两句,结合全篇来看,它的含义是同"细雨梦回"相呼应的,因为这四句在一首词里,它们含义的深度该就整首词来考虑。从整首词看,"菡萏香销"两句同屈原《离骚》中"惟草木之零落兮,恐美人之迟暮"不同。屈原的担心草木凋零、美人迟暮,是感叹贤才的失意,政治抱负的无法实现,含义是很深刻的。"菡萏香销"两句照字面看同屈原的两句差不多,结合全篇的内容来看就很不同。王国维认为这两句最好,显然是用屈原那两句的含义来看这两句,把它的意义提得太高了。我们评价一句诗的含义还得结合全篇的意义来考虑,不能把它孤立起来夸大它的含义。因此,"菡萏香销"两句的含义不能说它特别高。不过"菡萏香销"和"细雨梦回"四句,比起"吹皱一池春水"来要深刻些。

"一江春水"句跟前几句不同。前几句都是设想妇女的痛苦,是替妇女想的,不是写自己的真感情。"一江春水"句是写自己的真感情,写的是"故国不堪回首月明中",即南唐被灭亡的痛苦,这种感情是真实的,对李煜说来也是深沉的,所以李煜写得最深刻。

三

陈舍人从易……偶得杜集旧本,文多脱误。至《送蔡都尉诗》云．："身轻一鸟□。"其下脱一字，陈公因与数客各用一字补之：或云"疾"，或云"落"，或云"起"，或云"下"，或云"度"，莫能定。其后得一善本，乃是"身轻一鸟过"。陈公叹服，以为虽一字，诸君亦不能到也。（欧阳修《六一诗话》）

　　一个旧本子的杜甫诗集，在《送蔡都尉诗》里缺了一个字，大家给它补一个字，后来找到一个没有缺字的本子，才知道大家补得都不对，并且认为杜甫用得字好，大家补得不好。究竟杜甫用得字为什么好，大家补得字为什么不好呢？

　　从全诗看，这是赞美蔡希鲁的武艺高强的，两句诗是"身轻一鸟过，枪急万人呼"。上句讲他善于纵跳的轻身功夫，下句讲他善于使枪。"一鸟过"讲他跳跃如飞，用"过"字写出他跳得又高，又快，又轻，在诗人眼前像一只鸟飞过那样。这虽是一个平常的字，用在这里却生动地把蔡希鲁的高强本领表现出来了。再看别人补得字。"一鸟疾"，"疾"指快，它宜与别的动词结合，如"疾飞"，光用一个"疾"字不好。"一鸟落"，"一鸟起"，"一鸟下"，着重在动作的开始或结束，杜甫在这句里显然不是在讲他纵跳的开始或结束，所以用这些字也不恰当。"一鸟度"，"度"字下面往往要带宾语，如"度关山"，这诗里不用宾语，所以也不合适。可见最好的字就是最能达意传神的字，要根据作者的情意来决定的。

四

　　王荆公绝句云："京口瓜州一水间①，钟山只隔数重山。

春风又绿江南岸，明月何时照我还？"吴中士人家藏其草，初

云"又到江南岸"，圈去"到"字，注曰"不好"，改为"过"；

复圈去而改为"入"，旋改为"满"；凡如是十许字，始定为"绿"

（洪迈《容斋续笔》卷八）

①京口：就是长江南岸的镇江。瓜州：在长江北岸，同京口相

对。一水：指长江。

王安石写《泊船瓜州》这首诗时，正坐船停泊在瓜州。
他住在金陵（南京）的钟山，当时还不能回家去，他怀念钟
山，就写了这首诗。他先作"又到"，又作"又过""又
入""又满"，都认为不好。这些字为什么不如"又绿"好
呢？大概有两个原因。

第一，"又绿"，比其他的字色彩鲜明。读到"又
绿"，在我们面前唤起一片江南春色。其他各字都比较抽
象，没有这种作用。第二，用"又绿"唤起我们联想。王维
《送别》诗："春草年年绿，王孙归不归？"说"春风又绿江
南岸"，让我们想到王维的诗，想到春草绿时容易引起思归的
念头，这就跟下文"明月何时照我还"密切呼应。有了这种联
想，不仅使诗句紧密呼应，也丰富了诗的意味。从这里，我们
看到古人修辞，碰到句中的诗眼，是往往仔细推敲的。用上那
些色彩鲜明，能够唤起读者印象，唤起联想的字，是会增加诗
的感染力的。

五

杜甫《春宿左省①》："星临万户动，月傍九霄多。"又《晚出左掖》："楼雪融城湿，宫云去殿低。"赵汸曰："唐人五言，工在一字，谓之句眼。如此二诗，三四'动'字'多'字，五六'湿'字'低'字之类，乃眼之在句底者。《何将军山林》诗：'卑枝低结子，接叶暗巢莺'。'低'与'暗'，乃眼之在第三字者。'雨抛金锁甲，苔卧绿沉枪。''抛'与'卧'乃眼之在第二字者。'剩水沧江破，残山碣石开''绿垂风折笋，红绽雨肥梅'，皆一句中具二字眼，'剩''破''残''开'，'垂''折''绽''肥'是也。"

杨仲弘曰："诗要炼字，字者眼也，如杜诗：'飞星过水白，落月动沙虚'，炼中间一字；'地坼江帆隐，天晴②木叶闻'，炼末后一字；'红入桃花嫩，青归柳叶新'，炼第二字；非炼'归''入'字，则是学堂对偶矣。又如'暝色赴春愁，无人觉来往'，非炼'觉''赴'字，便是俗诗，有何意味耶？"（仇兆鳌《杜少陵集详注》卷六《春宿左省》注引）

盛唐句法浑涵，如两汉之诗，不可以一字求；至老杜而后，句中有奇字为眼，才有此句法，便不浑涵。昔人谓石之有眼，为砚之一病。余亦谓句中有眼，为诗之一病。如"地坼江帆隐，天清木叶闻"，故不如"地卑荒野大，天远暮江迟"也；如"返照入江翻石壁，归云拥树失山村"，故不如"蓝水远从千涧落，玉山高并两峰寒"也。此最诗家三昧，具眼自能辨之。（胡应

麟《诗薮》内编卷五）

　　杜甫《曲江对雨》："林花着雨燕脂湿，水荇牵风翠带长。"
王彦辅曰："此诗题于院壁，'湿'字为蜗涎所蚀。苏长公、黄
山谷、秦少游偕僧佛印，因见缺字，各拈一字补之：苏云'润'，
黄云'老'，秦云'嫩'，佛印云'落'。觅集验之，乃'湿'字也，
出于自然。而四人遂分生老病苦之说。诗言志，信矣。（仇兆
鳌《杜少陵集详注》卷六《曲江对雨》注引）

　　　　①左省：杜甫做左拾遗（谏官），属门下省，在宫廷东面，称左省，
　　　　亦称左掖。这是他在左省值宿时作。②天晴：当作天清。

　　这里对于炼字，对于诗眼，提出相反的意见。一种认为
要炼字，诗句要有诗眼，否则有些联就像学堂对对子，没有意
味了。一种认为诗眼是一种毛病，好的诗句法浑涵，全篇是完
整的，没有诗眼可摘，讲究诗眼，就破坏了浑涵的句法。这两
种说法是相反相成的，各有其正确的一面，但都不全面。
　　诗的好坏首先决定于内容，决定于所要表达的思想
感情。要是内容贫乏，一般化，没有深刻的思想，真挚的
感情，却想靠诗眼来补救，运用一两个奇突的字来挽救诗
的平庸，那样做是不行的。要是思想深刻，感情真挚，即
使句中没有什么突出的字，还可以成为精彩的好诗。这里
举的一个故事，说苏轼、黄庭坚、秦观、佛印和尚看到杜
甫的题壁诗，中间坏了一个字，大家替它补一个。原句是
"林花着雨燕脂湿"，补的是"燕脂润""燕脂老""燕脂

嫩""燕脂落"。着雨而湿，这个"湿"字用得并不突出，用"润""老""嫩""落"就比用"湿"字更费工夫，更讲究炼字。照胡应麟的说法，用"湿"字不算诗眼，用"润""老""嫩""落"才算诗眼。可是杜甫却用"湿"字，不用别的更新奇的字，这就是不用诗眼的一例。其实这里用"湿"字是服从内容的需要。这首诗是写乱后长安景象，林花着雨，水荇牵风，写曲江风景区，以前极其热闹的，现在岸上缺少车马游人，水中没有彩船，望出去只有林花水荇，是用来表达乱后的冷落的。因此，用"燕脂润"或"燕脂嫩"，显然都不合适。杜甫写的是春天的微雨，花在春雨中不一定掉落，颜色不会变得黯淡，因此用"落"用"老"也不一定合适。倒是用"湿"字贴切些。杜甫在《春雨》里说："晓看红湿处，花重锦官城。"也用"湿"字。至于这个故事要通过四个字来显示四个人的性格，那可能是后人根据四个人不同的性格而虚构出来的，不一定可靠。这里说明诗的用字在于贴切地表达作者的情意，不在于新奇。就这方面说，胡应麟《诗薮》里的意见是正确的。

不过胡应麟的意见又偏到另一方面去了，他认为诗里用了突出的字，有了诗眼反而是毛病。不结合具体作品说，一般地否定诗眼，就是片面的说法了。杜甫《九日蓝田崔氏庄》："蓝水远从千涧落，玉山高并两峰寒。"杜甫在蓝田，蓝田山出玉因称玉山，那里有蓝水，这两句结合当地山水，就眼前景物来写，诗句成功地把阔大的景象写出，即使不用突出的字，同样写得好。杜甫《返照》是写黄昏时雨后的太阳，说"返照入江翻石壁，归云拥树失山村。"石壁不会翻动，却说"翻"，山村不会失掉，却说"失"，这两个字是用得突出的。那是因为落下去的阳光照在山壁上，山壁把阳光反射到江里，江水动荡，倒影在江水中的石壁也动荡起来，变成石壁在翻动了。雨后云密，白帝城高，在云里的山村给云遮住，所以说"失山村"。"翻"和"失"极确切地写出了当时的情景，不能说"翻"和"失"用得不好。杜甫《晓望》："地坼江帆隐，天清木叶闻。"杜甫在高高的白帝城上望大江，由于那里两岸都是山壁，从高下望像地坼裂似的，江帆也望不到，用"坼"字才确切地把特殊景象描状出来。杜甫《遣兴》："地卑荒野大，天远暮江迟。"这是杜甫在成都写的，那里地势较低，所以说"地卑"。总之，字用得突出或不突出，主要是适应诗人所写的情景。因此，胡应麟认为用了突出的字眼是毛病，这意见是不正确的。其实胡应麟也主张炼字，在《诗薮》内编卷五里说："老杜字法之化者，如'吴楚东南坼，乾坤日夜浮。''碧知湖外草，红见海东云。''坼''浮''知''见'四字，皆盛唐所无也，然读者但见其闳大而不觉其新奇。又如'孤嶂秦碑在，荒城鲁殿余。''古墙犹竹色，虚阁自松声。'四字（指"在""余""犹""自"）意极精深，词极易简。前人思虑不及，后学沾溉无穷，真化工不可为矣。"这样说，就同主张诗眼的说法一样了。

　　另一种意见，认为诗句要炼字，要讲究诗眼。假如作者有了深刻的思想，真挚的感情，却用陈词滥调来说，从而损害了要表达的思想感情，那是要不得的。因此要讲究语言的精练，要提炼语言，对句中的谓词更要用得精当。就这方面说，讲究诗眼是正确的。杜甫写城楼融雪，所以说"湿"，夸张宫殿高，所以说云"低"；由于枝低，所以说"低结子"，叶密，所以说"暗巢莺"；甲和枪抛弃在地上无人收拾，任那雨打苔侵，所以说"雨抛""苔卧"；园林里的山和水，当然是"残山""剩水"，这些山水是从沧江、碣石分出来的，所以说"沧江破""碣石开"；其他各例也一样，都是要确切地描写景物，反映情思，才讲究字眼的。

不过说没有诗眼，就像学堂里对对子，那也是片面的说法。诗的好坏不决定于诗眼。要是只知讲究诗眼而忽略思想内容，也会走入歧途的。既讲究内容，也讲究语言的精练，在提炼语言时更要讲究句中的谓词，目的在更确切地表达情景，只要能选择最确切的词来表达诗人独特的感受就好。

回　荡

"回荡的表情法"是一种极浓厚的情感蟠结在胸中，像春蚕抽丝一般，把它抽出来。这种表情法，看他专从热烈方面尽量发挥，和前一类（指奔迸的表情法）正相同。所异者，前一类是直线式的表现，这一类是曲线式或多角式的表现；前一类所表的情感，是起在突变时候，性质极为单纯，容不得有别种情感掺杂在里头；这一类所表现的情感，是有相当的时间经过，数种情感交错纠结起来，成为网形的性质。人类情感，在这种状态之中者最多，所以文学上所表现，亦以这一类为最多。

回荡的表情法却有四种不同的方式，我们可以给他四个记号：

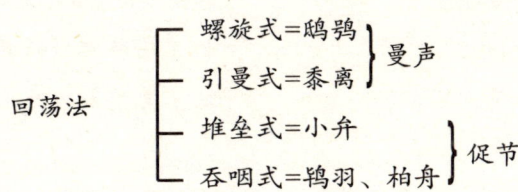

（《鸱鸮》的作者），他托为一只鸟的话，说经营这小小的

一个巢，怎样的担惊恐，怎样的捱辛苦，现在还是怎样的艰难，没有一句动气话，没有一句灰心话，只有极浓极温的情感，像用深深的刀刻镂在字句上。……他那表情方法，是用螺旋式，一层深过一层。

鸱鸮鸱鸮！	猫头鹰啊猫头鹰！
既取我子，	你抓走我的娃，
无毁我室。	别再毁我的家。
恩(殷)斯勤斯(斯，语助)，	我辛辛苦苦劳劳碌碌，
鬻(育)子之闵(病)斯。	累坏了自己就为养娃。
迨天之未阴雨，	趁着雨不下来云不起，
彻(撤)彼桑土(杜，即根)，	桑树根上剥些儿皮，
绸缪牖户。	门儿窗儿都得修理。
今此下民，	下面的人们，
或敢侮予。	许会把我欺。
予手拮据，	我的两手早发麻，
予所(尚)捋荼，	还得去捡茅草花，
予所蓄租(聚)，	我聚了又聚加了又加，
予口卒瘏，	临了儿磨坏我的嘴，
曰予未有室家。	还不曾整好我的家。
予羽谯谯，	我的羽毛稀稀少少，
予尾翛翛。	我的尾巴像把干草。

予室翘翘，　　　　　　　我的窠儿晃晃摇摇，

风雨所漂摇。　　　　　　雨还要淋风也要扫。

予维音哓哓。　　　　　　直吓得我喳喳乱叫。

（《鸱鸮》）这首诗依旧说是宗周亡过后，那些遗民经过故都，凭吊感触做出来，大约是对的。他那一种缠绵悱恻回肠荡气的情感，不用我指点，诸君只要多读几遍，自然被他魔住了。他的表情法，是胸中有种种甜酸苦辣写不出来的情绪，索性都不写了，只是咬着牙龈长言永叹一番，便觉一往情深，活现在字句上。

彼黍离离，　　　　　　　黍子齐齐整整，

彼稷之苗。　　　　　　　高粱一片新苗。

行迈靡靡，　　　　　　　步儿慢慢腾腾，

中心摇摇。　　　　　　　心儿晃晃摇摇。

知我者谓我心忧，　　　　知道我的说我心烦恼，

不知我者谓我何求。　　　不知道我的问我把谁找。

悠悠苍天！　　　　　　　苍天苍天你在上啊！

此何人哉？　　　　　　　是谁害得我这个样啊？

（《小弁》）这诗……是周幽王宠爱褒姒，把太子废了。太子的师傅代太子做这篇诗来感动幽王。……这诗的特色，是把磊磊堆堆蟠郁在心中的情感，像很费力的才吐出来，又像吐出，又像吐不出，吐了又还有。那表情方法，专用"语无伦次"的样子，一句话说过又说，忽然说到这处，忽然又说到那处。用这种方法来表现这种情绪，恐怕再妙没有了。

弁（乐）彼鸒（鸦）斯（语助），	那快乐的鸦儿，
归飞提提（群飞貌）。	飞回来一起起。
民莫不谷（好），	人莫不好好生活，
我独于罹。	我独在忧愁里。

何辜于天，	有什么得罪了天，
我罪伊何。	我的罪是什么呢?
心之忧矣，	心里的忧伤呀，
云如之何。	可奈他怎样呢?

踧踧（平坦）周道，	平易的周京大道，
鞫（尽）为茂草。	尽是茂盛的草。
我心忧伤，	我的心里忧伤，
惄焉（状想念）如捣。	想起来好像心跳。
假寐永（长）叹，	和衣睡了长叹，
维忧用老。	只因忧伤就老。
心之忧矣，	心里的忧伤呀，
疢（病）如疾首。	烦热像头痛了。

（《鸨羽》）大抵是当时人民被强迫去当公差，把正当职业都耽搁了，弄得父母挨饿。……他的表情法，和前头那三首都不同。他们在饮痛的状态底下，情感才发泄到喉咙，又咽回肚子里去了，所以音节很短促，若断若续。若用曼声长谣的方式写这种情感便不对。

肃肃（状声）鸨羽，	野雁沙沙响一阵，
集于苞栩。	栎树窝里息不稳。

王事靡盬（没有停息），	王差不得息，
不能艺稷黍！	庄稼种不成！
父母何怙？	饿死爹妈谁来问？
悠悠苍天！	老天呀老天！
曷其有所？	哪天小民得安身？

（梁启超《中国韵文里头所表现的情感》）①

　　①这里对原文有删节。又这里的一表，原文列后。这里为了便于阅读，把它移前。又为了帮助阅读引用的诗，在诗后附上余冠英先生的译文。

　　这里讲的螺旋式就是越旋越紧，一层深一层的意思。像《鸱鸮》，先说修理门窗；再说劳累得两手发麻，磨坏了嘴，就比说修理门窗进一层；再说窠儿摇晃，风雨飘摇，形势危急，就比说劳累更进一层。引曼式就是长言永叹的意思，引曼就是拉长，把声调拉长，叹长气，好比京戏里用拉长而摇曳的音调来唱。《黍离》中的呼喊苍天，说"知我者谓我心忧"，这些话的音调是长言永叹的。堆垒式的堆垒状不平，道路不平车子走起来就不平稳畅达，表情也一样，话不是说得有条理而通畅，却是前后重复颠倒，没有次序，这是由于内心过于急迫才会这样说。如《小弁》第二章，既说心忧伤，又说心里像在捣，又说忧伤就老，又说长叹，又说心里忧伤呀，话说得又重复，又没有条理。吞咽式像哭时吞声饮泣那样，边哭边说，声音断断续续，音节短促而不流畅。像《鸨羽》里"父母何怙"三句，不是连贯而下，却是一句一停顿。

——以上修辞

含　蓄

一

李商隐《楚吟》："山上离宫宫上楼，楼前宫畔暮江流。楚天长短黄昏雨，宋玉无愁亦自愁。"何焯批："长曼短景，但有梦雨，则贤者何时复近乎？此宋玉所以多愁也。"

又《瑶池》："瑶池阿母绮窗开，《黄竹》歌声动地哀。八骏日行三万里，穆王何事不重来？"何焯批："《诗》云：'将子无死，尚复能来。'不来则死矣，讥求仙之无益也。"（《李义山诗集辑评》卷上）

含蓄是不把意思明白说出，含在所写的形象里。《楚吟》是抒写楚人的感情。《高唐赋》写楚襄王同宋玉登上高唐台上，所以说"山上离宫宫上楼"。在台上谈到神女的事，说神女"朝为行云，暮为行雨。""楚天长短黄昏雨"，不论是日长日短只讲神女的事，这句暗指楚王只是追求声色享乐，不再接近贤人，所以宋玉无愁也自愁。这是借楚王来指唐皇，他的用意借后两句来透露。

《瑶池》首写周穆王和西王母的故事，《穆天子传》里讲周穆王用八匹骏马拉车，到瑶池去会见西王母。西王母唱道："将子无死，尚复能来。"周穆王答道："比及三年，将复而（尔）野。"三年后再来。《黄竹》歌是周穆王看到受冻的老百姓而作的歌。穆王约定三年再来，为什么不再来呢？说明他死了。西王母是仙人，从"不重来"里含蓄求仙无益的意思，讥讽唐皇的迷信神仙。

这两首诗里各提出一个疑问，第一首表面没有疑问，实际也有疑问，"无愁"同"自愁"矛盾，"宋玉无愁"何以"亦自愁"呢？第二首更明显，"穆王何事不重来"呢？回答了这两个问题，作者的用意就明白了。那么它们含蓄的用意还在疑问中有一点透露。下节两首是叙述，没有疑问，它的含意更不容易看出。

二

诗贵有含蓄不尽之意，尤以不著意见声色故事议论者为最上。义山刺杨妃事之"夜半宴归宫漏永①，薛王沉醉寿王醒"②是也。（吴乔《围炉诗话》卷一）

韩翃《寒食》诗云："春城无处不飞花，寒食东风御柳斜。日暮汉宫传蜡烛，轻烟散入五侯家③。"唐之亡国，由于宦官握兵，实代宗授之以柄。此诗在德宗建中初，只"五侯"二字见意，唐诗之通于《春秋》者也。（同上）

①宫漏永：指夜深。宫漏：宫中记时器。②薛王、寿王：都是唐明皇的儿子。杨贵妃原来是寿王的妻子，被唐明皇夺去。③古代在寒食那一天不举火。唐时，到清明日取火赐给亲近臣子。五侯：后汉太监专权封侯，有新丰侯单超、武原侯徐璜、东武阳侯具瑗、上蔡侯左悺、汝阳侯唐衡，这里借指唐代太监。

含蓄的手法最易和讽刺相结合，是诗中的《春秋》笔法。这里几首在叙述中进行讽刺。李商隐的那两句，只是说在宫里饮宴到夜深回去，薛王沉醉了，寿王却很清醒。通过对比，说明寿王在宫里食不下咽，从而透露出他的妻子被父亲夺去的悲痛，对唐明皇进行讽刺。韩翃的《寒食》诗，指出皇帝宠爱太监，造成太监掌握大权，终于亡国。通过"轻烟散入五侯家"（指皇帝的恩泽只赐给太监）来进行讽刺。

含蓄同隐晦不同，诗里不明白说出的意思，人家看了自然懂得是含蓄，人家看不懂，要费很大劲去猜还猜不透，是隐晦。像朱庆馀《宫中词》："寂寂花时闭院门，美人相并立琼轩。含情欲说宫中事，鹦鹉前头不敢言。"不说宫廷中的黑暗恐怖，不说被关锁在宫中女子的痛苦，只写她们在会学舌的鹦鹉前不敢说话，就是含蓄的说法。不过要了解含蓄的诗，从上引的几首诗看还需要具备两个条件：一是懂得诗中的语言和典故；二是懂得诗中写的故事背景。像这里引的二首诗，当时的人看来，诗里有什么含意一定是一看就懂，或者略一思索就懂。比方唐明皇夺取了儿子寿王的妻子，唐朝的太监专权，唐朝人都是非常清楚的，所以读起这两首诗来对其中的含意也一望而知。

婉　转

一

　　人问韩子苍诗法，苍举唐人诗："打起黄莺儿，莫教枝上啼。几回①惊妾梦，不得到辽西。"予尝用子苍之言，遍观古今作诗规模，全在此矣。如唐人诗："妾有罗衣裳，秦王在时作。为舞春风多，秋来不堪著。"又如："曲江②院里题名处，十九人中最少年。今日风光君不见，杏花零落寺门前。"又如荆公诗："淮口西风急，君行定几时。故应今夜月，未便照相思。"皆此机杼也，学诗者不可不知。（曾季狸《艇斋诗话》）

　　情语能以转折为含蓄者，唯杜陵③居胜。"清渭无情极，愁时独向东""柔橹轻鸥外，含凄④觉汝贤"之类是也。此又与"忽闻歌古调，归思欲沾巾"更进一格，益使风力道上。（王夫之《姜斋诗话》卷下）

　　①几回：当作"啼时"。②曲江：唐朝京城长安的名胜区。③杜陵：

杜甫住在杜陵，自称杜陵野老。④含凄：当作含情。

　　用婉转的说法抒情，也有种种变化。一种是从一件小事物引起，这件小事物好像和主题并无关系，经过转折，婉转地透露正意。如金昌绪的《春怨》，是写封建社会里不合理的兵役制度和对外战争给妇女带来的痛苦，可是它不从正面写，却从一件小事讲起，把黄莺儿赶走，不让它在枝上啼叫，从而引出怕它啼叫时把梦惊醒，使她在梦里到不了辽西。这样表达出她迫切地想梦到辽西的心情。这样写是婉转曲折的，也是含蓄的，所以耐人寻味，比明白说出更有味，会给人更深的印象。

　　再像崔国辅《怨词》写宫女对秦王的忠贞，不从正面写，却从一件好像没有关系的罗衣讲起，说这件罗衣是秦王生前替她作的，因为在春风中舞得多了，在秋天里不能着了。说明在秦王生前，这个宫女好像生活在春风里那样，到秦王死后，她过的是萧瑟凄凉的生活。不再着秦王给她制的罗衣，也表示她对秦王的怀念，从而表达出她对秦王的忠贞来。这种表达方法也是婉曲的。

　　另一种婉转抒情，用的是对比反说。通过对比的，像张籍《哭孟寂》，从孟寂在年轻时考中进士，于曲江题名的盛况说起，对比孟寂死后，曲江荒凉。从对比中表达出对孟寂的哀悼，还透露出对唐朝没落衰败的感慨。通过反说的，像王安石《送王补之行，风忽作，因题四句于舟中》。事实是起风了，朋友的行期要改变，当天不走了，不用托明月来传递情思了，诗人却反说因为月亮未便照相思，所以让风来把朋友留住。这是通过反说来抒写友情。

这里引杜甫的诗句，也是通过对比来抒情。《秦州杂诗》之二："清渭无情极，愁时独向东。"当时杜甫遭乱飘泊西行，所以说"愁时"。看到渭水东流，用来反衬自己的西行，好像它不管自己的痛苦似的，所以说渭水无情。一首是《船下夔州郭宿，雨湿不得上岸》的诗："柔橹轻鸥外，含情觉汝贤。"柔和的橹声在轻鸥浮动的水面外摇去，用鸥鸟的自由自在来反衬自己的飘泊，感叹鸥鸟胜过自己。这些诗句里，诗人用对比来表达自己的感情。杜审言《和晋陵陆丞早春游望》："忽闻歌古调，归思欲沾巾。"把归思明白说出，就不是婉曲。

二

诗犹文也，忌直贵曲。少陵"今夜鄜州①月，闺中只独看"，是身在长安，忆其妻在鄜州看月也。下云"遥怜小儿女，未解忆长安"，用旁衬之笔，儿女不解忆，则解忆者独其妻矣。"香雾云鬟""清辉玉臂"，又从对面写，由长安遥想其妻在鄜州看月光景。收处作期望之词恰好，去路"双照"，紧对"独看"，可谓无笔不曲。（施补华《岘佣说诗》）

词贵愈转愈深，稼轩云："是他春带愁来，春归何处，却不解带将愁去。"玉田②云："东风且伴蔷薇住，到蔷薇春已堪怜。"下句即从上句转出，而意更深远。（沈祥龙《论词随笔》）

①鄜（fū）州：当时杜甫的家属住在鄜州。②玉田：张炎字。

　　这里讲的婉转的抒情法，一种是通过想象来曲折地表达。杜甫《月夜》"今夜鄜州月，闺中只独看。遥怜小儿女，未解忆长安。香雾云鬟湿，清辉玉臂寒。何时倚虚幌，双照泪痕干。"当时杜甫家在鄜州，他自己却陷在沦陷的长安，在安禄山控制下。在这诗里，他不说自己怀念家人，却想象家里的妻子在今夜月下怀念他，这是一种曲折的说法。他于是凭着想象，给妻子对自己的怀念，描绘出一幅想象图来。他设想儿女还小，不懂得想念他，更显出他妻子的孤独。再设想他的妻子怀念的深切，深夜不睡，所以云鬟湿，玉臂寒。再想象将来聚会时，两人同时看月，回想起这时候饱经忧患终得重逢，不免要掉泪。两人再深夜望月，直到"双照泪痕干"。这诗就这样通过想象，曲折地表达出他对家人的怀念。后来李商隐《夜雨寄北》后两句："何当共剪西窗烛，却话巴山夜雨时。"跟杜甫诗的结尾同一手法。杜甫说何时和妻子聚会以后，在月夜想起今天饱经乱离月夜相忆的情景而掉泪。李商隐的诗说，何时和妻子会合以后，想起今天两人分隔两地在巴山夜雨时相念的情景。都是设想将来相会后，谈起今天的分离，曲折地传达出迫切相念的感情。

　　一种是由一意转出另一意，所谓愈转愈深，这种转折也是凭想象来的。辛弃疾《祝英台近·晚春》："鬓边觑，试把花卜归期，才簪又重数。罗帐灯昏，哽咽梦中语。是他春带愁来，春归何处，却不解带将愁去。"这里写的也是诗人的想象，想象她用花卜归期，说梦话。一结春不解带将愁去，从春带愁来转出。张炎《高阳台·西湖春感》："接叶巢莺，平波卷絮，断桥斜日归船。能几番游？看花又是明年。东风且伴蔷薇住，到蔷薇春已堪怜。"这是写春末景象，东风句要东风伴着蔷薇住下来，也就是希望春光能留下来，但到蔷薇花开时春光已快消逝，因而深一层地转出"到蔷薇，春已堪怜"，用来表达惜春的感情。

三

　　含蓄蕴藉的表情法，……这种表情法和前两种（奔迸的表情法、回荡的表情法）不同。前两种是热的，这种是温的。前两种是有光芒的火焰，这种是拿灰盖着的炉炭。这种表情法也可以分四类：第一类是，情感正在很强的时候，他却用很有节制的样子去表现他，不是用电气来震，却是用温水来浸，令人在极平淡之中慢慢地领略出极渊永的情趣。这类作品，自然以三百篇为绝唱。如：

君子于役，	丈夫当兵去远方，
不知其期。	谁知还有几年当。
曷至哉？	哪天哪月回家乡？
鸡栖于埘，	鸡儿上窠，
日之夕矣，	西山落太阳，
羊牛下来。	羊儿牛儿下山冈。
君子于役，	丈夫当兵去远方，
如之何勿思！	要不想怎么能不想！

（《诗·君子于役》）

第二类的蕴藉表情法，不直写自己的情感，乃用环境或别人的情感烘托出来。用别人情感烘托的，例如《诗经》：

陟彼冈兮，	登上那高高的山冈啊，
瞻望兄兮。	要望我哥在哪方啊。
兄曰：嗟：	哥说：咳！
予弟行役，	我弟当差啊东奔西走，
夙夜必偕。	日日夜夜不能休。
上(尚)慎旃哉，	多保重啊多保重，
犹来无死！	别落得他乡埋骨头！

（《诗·陟岵》）

这篇诗三章，第一章父，第二章母，第三章兄，不说他怎样的想念爹妈哥哥，却说爹妈哥哥怎样的想念他。写相互间的情感，自然加一层浓厚。

用环境烘托的，例如……《孔雀东南飞》，最得此中三昧。兰芝和焦仲卿言别，该篇中最悲惨的一段。他却悲呀泪呀……不见一个字，但说：

> 妾有绣腰襦（齐腰短袄），
> 葳蕤（绣的花下垂）自生光。
> 红罗复斗帐，四角垂香囊，
> 箱奁六七十，绿碧青丝绳。
> 物物各自异，种种在其中。
> 人贱物亦鄙，不足迎新人。
> 留待作遗施，于今无会因。

专从纪念物上头讲，用物来做人的象征，不说悲，不说泪，倒比说出来的还深刻几倍。……

第三类蕴藉表情法，索性把情感完全藏起不露，专写眼前实景（或是虚构之景），把情感从实景上浮现出来。……此类的真正代表，可以举出几首。

其一，曹孟德的：

东临碣石（山名），以观沧海。水何澹澹（波摇荡），山岛竦峙（耸立），树木丛生，百草丰茂。秋风萧瑟，洪波涌起，日月之行，若出其中，星汉灿烂，若出其里。（《观沧海》）这首诗仅仅写映在他眼中的海景，他自己对着这景有什么怅触，一个字未尝道及。但我们读起来，觉得他那宽阔的胸襟、豪迈的气概，一齐流露。……

第四类的蕴藉的表情法，虽然把情感本身照原样写出，却把所感的对象隐藏过去，另外用一种事物来做象征。……纯象征派之成立起自《楚辞》，……他（屈原）既有极秾温的情感本质，用他极微妙的技能，借极美丽的事物做魂影，所以着墨不多，便尔沁人心脾。如：

惜吾不及见古人兮，吾谁与玩此芳草。（《思美人》）

沅有芷兮澧有兰，思公子兮未敢言。（《湘夫人》）

（梁启超《中国韵文里头所表现的情感》）①

---

①这里对原文有删节。原文中引用的《诗经》，在这里附上余冠英先生的译文。

这里讲的四类含蓄的表情法，也可以换一种说法：一种是完全写景，作者的感情借景物来透露的，像曹操的《观沧海》。一种是微露感情，借景物或事物来烘托的，如《君子于役》，前面写了"君子于役，不知其期，曷至哉？"已经约略写出想念君子的感情，后面写到"如之何勿思！"也说明自己的想念。但这首诗的好处，就在于写"鸡栖于埘""牛羊下来"做烘托，显得在这时候更引起想念。再像《孔雀东南飞》，"人贱物亦鄙""于今无会因"，被弃之悲，永别之恨，在这两句里透露出来了。但主要是写衣裳、罗帐、箱奁等来烘托。再像《楚辞》里的几句，写出"惜吾不及见古人兮""思公子兮未敢言"的感慨，也是微露感情，然后借"谁与玩此芳草"及"沅有芷兮澧有兰"来烘托。这三类可以合而为一。一种是借对方来透露自己的感情，像《陟岵》。《陟岵》是写对方怎样想念自己，从而透露自己的感情。这样写，不必同《孔雀东南飞》的写法合为一类。

四

张若虚《春江花月夜》流畅婉转，出刘希夷《白头翁》上，而世代不可考。详其体制，初唐无疑①。崔颢《雁门胡人》诗，全是律体，强作歌行。《黄鹤》实类短歌，乃称近体。（胡应麟《诗薮》内编卷三）

仲默②《明月篇》序云："仆始读杜子七言诗歌，爱其陈事切实，布辞沉着，鄙心窃效之，以为长篇圣于子美矣。既而读汉魏以来歌诗，及唐初四子者之所为而反复之，则知汉魏固承三百篇之后，流风犹可微焉；而四子者虽工富丽，去古远甚，至其音节往往可歌。乃知子美辞固沉着，而调失流转；虽成一家语，实诗歌之变体也。"（同上）

①这里从体制上推测张若虚是初唐人，这个推测是正确的。②仲默：明诗人何景明的字。

这里从音节上说明婉转的风格。张若虚《春江花月夜》，它的音节流美婉转，如说："春江潮水连海平，海上明月共潮生，滟滟随波千万里，何处春江无月明。江流宛转绕芳甸，月照花林皆似霰。空里流霜不觉飞，汀上白沙看不见。江天一色无纤尘，皎皎空中孤月轮。江畔何人初见月，江月何年初照人。人生代代无穷已，江月年年只相似。不知江月待何人，但见长江送流水。……"就上引的句子看，在音节上可注意的有两点：一，转韵，四句押一个韵，头四句用平声韵，第二个四句转为仄声韵，第三个四句又转为平声韵，第四个四句又转为仄声韵。平仄韵交替，音节和谐。每一韵，一二四句都押，如"平""生""明"，"甸""霰""见"等等。二，句中平仄虽然不像律诗那样严格，但也有一些句子用了律句的平仄。如"滟滟（仄）随波（平）千万（仄）里（仄），何处（仄）春江（平）无月（仄）明（平）。江流（平）宛转（从）绕芳（平）甸（仄），月照（仄）花林（平）皆似（仄）霰（仄）"。像这些句子，除押仄韵外，句内的平仄完全和律诗相同。再加上其中也不少对偶句，因此，它就构成了一种流美婉转的风格。

刘希夷《代悲白头翁》："洛阳城东桃李花，飞来飞去落谁家。洛阳女儿好颜色，坐见落花长叹息。今年花落颜色改。明年花开复谁在，已见松柏摧为薪，更闻桑田变成海。古人无复洛阳东，今人还对落花风，年年岁岁花相似，岁岁年年人不同。……"这首诗的音节也是流美婉转的。一二句用平声韵，三四句转入声韵，五到八句用上声韵，九到十二句用平声韵；其中像"飞来"句，"坐见"句，"古人"以下四句，句中平仄和律诗相同。这里说《春江花月夜》超过《代悲白头翁》，指前者四句一转韵，合于律句平仄的句子更多，就音节说比后者更觉流美婉转。

崔颢《雁门胡人歌》："高山代郡东接燕，雁门胡人家近边。解放胡鹰逐塞鸟，能将代马猎秋田。山头野火寒多烧，雨里孤峰湿作烟。闻道辽西无斗战，时时醉向酒家眠。"这首诗后四句平仄和律诗一样。前三句平仄有些拗，中间四句对偶，所以较近于律诗，却称作歌行。崔颢《黄鹤楼》："昔人已乘黄鹤去，此地空余黄鹤楼。黄鹤一去不复返，白云千载空悠悠……"一三四句皆不合律，而且黄鹤一词前后承接，类民歌手法，所以说实类短歌，却称为律诗。其实这两首诗后四句皆合律，前四句皆有些不合律，性质是一致的。

这里指出初唐四杰王勃、杨炯、卢照邻、骆宾王的歌行，也是写得音节流美婉转的。到了杜甫就有种种变化，同初唐歌行不同了。像《饮中八仙歌》："知章骑马似乘船，眼花落井水底眠。汝阳三斗始朝天，道逢麹车口流涎，恨不移封向酒泉……"句句用韵，一韵到底。像《兵车行》："车辚

辚，马萧萧，行人弓箭各在腰。耶（爷）娘妻子走相送，尘埃
不见咸阳桥。牵衣顿足拦道哭，哭声直上干云霄。……"这诗
也转韵，但不是四句一转或两句一转。就句中平仄说，这诗里
像"咸阳桥""干云霄"，句末用三个平声字，是三平格，律
诗中是不允许有三平格的。像其他句子，如"行人（平）弓箭
（仄）各在（仄）腰（平）""牵衣（平）顿足（仄）拦道
（仄）哭（仄）"，两个仄音步、三个仄音步连在一起，这
也是律句中所不允许的。这些诗，从风格到音节都和初唐歌
行不同，是比较刚健沉着的，这里也说明不同的风格需要不
同的音节。

婉转和直率

　　杨用修驳宋人诗史之说①，而讥少陵云："诗刺淫乱，则曰'雍雍②鸣雁，旭日始旦'，不必曰'慎莫近前丞相嗔'也。悯流民，则曰'鸿雁于飞，哀鸣嗷嗷'，不必曰'千家今有百家存'也。伤暴敛，则曰'维南有箕，载翕其舌③'，不必曰'哀哀寡妇诛求尽'也。叙饥荒则曰'牂羊羵首④，三星在罶⑤'，不必曰'但有牙齿存，所悲骨髓干'也。"

　　其言甚辩而核，然不知向所称皆兴比耳，诗固有赋，以述情切事为快，不尽含蓄也。语荒而曰"周余黎民，靡有孑遗⑥"，劝乐而曰"宛其⑦死矣，他人入室"，讥失仪而曰"人而无礼，胡不遄⑧死"，怨谤而曰"豺虎不食""投畀有昊⑨"；若使出少陵口，不知用修如何贬剥也！且"慎莫近前丞相嗔"，乐府雅语，用修乌足知之！（王世贞《艺苑卮言》卷四）

　　"赐名大国虢与秦⑩"，与"美孟姜矣""美孟弋矣""美孟庸矣"⑪一辙，古有不讳之言也，乃国风之怨而诽、直而佼⑫者也。夫子存而弗删，以见卫之政散民离，人诬其上，而子美

以得诗史之誉。（王夫之《姜斋诗话》卷上）

①宋人诗史说：宋人所著的《新唐书·杜甫传赞》："甫善陈时事，律切精深，至千言不少衰，世号诗史。"②雍雍（yōng 拥）：状鸣声和谐。③箕：星宿名，一即箕宿。翕（xī 吸）其舌：吸引下面的两颗星，舌指下面的两颗星。④牂（zāng 臧）羊：母羊。羵（fén 坟）首：大头，羊瘦了显得头大。⑤罶（liǔ 柳）：捕鱼竹器。这句说竹器里水平静，只看见三个星的光，没有鱼。⑥靡：无。孑遗，孤独地留下来。⑦宛其：宛然，状可见。⑧遄（chuán 船）：快，速。⑨畀（bì 弊）：给予。有昊：昊天。⑩指杨贵妃的两个姊姊虢国夫人和秦国夫人。⑪孟姜、孟弋（yì 亦）、孟庸：三个贵族女子。⑫佼（jiǎo 较）：狠直。

诗歌有写得婉转的，有写得直率的，要看适用的场合，作具体分析，不能说哪种是好，哪种是坏。杨慎用《诗经》中写得婉转的句子，来否定杜甫写得直率的诗，来否定诗史的说法，便是片面的，不正确的。

从杨慎举的例子来看，大体是这样。《诗·匏有苦叶》，照旧的解释，认为是讽刺一个士人在婚姻上不遵守婚礼。照婚礼，要在黄昏时迎娶，可诗里写在天亮时雁子就和鸣了。《诗·鸿雁》里写鸿雁在飞，在哀哀地叫，用来比喻流亡的人民在哀号。《诗·大东》写官吏的搜刮，像天上的箕宿要吸取下面的两颗星那样，也写得很含蓄。《诗·苕之华》写饥荒，写吃草的母羊都瘦了，在水里也捕不到鱼。就这些诗句看，照旧说来讲，不遵守婚礼，是个小节。那《鸿雁》里面的流民，也讲到筑房屋，谋安居，已经开始转向安定，所以情绪不是顶激愤的。《苕之华》是讲经过饥荒以后食品不足，还不是写严重的饥荒，所以说"人可以食，鲜可以饱"，吃是有得吃的，只是很少吃饱。在这种情况下，诗人的感情不是顶愤激，那么采取婉转的手法来表达他的感情，是可以理解的。至于《大东》的写搜刮，作者虽然用箕宿来作比方，全诗的感情还是愤激的，像说"大东小东，杼柚其空"，东方的大国和小国都被搜刮完了！话说得并不含蓄。可见诗人的感情不十分激动时，可以运用比较含蓄的手法；要是诗人的感情非常激动，就会奔进而出，不再用什么比喻等含蓄手法了。当然，要是环境不容许他这样说时，那又当别论了。

这里指出即使在《诗经》里，诗人也有不用含蓄手法直率地说出自己的感情的。像《诗·云汉》，诗人喊出西周亡后的百姓，没有半个留下来，这是西周亡后又碰到大旱灾，所以诗人喊出这样的声音。《诗·山有枢》里诗人劝人不要消极不动，否则"宛其死矣，他人入室！"话说得很有刺激性，要把对方激动起来。《诗·相鼠》里斥责道："人而无礼，胡不遄死！"为什么不快死掉！表示对无礼的人深恶痛恨。《诗·巷伯》，说把谗人投给豺虎连豺虎都不吃，只能投给昊天，让天来制裁他的罪行了。这也是极为愤激的话。

杜甫的诗，指斥杨国忠的骄横，说"慎莫近前丞相嗔"；写悲痛乱后的荒凉，说"千家今有百家存"；指斥官吏的横征暴敛，说"哀哀寡妇诛求尽"；叙述饥荒给人民带来的灾难，说"但有牙齿存，所悲骨髓干"。由于杜甫的憎恨权奸，同情人民，感情比较激动，所以直率地表达出来。这些正是杜诗中的精华。

这里引王夫之的话，也指出《诗经》里的诗并不完全是温柔敦厚含蓄不露的。像《诗·鄘风·桑中》讥刺贵族的荒淫无耻。孟姜、孟弋、孟庸都是已婚的贵族妇人，别的贵族男子却同她们在桑中约会，还称赞她们的美。这同杜甫的《丽人行》，指斥虢国夫人和秦国夫人的骄奢浪费，同样是暴露。这里认为这种暴露的手法是必要的，因为卫国政治混乱，人民逃亡，这是贵族的罪过，所以需要暴露。杨家兄妹的荒淫，与激起安史之乱有关，所以也需要暴露。杜甫由于运用这种手法，所以取得了诗史的称誉。

从上面所举的例子看来，这里一共谈到了三种手法：一，婉转的手法，即不直说，诗人的意见和感情，非常含蓄地借别的事物透露出来，不直言指斥。二，直率的表达手法，像"胡不遄死！""豺虎不食！"愤激的感情不加抑制，喷薄而出。三，暴露的手法，通过叙述来暴露，话中并不表示强烈感情，但是读者还是感觉得到作者激动的心情。如"赐名大国虢与秦""慎莫近前丞相嗔"。这三种手法各有适用的场合，应该看它们用得是否合适，不该离开了适用场合去谈这三种手法的高低。

直　率

　　向来写情感的，多半是以含蓄蕴藉为原则，像那弹琴的弦外之音，像吃橄榄的那点回甘味儿，是我们中国文学家所最乐道。但是有一类的情感，是要忽然奔迸一泻无余的，我们可以给这类文学起一个名，叫做"奔迸的表情法"。例如碰着意外的过度的刺激，大叫一声或大哭一场或大跳一阵，在这种时候，含蓄蕴藉，是一点用不着。例如《诗经》：

　　蓼蓼者莪，匪莪伊蒿①。哀哀父母，生我劬劳②。（《蓼莪》）

　　彼苍者天，歼我良人③。如可赎兮，人百其身④。（《黄鸟》）
前一章是父母死了，悲痛到极处。"哀哀……劬劳"八个字，连泪带血迸出来。后一章是秦穆公用人来殉葬，看的人哀痛怜悯的情感，迸在这四句里头，成了群众心理的表现。

　　风萧萧兮易水寒，壮士一去兮不复还。
这是荆轲行刺秦始皇临动身时，他的朋友高渐离来送他，只用两句话，一点扭捏也没有，却是对于国家对于朋友的万斛情感，都全盘表出了。

古乐府里头有一首《箜篌⑤引》，不知何人所作。据说是有一个狂夫，当冬天早上，在河边"被⑥发乱流而渡"。他的妻子从后面赶上来要拦他，拦不住，溺死了。他妻子做了一首"引"，是：

公无渡河，公竟渡河！堕河而死，将奈公何！

又有一首《陇头歌》，也不知谁人所作，大约是一位身世很可怜的独客。那歌有两迭是：

陇头流水，流离四下。念吾一身，飘然旷野。

陇头流水，鸣声呜咽。遥望秦川，肝肠断绝。

这些都是用极简单的语句，把极真的情感尽量表出，真所谓"一声何满子⑦，双泪落君前。"你若要多着些话，或是说得委婉些，那么真面目完全丧掉了。

正式的五七言诗（指近体诗），用这类表情法的很少。因为多少总受些格律的束缚，不能自由了。要我在各名家诗集里头举例，几乎一个也举不出（也许是我记不起）。独有表情老手杜工部，有一首最为怪诞。

剑外忽传收蓟北，初闻涕泪满衣裳。

却看妻子愁何在，漫卷诗书喜欲狂。

白日放歌须纵酒，青春作伴好还乡。

即从巴峡穿巫峡，便下襄阳向洛阳。

（杜甫《闻官军收河南河北》）

凡诗写哀痛、愤恨、忧愁、悦乐、爱恋，都还容易，写欢喜真是难，即在长短句和古体里头也不易得。这首诗是近体，个个字受"声病"的束缚，他却做得如此淋漓尽致，那一种手舞足蹈的情形，读了令人发怔。据我看，过去的诗没有第二首比得上了。

凡这一类都是情感突变，一烧烧到"白热度"，便一毫不隐瞒，一毫不修饰。照那情感的原样子，迸裂到字句上。讲真，没有真得过这一类了。这类文学，真是和那作者的生命分劈不开——至少也是当他作出这几句话那一秒钟时候，语句和生命是迸合为一。这种生命，是要亲历其境的人自己创造。所以这一类我认为是情感文中之圣。（梁启超《中国韵文里头所表现的情感》）

①蓼蓼：长大貌。莪：美菜。蒿：贱草。这是说父母以我为美材可靠，而我实在不成器，不能好好供养父母。②劬（qú渠）劳：辛苦。③良人：好人。④人百其身：用一百个人来赎他。⑤箜篌：古乐器。⑥被：披。⑦张祜《何满子》诗。何满子，唐玄宗开元时的歌者，临刑时进一曲赎死，竟不得免，后因称那曲子为《何满子》。

这里讲奔进的表情法，也就是直率的风格，跟含蓄相反，就表情的手法说，这里举的几例，也有不同。一种是结合景物来抒情，像《蓼莪》，借"蓼蓼者莪，匪莪伊蒿"，从父母以我为美莪，我却是蒿草，引起对父母的悲号，是借物兴悲。《易水歌》，先写当时景物，"风萧萧兮易水寒"，再说到自己，"壮士一去兮不复还。"是即景抒情。像《陇头歌》，先写"陇头流水，流离四下"，再感叹自己的"念我一身，飘然旷野"，也是即景抒情。下一首从水声的呜咽写

到自己的肠断，也一样。一种直接抒情，不用景物陪衬，如
《黄鸟》。"彼苍者天，歼我良人。"这是对天的责问，呼叱
天，实际上是对秦穆公，不便直说，就说天。"如可赎兮，人
百其身"，这是表达人民愿以身代的真切感情。一种是结合叙
事来抒情，像《箜篌引》，从妻子喊丈夫不要渡河，到丈夫不
听，渡河淹死，结合这一件事来哀号。杜甫的《闻官军收河南
河北》，从听到收复河北的消息，到喜极下泪，到看妻子的表
情，到卷诗书，到想象回乡。结合叙事来抒发狂喜的感情。
不过所谓奔进的表情法，只就它抒发感情而说，从另一方面
看，说出的少，不说出的多，在这点上又同别的风格的诗相
似。比方"哀哀父母，生我劬劳"，怎么劬劳，这里有许多的
话没有说出。"如可赎兮，人百其身"，为什么会产生百身
莫赎的悲哀，这里也有许多话没有说出。"壮士一去兮不复
还"，只说到一去不还，这里为了报答太子丹的恩情，而不望
生还，也有许多话没有说出。妻子在"将奈公何"里也有许多
话没有说，杜甫为什么喜极下泪，这里更有许多感触，这又是
诗歌足以耐人寻味的特点。

自　然

一

　　"谢朝华之已披，启夕秀于未振"①，学诗者尤当领此。陈腐之语，固不必涉笔。然求去陈腐不可得，而翻为怪怪奇奇不可致诘之语以欺人，不独欺人而且自欺，诚学者之大病也。

　　诗人首二谢②，灵运在永嘉，因梦惠连，遂有"池塘生春草"之句；元晖在宣城，因登三山，遂有"澄江净如练"之句。二公妙处，盖在于鼻无垩、目无膜尔③。鼻无垩，斤将曷运，目无膜，篦将曷施④？所谓混然天成，天球不琢⑤者与？（葛立方《韵语阳秋》卷一）

　　①这是陆机《文赋》中语，辞谢早上已经开过的花，开放晚上还没开过的花。意思是谢绝模仿，注重创造。②描写山水景物的诗人最早要算南朝宋诗人谢灵运和齐诗人谢朓（字元晖）。③鼻无垩（è 饿）、目无膜：鼻子上没有白土，眼睛里不生膜。《庄子·徐无鬼》

寓言，有个木匠会用斧子来把别人鼻子上的白土削去；又相传用金
篦来刮去眼睛里的薄膜。这里是说文字没有一点毛病，不用修改。
④斤：斧子。曷运：怎么挥动。曷施：怎么用。⑤天球：古代相传
的宝玉，是自然生成不用雕琢的。

自然是对做作说的，指的是不做作，不涂饰，不堆砌。
文学作品的语言要求精练，反对陈词滥调，也要写得自然。有
些作家生活贫乏，语言贫乏，创造不出新的风格，写不出形象
化性格化的语言，于是在文字上用工夫，用上许多怪字和冷僻
的典故，写得非常晦涩，有的颠倒字句，以求新奇，违反语言
的自然，这些都是毛病。针对这些毛病，这里提倡自然。谢灵
运《登池上楼》，"池塘生春草"，相传他梦见谢惠连，便得
到这一诗句。这句写得自然，不费力，却能显出生机，很有意
味。谢朓《晚登三山还望京邑》："余霞散成绮，澄江净如
练。"用丝织的绮练来比余霞澄江，写得是工丽的，也很自
然，不做作。可见自然同平淡质朴还不一样，自然的不妨写得
工丽。

二

吾弟超然喜论诗，其为人纯至有风味。尝曰：陈叔宝
绝无肺肠①，然诗语有警绝者，如曰："午醉醒未晚，无人
梦自惊。夕阳如有意，偏傍小窗明。"王摩诘《山中》诗曰："溪
清白石出，天寒红叶稀。山路元无雨，空翠湿人衣。"舒王②《百

家夜休》曰："相看不忍发，惨淡暮潮平。欲别更携手，月明洲渚生。"此皆得于天趣。予问之曰："句法固佳，然何以识其天趣？"超然曰："能言萧何所以识韩信，则天趣可言③。"余竟不能诘。曰："微超然④，谁知之。"（僧惠洪《冷斋夜话》）

味摩诘之诗，诗中有画；观摩诘之画，画中有诗。诗曰："蓝溪白石出，玉川红叶稀。山路元无雨，空翠湿人衣。"此摩诘之诗也。或曰：非也，好事者以补摩诘之遗。（苏轼《书摩诘蓝田烟雨图》）

①陈叔宝：南朝陈后主名，亡国之君，人称他为全无心肝。②舒王：王安石死后追封舒王。③萧何怎么在韩信不得意时，能够赏识他的才干，推荐给刘邦用他做大将，这道理不容易说明。这里是说，怎么认识天趣是很难说明的。④微：非。

这里讲天趣，实际上就是写得自然精彩。陈叔宝的"夕阳如有意，偏傍小窗明"，意境美好，又写得夕阳有情意似的，有诗味。王维的诗，"山路元无雨，空翠湿人衣"，写出深山中绿树荫浓，翠色欲滴，有画意。王安石诗："欲别更携手，月明洲渚生。"不忍分别，直到月照洲渚，借景物来烘染深厚的友情。这些诗写景抒情都极真切自然，不用辞藻涂饰，所以说它们得到天然之趣。

三

严沧浪以禅喻诗[1]，余深契其说，而五言尤为近之。如王裴辋川绝句[2]，字字入禅。他如"雨中山果落，灯下草虫鸣""明月松间照，清泉石上流"，以及太白"却下水精帘，玲珑望秋月"，常建"松际露微月，清光犹为君"，浩然"樵子暗相失，草虫寒不闻"，刘眘虚"时有落花至，远随流水香"。妙谛微言与世尊拈花，迦叶微笑[3]，等无差别。通其解者，可语上乘[4]。（王士禛《带经堂诗话》卷三）

> [1]严羽著《沧浪诗话》，用佛家的讲悟来谈诗，认为诗道在"妙悟"。[2]王裴：王维、裴迪，他们都隐居辋川，写了不少山水诗。[3]世尊：指释迦牟尼佛。相传佛在灵山上说法，登座后，拈花示众。只有摩诃迦叶懂得佛的用意，微微一笑。佛便说，他要把佛法传给摩诃迦叶。[4]上乘：即大乘。佛家以普度众生的为大乘，只求自度的为小乘。

王士禛讲的神韵（参见《神韵说》），就是"妙悟"。他说王维、裴迪的辋川绝句字字入禅，也就是都有妙悟。试引王维的诗来看，《鸟鸣涧》："人闲桂花落，夜静春山空。月出惊山鸟，时鸣春涧中。"《竹里馆》："独坐幽篁里，弹琴复长啸。深林人不知，明月来相照。"《辛夷坞》："木末芙蓉花,山中发红萼。涧户寂无人,纷纷开且落。"所谓辋川绝句就是写辋川地方的各种风景,就上举三首诗看,王维描绘景物,从中写出一种幽静的境界。在那个境界里面,不论桂花也罢,芙蓉也罢,只任它自开自落。月出时传来山鸟的惊鸣,在竹林里只有月亮来作伴,真是幽静极了。诗人处在这种幽静的境界里,心情非常悠闲,他注意桂花和芙蓉的开落,注意山鸟的惊鸣。诗人捕捉了这种幽静的境界,用画意的笔写出来,传达出诗人悠闲的心情,这样的诗,是写得自然生动的。

再看他所举的例句。如王维《秋夜独坐》:"独坐悲双鬓,空堂欲二更。雨中山果落,灯下草虫鸣。"又《山居秋暝》:"空山新雨后,天气晚来秋。明月松间照,清泉石上流。"常建《宿王昌龄隐居》:"清溪深不测,隐处惟孤云。松际露微月,清光犹为君。"孟浩然《游精思观回王白云在后》:"回瞻下山路,但见牛羊群。樵子暗相失,草虫寒不闻。"刘眘虚《缺题》:"道由白云尽,春与青溪长。时有落花至,远随流水香。"王士禛在这些诗里所摘引的句子,跟辋川绝句一般,都是写一种境界。在这种境界里,白天,诗人看到的是清溪里的落花远远地流去,还像闻到一阵阵花香;晚上,诗人注意的是松间明月,石上清泉,有时感到月亮的多情相照;在雨夜,听到雨中果落,灯下虫鸣;到了初冬的黄昏,诗人一个人在山路上走,连作伴的樵夫都散失了,草虫声也听不见了。诗人所写的,就是这种极幽静的境界,从而反映出悠闲的心情。像王维的"独坐悲双鬓",是有悲哀的,但王士禛就没有引这句诗。可见他所欣赏的,还在于描写这种清静悠闲的境界,描绘出诗情画意来。

王士祯在摘句中还引了李白的《玉阶怨》，"玉阶生白露，夜久侵罗袜。却下水精帘，玲珑望秋月。"这诗后两句也写秋夜望月，境界也极幽静，但人物的心情并不是悠闲的，它含蓄地写出那个宫女的怨恨，在望秋月里概括了她的无穷的怀念。因此，所谓神韵也有含蓄不露的意味，那就是属于含蓄，不是属于自然的风格了。

平　淡

　　陶潜谢朓诗皆平淡有思致，非后来诗人怵心刿目琱琢①者所为也。老杜云，"陶谢不枝梧②，风骚③共推激，紫燕自超诣，翠驳④谁剪剔"是也。大抵欲造平淡，当自组丽⑤中来，落其华芬，然后可造平淡之境。如此，则陶谢不足进矣。

　　今之人多作拙易语而自以为平淡，识者未尝不绝倒⑥也。梅圣俞《和晏相》⑦诗云："因今适性情，稍欲到平淡。苦词未圆熟，刺口剧菱芡。"言到平淡处甚难也。所以《赠杜挺之》诗，有"作诗无古今，欲造平淡难"之句。李白云："清水出芙蓉⑧，天然去雕饰。"平淡而到天然处，则善矣。（葛立方《韵语阳秋》卷一）

　　圣俞诗工于平淡，自成一家。如《东溪》云："野凫眠岸有闲意，老树著花无丑枝。"《山行》云："人家在何许，云外一声鸡。"《春阴》云："鸠鸣桑叶吐，村暗杏花残。"《杜鹃》云："月树啼方急，山房人未眠。"似此等句，须细味之方见其用意也。（胡仔《苕溪渔隐丛话》后集卷二十四）

①怵（chù 触）心：惊心。刿（guì 桂）目：刺目，骇目。琱（同雕）琢：雕琢，在文字辞藻上用功夫。②陶谢：陶渊明和谢灵运。枝梧：抗拒，抵触。③风骚：《诗经·国风》和屈原《离骚》。④翠驳：指名马。⑤组丽：文彩。⑥绝倒：指大笑。⑦晏相：晏殊，官至同中书门下平章事。⑧芙蓉：莲花。

平淡不同于平庸和淡而无味，是深厚的感情和丰富的思想用朴素的语言说出，富有情味的，所以说"平淡有思致"。程普说："与周公瑾（瑜）交，若饮醇醪，不觉自醉。"醇醪是一种味厚的酒，上口没有刺激性，由于没有刺激性好像平淡，容易多喝，所以不觉自醉。平淡正是这样，表面平淡，含蕴深厚。平淡的作品语言力求朴素，不做作，不雕饰，不尚辞藻，也要力求精练，正如王安石说的，"看似寻常最奇崛，成如容易却艰辛"，内容精辟，深入浅出，好像平易，写时要反复推敲，是艰辛的，写定后容易看，容易懂。杜甫《夜听许十一诵诗，爱而有作》："紫燕自超诣，翠驳谁剪剔。"紫燕自超出一般，说明平淡不同于平庸，还是超出一般的。名马翠驳不需要剪剔，即平淡的作品要写得看不出人工的斧凿痕迹，所以平淡又要圆熟。梅尧臣做诗力求平淡，可是他自以为还不够圆熟，有涩味，就是要求平淡还没有到家。

平淡同自然相近而稍有不同。平淡的作品不讲辞藻，不讲雕琢，这点同自然一致。平淡比较朴素，而自然却不一定朴素。比方"清水出芙蓉，天然去雕饰"，"芙蓉"指莲花。红莲花的色彩鲜艳，这种色彩天然生成，不是人工涂饰的，因此它是自然的，又是艳丽的；白莲花比较朴素，就可以说平淡。

　　这里举出梅尧臣的诗句来说明平淡的风格。钱锺书先生《谈艺录》里说："梅诗时于浑朴中出苕秀。"指出梅诗的苕秀颖发，含蕴在浑朴中，即在浑朴中含新意。因为浑朴所以平淡，因为苕秀所以有诗味。《谈艺录》又举出梅佳句，如"《送欧阳秀才游江西》起语云：'客心如萌芽，忽与春风动。又随落花飞，去作江西梦。'《郭之美见过》起语云：'春风无行迹，似与草木期。高低新萌芽，闭户我未知。'《阻风秦淮》起语云：'春风不独开春木，能促浪花高于屋。'"这样写春风，写客心，有新意，而语言质朴。这里举的几个例子，云外鸡鸣，村暗花残，尤其是"老树著花无丑枝"，写老树，用丑枝这样的词，是一般人难于着笔的，却能写得浑朴中出苕秀，用质朴的语言来表达，所以成为一种平淡的风格。

绮丽和英爽

一

《诗眼》曰："世俗喜绮丽，知文者能轻之；后生好风花，老大即厌之。然文章论当理不当理耳，苟当于理，则绮丽风花同入于妙；苟不当理，则一切皆为长语[①]。上自齐梁诸公，下至刘梦得辈，往往以绮丽风花累其正气，其过在于理不胜而词有余也。"

子美云："绿垂风折笋，红绽雨肥梅""岸花飞送客，樯燕语留人"，亦极绮丽。其模写景物，意自亲切，所以妙绝古今。其言春容[②]闲适，则有"穿花蛱蝶深深见，点水蜻蜓款款飞""落花游丝白日静，鸣鸠乳燕青春深"。其言秋景悲壮，则有"蓝水远从千涧落，玉山高并两峰寒""无边落木萧萧下，不尽长江滚滚来"。其富贵之词，则有"香回[③]合殿春风转，花复千官淑景移"。其吊古则有"映阶碧草自春色，隔叶黄鹂空好音""竹送清溪月，苔移玉座春"，皆出于风花。然穷理尽性，移夺造化。自古诗人巧即不庄，庄即不巧；巧而能庄，乃如是也矣。（蔡梦弼《草堂

诗话》卷一）

①长语：多余的话。②舂容：同从容。③回：当作飘。

绮丽的风格有两种：一种是和内容相称的，写得情景相生；一种是华丽的辞藻淹没了内容的思想感情，或者用华丽的辞藻来掩饰空虚的内容。前一种是好的，后一种是要不得的。

这里指出"知文者"看轻绮丽，年纪老大的人讨厌风花，主要是指后一种绮丽说的。"理不胜而词有余"，即内容贫乏靠辞藻来掩饰，"绮丽风花累其正气"，即辞藻损害内容，都是指后一种说的。李白《古风》，"自从建安来，绮丽不足珍"，主要也是指后一种说的。李白《送孟浩然之广陵》的"烟花三月下扬州"，蘅塘退士批为"千古丽句"，那就是属于前一种的绮丽。这句诗不用典故辞藻，写出最美好的春光"烟花三月"，在这时到最繁华的地方扬州去，所以成为"千古丽句"。

不用典故辞藻而写得绮丽自然的，这里也举出了例子。杜甫《陪郑广文游何将军山林十首》之五："绿垂——风折笋，红绽——雨肥梅。"杜甫《发潭州》："岸花飞送客，樯燕语留人。"花飞送客，燕语留人，用拟人化的手法，写美好景物，写得花和燕很是多情。杜甫《曲江二首》之二："穿花蛱蝶深深见，点水蜻蜓款款飞。"这些描写景物的句子，不用典故辞藻，像口语一样明白晓畅。有的写得色彩鲜明，如"绿垂""红绽"；有的写得景物多情，如"送客""留人"；有的写得极为工细，如"点水"，如"款款飞"。这就构成绮丽而自然的风格。还有写景物的富丽的，也可包括在绮丽里面。像杜甫《紫宸殿退朝口号》："香飘合殿春风转，花复千官淑景移。"在春天的和风中满殿飘香，花柳丛中千官朝见，肃静中看到春天日影的移动。

构成绮丽的风格的，不光靠色彩，主要是靠诗句所构成的境界。像上引的诗句有的写春天的绮丽；再像白居易的《钱塘湖春行》："几处早莺争暖树，谁家新燕啄春泥。乱花渐欲迷人眼，浅草才能没马蹄。"即使不用色彩的字也是绮丽的。白居易《竹枝词》："水蓼冷花红簌簌，江蓠湿叶碧凄凄。"这里写了花，用了红和碧的颜色，风格绮丽而带凄凉。再像杜甫《九日蓝田崔氏庄》："蓝水远从千涧落，玉山高并两峰寒。"蓝和玉也是色彩，风格绮丽而壮阔。杜甫《蜀相》："映阶碧草自春色，隔叶黄鹂空好音"，这里有色彩，但意境稍带凄凉，有吊古的情绪，从"自春色""空好音"里表现出来。同是绮丽的风格，还反映不同的情绪，"烟花三月下扬州"不用色彩的字，却成千古丽句。所以决定绮丽风格的是意境而不是字面。

二

"曾湿西湖雨"是情语，非艳语。与上三句相连属，遂成奇艳绝艳，令人爱不忍释。坡公天仙化人，此等词犹为非其至者，后学已未易模仿其万一。（况周颐《蕙风词话》）

这里指出把艳情和景结合起来，可以构成绮丽的风格。苏轼《青玉案·送伯固归吴中》的下半阕："作个归期天定许，春衫犹是，小蛮针线，曾湿西湖雨。"这是苏轼送苏坚（伯固）回家写的。苏轼在杭州做官，在送苏坚回家时，想到自己的归期，想到自己的春衫曾经给西湖上的雨所打湿，也就是设想自己归后对西湖的怀念，含有对同游西湖的友人的怀念，所以是情语。联系到这件春衫是小蛮亲手缝制的，小蛮是白居易家的歌女，借来指作者家里年轻女子。这样一结合，就把美好的西湖景色和美好的青年女子的回想联系起来，贯彻着对人和对景物的感情，构成绮丽的风格。

诗歌的崇尚绮丽，大概是从东汉末开始的。曹丕在《典论论文》里就提出"诗赋欲丽"，到西晋初年，陆机在《文赋》里提出"诗缘情而绮靡"。"诗缘情"的说法，和传统的"诗言志"相对立，这就造成崇尚绮丽的文风，趋向浮艳。刘勰在南齐著作《文心雕龙》，在《明诗》里又提出"诗言志"，想挽救这种文弊，但没有得到统治阶级的倡导，从浮艳陷入淫靡，成为宫体诗，文风更趋向下流。直到初唐，浮靡的文风才逐渐转向清丽，张若虚的《春江花月夜》便是一个标帜。到陈子昂在理论上提出崇尚汉魏，鄙弃齐梁，力图纠正浮艳的诗风。李白主张清真，主张"清水出芙蓉，天然去雕饰"，这就是工丽自然，兼有英爽的风格，同浮艳不同了。

三

青莲①集中古诗多，律诗少，五律尚有七十余首，七律只十首而已。盖才气豪迈，全以神运，自不屑束缚于格律对偶，与雕绘者争长。然有对偶处仍自工丽，且工丽中别有一种英爽之气，溢出行墨②之外。如："洗兵条支③海上波，放马天山雪中草"（《战城南》）。"天兵照雪下玉关④，虏箭如沙射金甲"（《胡无人》）。"边月随弓影，胡霜拂剑花"（《塞上曲》）。"笛奏龙吟水，箫鸣凤下空"（《宫中行乐》）。何尝不研练，何尝不精彩耶？（赵翼《瓯北诗话》卷一）

①青莲：李白号青莲居士。②行墨：行款文字。③条支：唐时西域国名。④玉关：玉门关，唐代通向西域的边关。

这里指出李白有些诗的风格特点，是工丽的，又是豪爽的。工是指对偶工整，丽是指有文彩。这里举的例句，是写得既工丽而又豪爽的。《战城南》开头写战士转战各地，接下来写在条支海上洗兵器，在天山雪中放牧，没有愁苦的声音，意气还是豪迈的。写边关生活，像《胡无人》和《塞上曲》，写得有气概而精彩动人。《宫中行乐》写宫中生活，用龙吟来比笛奏，用凤鸣来比箫声，龙吟凤鸣大家都没有听见过，只是借来指高音，再加上龙凤的辞藻，认为写得绮丽。

唐诗人写得工丽的不少，像杜甫的《绝句》："迟日江山丽，春风花鸟香。泥融飞燕子，沙暖睡鸳鸯。"写得极工丽，好像一幅彩色工笔画，清新秀丽而没有豪爽的气概。李商隐的《无题》诗，写得也极工丽，如"身无彩凤双飞翼，心有灵犀一点通""扇裁月魄羞难掩，车走雷声语未通"，工丽而情绪上显得幽悒，不像李白诗的开朗。李白的《送孟浩然之广陵》："故人西辞黄鹤楼，烟花三月下扬州。孤帆远影碧空尽，惟见长江天际流。"又《赠汪伦》："李白乘舟将欲行，忽闻岸上踏歌声。桃花潭水深千尺，不及汪伦送我情。"两首诗都写出深厚的别情，却绝无愁苦的音调；都有写得工丽的句子，而长江天际流的境界是很开阔的，踏歌送别的心情是开朗的。这里指的工丽兼英爽，确实道出李白诗的特点之一。

雄　奇

诗家好作奇句警句，必千锤百炼而后能成。如李长吉"石破天惊逗秋雨"①，虽险而无意义，只觉无理取闹。至少陵之"白摧朽骨龙虎死，黑入太阴雷雨垂"②，昌黎之"巨刃摩天扬""乾坤摆礌硠"③等句，实是惊心动魄，然全力搏兔④之状，人皆见之。

青莲则不然。如"抚顶弄盘古，推车转天轮""女娲戏黄土，团作愚下人。散在六合⑤间，濛濛如沙尘"（《上云乐》）。"举手弄清浅⑥，误攀织女机"（《游泰山》）。"一风三日吹倒山，白浪高于瓦官阁"（《横江词》）。皆奇警极矣，而以挥洒出之，全不见其锤炼之迹。（赵翼《瓯北诗话》卷一）

有题中未必有此义而冥心刻骨奇险至十二三分者：如《望岳》之"荡胸生层云，决眦⑦入归鸟"；《登慈恩寺塔》之"七星在北户，河汉声西流⑧"；《三水观涨》之"声吹鬼神下，势阅人代速⑨"；《送韦评事》之"鸟惊出死树，龙怒拔老湫"；《刘少府画山水幛》之"反思前夜风雨急，乃是蒲城鬼神入，元气淋漓幛犹湿，真宰上诉天应泣"；《韦偃画松》之"白摧朽骨龙虎死，黑入太阴雷雨垂"；《铁堂峡》之"径摩苍穹蟠，石与厚地裂"；《木皮岭》之"仰干塞大明⑩，俯入裂厚坤⑪"；《桃竹杖》之"路幽必为鬼神夺，拔剑或与蛟龙争"；《登白帝城楼》之"扶桑⑫西枝对断石，弱水⑬东影随长流"，扶桑在东而曰"西枝"，弱水在西而曰"东影"，正极言其地之高，所眺之远；皆题中本无此义而竭急摹写，宁过无不及，遂成此意外奇险之句，所谓十二三分者也。（同上卷二）

①李贺写音乐的句子。②白：指松树皮裂开部分。黑：指松树枝。太阴：指月亮。③乾坤：天地。礌硍：原作雷硍，状山石崩裂声。④狮子搏兔用全力。⑤六合：四方上下，指天地。⑥清浅：《迢迢牵牛星》中"河水清且浅"，指银河。⑦决眦：眦，目眶，把眼眶睁得像裂开似的。⑧七星：北斗星。河汉：银河。⑨阅：经历。人代：人世代谢，人世的变化。⑩大明：太阳。⑪厚坤：厚地。⑫扶桑：神话中说太阳从旸谷出来，在咸池洗浴，拂着扶桑。⑬弱水：神话中在西方的水，水弱，浮不起羽毛，什么东西都要沉下去。

这里指出同是具有雄奇风格的句子，还有不同。一种是写得很自然，好像信笔挥洒，并不见得十分用力，也看不出锤炼痕迹的。如李白的《上云乐》，讲到仙人"抚顶弄盘古，推车转天轮"，他把开天辟地的盘古当作小孩那样摩他的头，他能推动天轮，具有那样法力。又说"女娲戏黄土，团作愚下人，散在六合间，濛濛如沙尘"，根据神话，说人是女娲用黄土来造的，所以人们的识见浅薄，不能认识那位仙人的法力，用来反衬仙人法力无边。强调仙人的法力，用来赞美唐朝的威德，说明那样的仙人都来替唐朝效力。这样说虽然谈不上什么思想性，却是设想奇特，写得很自然。再像《游泰山》，写自己登得高，说："举手弄清浅，误攀织女机。"举起手来可以弄银河里清澄的水，一不小心攀住织女的织机。《横江词》写风大浪高，"一风三日吹倒山，白浪高于瓦官阁。"这些话都用夸张手法，都容易懂，显得自然而不甚费力。

一种是写得很费力，不容易懂。如杜甫《戏为双松图歌》："两株惨裂苔藓皮，屈铁交错回高枝。白摧朽骨龙虎死，黑入太阴雷雨垂。"两棵松树皮裂开了，露出惨白色，好像龙虎的骨头；松树的树枝屈曲交错像铁一样伸入高空，像铁是黑的，伸入高空所以说黑入太阴，再用雷雨垂来作衬托。这两句设想奇突，写得雄奇，但很费力。韩愈的《调张借》："巨刃摩天扬""乾坤摆礴硠"，是说大禹治水时，劈山开道，所以他用的刀大得举向天上，他把山劈开时，山石崩裂，发出巨大声响，天地都给震动。这是说李杜的写文章，像大禹凿山通水一样，竭力夸张李杜笔力的雄健，也看得出作者这样写是非常费力的。这两个例子写得费力，但是有意义。一种是写得很费力，意义也不大。像李贺的《箜篌引》"石破天惊逗秋雨"，用"石破天惊"来形容非常惊人的现象，是有力的，所以这话已经成为成语。但从女娲炼石补天的神话，引出石破也就是天破，由天破而漏下雨来，写得费力，意义不大。

这里把雄奇的诗句分成这样三种，赵翼的用意认为第一种最好，雄奇而自然易懂，写得像不费力；第二种雄奇而费力，有意义，稍逊于第一种，还是好的；第三种很费力而意义不大，就不足取了。不过从诗句的传诵来说，赵翼贬低的、认为"无理取闹"的"石破天惊逗秋雨"最为传诵，"石破天惊"已经成为成语，说明它的形象能动人心魄。赵翼最推重的"抚顶弄盘古"等句，反而不被人重视，这是为什么呢？李贺描写音乐，"二十三弦动紫皇"，写一种高音震动天上的紫皇。"女娲炼石补天处，石破天惊逗秋雨"，这种高音使天震动，女娲补天的地方给震动得裂开了，秋雨从裂缝中漏下来。李贺的想象力确实奇幻，这个想象是他的创造。至于李白的"抚顶弄盘古"，写仙人把盘古当作小孩，不算奇幻的创造。说女娲造人，也不是奇幻的创造。至于说这些诗的意义，李贺写音乐，意义不大。李白写这位法力无边的仙人来向皇帝祝寿，不过歌功颂德，也谈不上什么意义。但就想象力的奇突说，李白这几句不如李贺，就是杜甫的"白摧朽骨""黑入太阴"，韩愈的"巨刃摩天"等都不如李贺，在想象力上李贺的诗句超过了他们，所以李贺这句最为传诵。就意义说，韩愈的几句超过李贺，因为韩愈是用来赞美李杜笔力的雄健，是有意义的，所以韩愈这几句也很传诵。至于李白的"一风三日吹倒山，白浪高于瓦官阁"，比起"抚顶弄盘古"来更有名，这个夸张写法也是有创造性的，并且容易懂。再说，好作品应该写得有意义，雄健自然，杜甫、韩愈的最好作品正是这样，并不是既没有什么意义，又显得非常费力而不好懂的。

这里又举出杜甫奇险到十二三分的句子来作例，这些例句还可按照上面的说法来分类。一种是雄奇而不很费解的。如"荡胸生层云，决眦入归鸟"，杜甫望泰山，想象自己要是登上泰山，那么层云会在自己的胸前回荡，鸟在自己的底下飞，由于山高，要把眼睁得眼眶都裂开那样才能看到归鸟。又《登慈恩寺塔》，夸张塔的高，在北窗就碰到北斗七星，听到银河的水声。《铁堂峡》："径摩苍穹蟠，石与厚地裂。"说山路蟠曲一直上接苍天，石谷深得好像厚地裂开，极言山高谷深。讲木皮岭的"仰干塞大明，俯入裂厚坤"，说山岭高大得向上遮塞太阳，山谷深得裂开厚地。讲桃竹杖，说"路幽必为鬼神夺，拔剑或与蛟龙争"，说桃竹杖非常名贵，他准备带着它渡过江河，在路上鬼神要来夺取，过江时蛟龙要来争夺，他准备同它们决斗来保护桃竹杖。写刘少府的新画山水幛，说："反思前夜风雨急，乃是蒲城鬼神入，元气淋漓幛犹湿，真宰上诉天应泣。"这是赞美刘少府画得好。又说"怪底江山起烟雾"，说明这幅画上是有烟雾的，是有雨意的，所以联想到前夜风雨急，是蒲城鬼神要到画里的江山去玩，因而带来了风雨，使得画上笔墨淋漓还是湿的。鬼神到天上去诉说这画巧夺天工，天应为它感动得下泪。极写笔墨精巧，可以感动鬼神。这些话设想奇特，写得雄奇，但还不是顶难解的。

另一种写得雄奇而很难懂的。如在三川县看水涨，说"声吹鬼神下，势阅人代速"，言水冲下来的声势，可以把鬼神都吹倒，水流得快，比人世的一切变化都快。又像在送韦评事诗里讲到吹角（军号）声，说"鸟惊出死树，龙怒拔老湫"，死树指梧桐，可以作琴。这是说军号声吹得悲凉，鸟都惊起，龙都从湫里跃起。登白帝城楼的"扶桑西枝对断石，弱水东影随长流"，这是说白帝城楼非常高，高到可以看到东方的扶桑和西方的弱水，扶桑弱水都是神话中的地名。杜甫觉得这样说还不够，由于扶桑在东方，所以说看到扶桑的西枝，弱水在西方，所以说看到弱水东流的倒影，那就是不论怎样远，什么都可看到的意思。这些话设想奇突，也显得十分用力。杜甫说"语不惊人死不休"，这种句子正显出他力求惊人的精神。不过杜甫最好的诗，还是写得雄健自然，并不显得十分费力，也并不很难懂的。

沉 着

　　一题必尽题中之义，沉着至十分者，如《房兵曹胡马》，既言"竹披双耳[①]""风入四蹄"矣，下又云："所向无空阔，真堪托死生。"《听许十一弹琴诗》，既云"应手锤钩[②]""清心听镝"[③]矣，下又云："精微穿溟涬[④]，飞动摧霹雳[⑤]"。以至称李白诗"笔落惊风雨，诗成泣鬼神。"称高岑二公诗："意惬关飞动，篇终接混茫"。称任勤诗："词源倒流三峡水，笔阵独扫千人军。"《登慈恩寺塔》云："俯视但一气，焉能[⑥]辨皇州。"《赴奉先县》云："朱门酒肉臭，路有冻死骨。"《北征》云："夜深经战场，寒月照白骨。"《述怀》云："摧颓苍松根，地冷骨未朽。"此皆题中应有之义，他人说不到而少陵独到者也。（赵翼《瓯北诗话》卷二）

　　①《相马经》说好马的耳朵要上尖而小，像削竹管。②应手锤钩：《庄子·知北游》篇里讲一个老工人锤打带钩，丝毫不差，指工夫极纯熟。③镝（dí 敌）：鸣镝，响箭，指音节的响亮。④溟涬（xìng

幸）：天地初生时的元气，这句指用意的深远。⑤摧霹雳：指力量
强大。⑥焉能：哪能。

　　这里讲沉着这种风格。沉着同沉郁很相近，照字面看，
沉郁显得内容深而蓄积厚，像杜甫遭乱后的诗写得都比较沉
郁。李白的诗写得也有内容深沉笔力矫健的，但他的诗意气
飞扬，就和沉郁不同。杜甫有些诗，像这里引的"所向无空
阔，真堪托死生"，也写得意气豪迈，可以称为沉着。这里用
沉着来说明杜甫的真本领，作者又说："盖其思力沉厚，他人
不过说到七八分者，少陵必说到十分，甚至有十二三分者。其
笔力之豪劲，又足以副其才思之所至，故深人无浅语。"指出
杜甫的诗思力深厚，笔力豪劲，构成沉着这种风格。

　　杜甫赞美房兵曹的胡马，"竹披双耳峻，风入四蹄轻。
所向无空阔，真堪托死生"。说那匹马双耳尖而小，像削竹
管，就外表看是匹好马，再看它奔跑时，四蹄生风而轻快。从
马的外表写到它能快跑，可是杜甫还不肯停止，还要进一步
写它的好处，它所向无前，没有什么空阔的界限可以拦阻它
的；在患难中真可以生死相托，把生命交给它，这就写到十分
了。杜甫在这里不光写马，把那种所向无前的豪迈气概，和生
死可托的坚贞精神写进去了，所以说思力深沉，这两句的笔力
又极豪劲，所以说是沉着。

　　杜甫赞美许十一诵诗，"应手看锤钩，清心听鸣镝。
精微穿溟涬，飞动摧霹雳"。许十一念的诗，诗好，念得也
好，已经达到极其纯熟的境界，好比看老工人锤打带钩，得心
应手，不差毫厘，好比清心听响箭，声音响亮而激越。这两

句，对许十一念诗的工夫和音节都讲到了，可是杜甫还不停止，还要说许十一念的诗含意深远，一直穿透天地初生时的元气，即达到极微妙的境界；又音节激越，可以摧折霹雳。霹雳可以摧折各种东西，现在说摧折霹雳，更显得力量的雄厚。

　　杜甫称赞李白的诗，说"笔落惊风雨，诗成泣鬼神。"笔下去写出来的诗像暴风骤雨具有惊人的力量，这样说已写出李白作品的雄伟来，可是杜甫还要进一步说李白诗使鬼神感泣。杜甫称赞高适岑参的诗，说"高岑殊缓步，沈鲍得同行。意惬关飞动，篇终接混茫。"这是说高适和岑参只要缓步徐行，就可以同以前的诗人沈约和鲍照比美。再说，高岑的诗用意恰切而想象飞腾，结尾处含意深远。杜甫称赞杜勤的作品文气旺盛，笔力强健，就说"词源倒流三峡水，笔阵独扫千人军"。赞美慈恩寺塔的高，已经说了"七星（北斗星）在北户，河汉声西流"，可以碰到北斗星，听到银河水声；还觉得不够，再写在塔上从高望下的景象，"秦山忽破碎，泾渭不可求，俯视但一气，焉能辨皇州"。秦山不再是高大的，显得小而破碎，泾水渭水分不清了，望下去只是茫茫一片，怎能分辨京城的景物。这样竭力夸张，正是说到十分。"朱门酒肉臭，路有冻死骨"，是高度概括的写法，又写得形象，构成鲜明对比，成为传诵的名句。"夜深经战场，寒月照白骨"，选择动魄惊心的场面来写。杜甫在安禄山之乱时，家住鄜州，他听说那里"比闻同罹祸，杀戮到鸡狗"，想到家属有被害的危险。他又进一步说"摧颓苍松根，地冷骨未朽"，他想象茅屋给敌人摧毁了，倒在苍松的树根旁。由于那儿气候寒冷，所以死者的骨还没有腐烂。这当是他根据乱中的亲身经历所产生的想象，是要把所遭到的危害写到十分。

在这里，作者提出沉着这一风格，有的书里又提到沉郁。这两者都讲内容深沉，和浮躁相反，那是一致的。一般说沉着痛快，讲到十二分，写得极为有力，所以说痛快。又说沉郁顿挫，内容深沉，音节抑扬转折，所以说顿挫。沉着不同顿挫联系，沉郁不同痛快联系，这是两者的差别处。

沉　郁

作词之法，首贵沉郁，沉则不浮，郁则不薄。顾沉郁未易强求，不根柢于风骚，乌能沉郁？（陈廷焯《白雨斋词话》卷一）

张元干《贺新郎·送胡邦衡待制赴新州①》：“梦绕神州路②，怅秋风，连营画角，故宫离黍③。底事昆仑倾砥柱④，九地黄流乱注⑤，聚万落千村狐兔。天意从来高难问，况人情老易悲难诉。更南浦，送君去。　　凉生岸柳催残暑，耿斜河疏星淡月，断云微度。万里江山知何处，回首对床夜语。雁不到书成谁与？目尽青天怀今古，肯儿曹恩怨相尔汝。举大白⑥，听《金缕》⑦。”全集以《贺新郎》词及寄语一阕为压卷，其词慷慨悲凉，数百年后，尚想其抑塞磊落之气。(《四库全书提要》)

①宋高宗绍兴八年（1138），宋与金议和，金派江南诏谕使南来，枢密院编修官胡铨反对投降路线，上书请斩秦桧，秦桧贬胡铨为监广州盐仓。绍兴十二年（1142），秦桧又使手下爪牙，奏胡铨“饰

非横议"，把他编管新州（广东新兴县）。张元干作这词送胡铨。待制是朝廷顾问官，指编修。②神州路：指中原地区，包括汴京，故下文称"故宫"。③离黍：《诗·王风·黍离》"彼黍离离"，黍下垂貌。这里指汴京被破坏，成为田地，长着黍子。④《神异经》称昆仑山有天柱。三门峡有砥柱山。这里说天柱或砥柱倒了，指金兵入侵，北宋灭亡。⑤遍地黄河水泛滥。⑥大白：酒杯。⑦《金缕曲》，即《贺新郎》。

张元干的《贺新郎》词"慷慨悲凉"，抒发他"抑塞磊落之气"，构成了沉郁的风格。一开头就联系到北宋灭亡，中原沦陷，只有梦里到中原去。但那里只有军营和军号声，故宫已经一片荒凉，被金军破坏了。在"故宫离黍"上顿了一下，笔势就转，转到"底事昆仑倾砥柱"，怎么会造成砥柱倒塌，黄河泛滥，让狐兔占领千村万落呢？在这里又顿了一下，接下去没有直接回答，笔势又转，转到"天意从来高难问"，这个"天意"包括两层意思，一层是承上来的，砥柱怎么会倒塌的，北宋怎么亡的，这层的天意难问；一层是照应下文的，即"悲难诉"和送别，这里含有怎么让投降派秦桧掌了权，把坚决主张抗战的胡铨充军出去呢？这层的意思在词里不便说明，只从"悲难诉"和送别里透露出来。这就从北宋的灭亡联系到南宋的走投降路线，这个天意实际上是指向封建的最高统治者。这个"悲"就是为这些而悲，在投降派秦桧炙手可热时，这种悲是难以诉说，只感受到打击，老去无成而已。这就转到胡铨的编管新州，和南浦送别。江淹《别赋》："送君南浦，伤如之何！"更表示悲痛。

下半阕联系到送别的时令，是初秋残暑，银河斜转，直到夜深。接下去不说当夜"对床夜语"，用"断云微度"来顿一下，转到"万里江山知何处"，这就和"梦绕神州路"相呼应，这里含蓄地指出编管新州以后，中原的万里江山，更只好梦中去寻了。想到那时再回想到今夜的"对床夜语"，就是谈到上半阕的感怀国事。这种从今夜想到他日回想到今夜的写法，在以前的名篇里保存着，如杜甫《月夜》"何时倚虚幌，双照泪痕干"，是从今夜的分隔两地想到他日的聚会想起今夜的泪痕。李商隐的《夜雨寄北》"何当共剪西窗烛，却话巴山夜雨时"，从今夜的分隔两地想到他日聚会时谈起今夜想念的情况。都是从今天想到他日，从分别两地想到聚会。这里也是从今天想到他日，今天是聚首送别的悲痛，他日回想今夜的"对床夜语"更感悲痛，既悲国事，又悲远别，通讯也很困难，话到这里又顿一下，转到眼前送别，怎肯像小儿女为了个人的恩谊依依不舍呢？韩愈《听颖师弹琴》"昵昵儿女语，恩怨相尔汝"，不学小儿女的讲恩怨，是为了感慨国事，是"目尽青天怀今古"，展望遥天，感慨今昔，这又联系到"天意从来高难问"，举杯消愁，听唱这一曲。

作为一种沉郁的风格，作者的感情是深沉郁积的，用顿挫转折的笔来表达，有千言万语积压在胸中，只能曲折地透露一些。投降派掌权，抗战的主张无法实现了，用只能梦到故宫来透露。提出了为什么会砥柱倒塌，只能用天高难问来感叹。送别的可悲，不是为了个人的情谊，为什么呢？只用"目尽青天怀今古"来透露，这些都是构成沉郁风格的表达手法，参见《顿挫》。

"沉郁顿挫"见于杜甫的《进鹏赋》："至于沉郁顿挫，

随时敏捷。"杜诗的沉郁顿挫，试举《新安吏》来看，它的顿挫都是随着事件的发展自然形成。顿挫好比用毛笔写字，把笔锋按下去叫顿，顿后使笔锋稍松而转笔叫挫。如"客行新安道，喧呼闻点兵。借问新安吏，县小更无丁"。这里顿一下，既无丁应该不抽丁了，但笔锋一挫，转到"府帖昨夜下，次选中男行"。这里又一顿，转到杜甫的感叹："中男绝短小，何以守王城？"这一转透露出杜甫对府帖的不满，对人民的同情。这里又一顿，转到中男，中男被抽丁已可悲，而其中有更可悲的，"肥男有母送，瘦男独伶俜。白水暮东流，青山犹哭声"。分出肥男、瘦男，有母无母，同样痛哭。这里一顿，笔锋转到杜甫的劝告。"莫自使眼枯，收汝泪纵横。"劝他们不要哭，"眼枯即见骨，天地终无情"。哭得即使眼枯见骨，朝廷也不会来管你的！这里又一顿，接下去不是指责朝廷，却替朝廷解释："我军取相州，日夕望其平，岂意贼难料，归军星散营。"本来大军要收复相州，平定叛乱。想不到大军溃散，抽丁是出于不得已。这又一顿，笔锋又一转，转到安慰被抽的中男："就粮近故垒，练卒依旧京。掘壕不到水，牧马役亦轻。况乃王师顺，抚养甚分明。送行勿泣血，仆射如父兄。"

这首诗的顿挫不是作者故意做作，而是事情的发展就是这样的。事情所以有这样发展，是作者的思想感情造成的。因为作者同情中男，所以有"中男绝短小，何以守王城"的疑问，因而有对朝廷这样抽丁的不满，说出"天地终无情"来。但另一方面，作者认为在相州大败、唐军溃散以后，不得不做抵抗安史叛军的准备，不得不抽丁，因而又替中男和家属说明形势，给以安慰。这样同情人民、不满朝廷的感情，和抗击叛军保卫王朝的思想发生矛盾，通过这一叙述表达出来，这就显得深沉。这种矛盾的感情没有说出来，只是通过叙事来透露，构成沉郁的风格。

沉郁这种风格需要有深厚的内容，激越的感情。内容不深厚，就浅露，感情不激越，就和缓，那就不能构成沉郁的风格。

风　趣

　　刘会孟曰："杜诗'问事竞挽须，谁能即嗔喝'，'欲起时被肘①''仍嗔问升斗'。此等语，并声音笑貌仿佛尽之。"

　　郝敬仲舆曰："此诗，情景意象，妙解入神。口所不能传者，宛转笔端，如虚谷答响，字字停匀。野老留客，与田家朴直之致，无不生活，昔人称其为诗史。正使班马记事，未必如此亲切。千百世下，读者无不绝倒②。（仇兆鳌《杜少陵集详注》卷十一《遭田父泥饮美严中丞》诗注引）

　　故人陈伯霆读《北征》诗，戏云："子美善谑，如'粉黛忽解包，狼籍画眉阔'，虽妻女亦不恕。"余云："公知其一耳。如《月夜》诗云：'香雾云鬟湿，清辉玉臂寒。'则闺中之发肤云浓玉洁可见。又云：'何时倚虚幌③，双照泪痕干。'其笃于伉俪如此。"（同上卷四《月夜》诗注引）

　　①被肘：抓住臂膀不让起来。②绝倒：指笑。③幌：帷帘。

杜甫诗善于描摹神态，写得很有风趣。像《北征》诗，写经过一度乱离回到家里，说："经年至茅屋，妻子衣百结。恸哭松声回，悲泉共幽咽。平生所娇儿，颜色白胜雪，见耶（爷）背面啼，垢腻脚不袜。床前两小女，补绽才过膝。海图坼波涛，旧绣移曲折（把旧绣的海图拆下来缝在破衣上），天吴（水神）及紫凤（旧绣上的花纹），颠倒在裋褐（粗布短衣）。老夫情怀恶，呕泄卧数日。那无囊中帛，救汝寒凛栗。粉黛亦解包，衾裯（被和帐）稍罗列。瘦妻面复光，痴女头自栉，学母无不为，晓妆随手抹，移时施朱铅，狼藉画眉阔。生还对童稚，似欲忘饥渴。问事竞挽须，谁能即嗔喝。翻思在贼愁，甘受杂乱聒。"这段很细致地描写家人的神情态度，反映出诗人的心情和乱离的痛苦。把锦绣上绣的水神紫凤都剪下来补在孩子的破衣上，写出家里生活的困苦，那样缝补显得不调和而可笑。当诗人打开包裹，拿出带回来的衣物化妆品时，写女孩的学着母亲装扮，可又不会，弄得颜料狼藉。又写孩子的问事争着挽须，写出诗人对孩子的喜爱，孩子怎样缠住他。这些地方都写得细致而有风趣。

杜甫《遭田父泥饮美严中丞》："朝来偶然出，自卯将及酉。久客惜人情，如何拒邻叟。高声索果栗，欲起时被肘。指挥过无礼，未觉村野丑。月出遮我留，仍嗔问升斗。"写那个老农民非常真挚热情，把诗人邀到家里，从早上到晚上留着不放，作客久了越见人情的深厚，诗人无法拒绝他。那老农民向家人嚷着叫添上果子栗子，诗人要起来被抓住不放，写这种举动，更觉得他的质朴可喜。直到月亮出来了还留住诗人，嚷着叫家里人添酒。这里对老农做了生动描写，把他的声音笑貌思想感情，把他的性格都写出来了。这些都是通过风趣的细节来刻画人物。

关于风趣，林纾曾谈到《史记》《汉书》中有风趣的描写，可供参考。他说：

"凡文之有风趣者，不专主滑稽言也。风趣者，见文字之天真；于极庄重之中，有时风趣写出。然亦由见地高，精神完，于文字境界中绰然（状宽裕）有余，故能在不经意中涉笔成趣。

"如《史记·窦皇后传》叙与广国兄弟相见时，哀痛迫切（窦皇后与兄弟广国失散后又会见，追念前事，所以哭了），忽着'侍御左右（旁边侍候的人）皆伏地泣，助皇后悲哀。'悲哀宁（岂）能助耶？然舍却'助'字，又似无字可以替换。苟令（使）窦皇后见之，思及'助'字之妙，亦且破涕为笑。求风趣者，能从此处着眼，方得真相。

"《汉书》叙事，较《史记》稍见繁细，然其风趣之妙，悉本天然。如《陈万年传》：'万年尝病，召其子（陈）咸教戒于床下。语至夜半，咸睡，头触屏风。万年大怒，欲杖之（打他），曰："乃公（你老子）教戒汝，汝反睡，不听吾言，何也？"咸叩头谢曰："具晓所言，大要教咸谄耳。"'乍读之，似万年有义方（正当的道理）之训，咸为不率（不服从）之子；乃于'教'下着一'谄'字，吾思病榻中人亦将哑然失笑矣，矧（shěn审，况且）在读者。此盖以一字成趣者也。《王尊传》：'尊曰："五官掾（yuàn院，属员）张辅，怀虎狼之心，贪污不轨（不法），一郡之钱，尽入辅家，然适足以葬矣。"'不言'杀'而言'葬'。以上极暴（暴露）辅之罪状，非大辟（死刑）莫可者，却复从容作结穴语曰：'适足以葬矣。'使罪人寒心，复能使旁人解颐（开颜

笑）。是能于严冷中见风趣者，尤不易办及。"（林纾《春觉楼论文》）

这里指出风趣不光是滑稽，不光要人发笑，要写得文字庄重，含意深刻。窦皇后同她失散已久的弟弟窦广国会见时，想起分别时的悲苦情形，两人都哭了。这时，窦皇后身旁侍候的人也都哭起来了。《史记》写作"助皇后悲哀"，用一"助"字，显得旁边的人哭是假的，只是为了讨好皇后而装出来的，这就显得可笑了。这个"助"字不光写出假哭的可笑，也符合当时的真实。当时姊弟相会是喜事，只是回想从前喜极而泣，并没有什么悲苦的事会使旁人落泪，所以只能是"助"而不是真的悲哀。第二个例子是陈万年教训他的儿子陈咸，一直讲到半夜还没有完。儿子听得打起瞌睡来了，头碰在屏风上。父亲便发怒，要打儿子。从这里好像父亲那样认真地教，儿子却在瞌睡，很不应该。接下去却通过儿子的嘴，说明父亲只是教他去拍马屁。这个"谄"字就揭穿了教训的底，使人发笑。但它不光使人发笑，还显出父子两人的不同性格，父亲教儿子拍马屁而不以为耻，儿子却是正直的人不愿听这一套。这里还有刻画人物的作用。第三个例子讲到张辅贪赃枉法，王尊说他把地方上的钱都搜刮到自己家里，正够把他埋葬了。这个"葬"字，联系到他搜刮的钱的多，多到可把他埋葬，是有风趣的；同时含有要处死刑的意思，又是很严峻的。像这类诙谐风趣的笔调，写得还是严肃而不浮滑，含义丰富，所以是成功的例子。

——以上风格

神 韵 说

萧子显云："登高极目，临水送归；早雁初莺，花开叶落。有来斯应，每不能已；须其自来，不以力构。"王士源序孟浩然诗云："每有佳作，伫兴而就。"余生平服膺此言，故未尝为人强作，亦不耐为和韵诗也。（《渔洋诗话》，见王士禛《带经堂诗话》卷三）

或问"不着一字，尽得风流"之说。答曰：太白诗："牛渚西江夜，青天无片云；登舟望秋月，空忆谢将军。余亦能高咏，斯人不可闻。明朝挂帆去，枫叶落纷纷。"襄阳诗："挂席几千里，名山都未逢；泊舟浔阳郭，始见香炉峰。常读远公传，永怀尘外踪。东林不可见，日暮空闻钟。"诗至此，色相俱空，政如羚羊挂角，无迹可求，画家所谓逸品是也。（《分甘余话》，见同上）

宋牧仲中丞行赈邳徐间，于村舍壁上见二绝句，不题名氏，真北宋人佳作也："横笛何人夜倚楼，小庭月色近中秋。凉风吹堕双梧影，满地碧云如水流。""渺渺孤城白水环，舳舻人语

夕霏间。林梢一抹青如画，应是淮流转处山。"（《香祖笔记》，见同上卷九）

    王士禛提倡神韵，什么叫神韵，从他的诗话里可以窥见一斑。他引了"登高极目，临水送归"，指出"有来斯应，每不能已"，这是景与情交融的说法。这种由外界事物像"早雁初莺，花开叶落"引起的情，"每不能已"，用含蓄的手法表达出来。这种"每不能已"的情，不明白说出，只通过景物来透露，才是"不着一字，尽得风流"。"不着一字"，就是不用一个字来点明要表达的情意，是极含蓄的说法。他在《戏仿元遗山论诗绝句》里说："风怀澄淡推韦柳，佳处多从五字求。解识无声弦指妙，柳州那得并苏州。"《分甘余话》说："东坡谓柳柳州诗，在陶彭泽下，韦苏州上。此言误矣。余更其语曰：韦诗在陶彭泽下，柳柳州上。"所谓"无声弦"，也就是"不着一字"。苏轼说柳宗元的诗在韦应物上，王士禛认为韦应物在柳宗元上，这就是用不用神韵这个标准。从诗的思想性和艺术性说，从诗的反映生活、刻画景物说，柳宗元的诗在韦应物上；从"神韵"说，从含蓄说，韦应物的诗在柳宗元上。神韵说讲写景，贵清远："'白云抱幽石，绿篠媚清涟'，清也；'表灵物莫赏，蕴真谁为传'，远也；'何必丝与竹，山水有清音''景昃鸣禽集，水木湛清华'，清远兼之也。总其妙在神韵矣。"讲写情，贵朦胧，讲用词，贵清俊，"朦胧萌坼，情之来也；明隽清圆，词之藻也"（《带经堂诗话》卷三）。这些话是说，写景要选取有诗意的景物，蕴真即含有诗意，像云水竹石，山水鸣禽，诗意含蓄在景物之中，景清而意远。写情由境来透露，不明说，所以朦胧，只露一点苗头，所以萌坼，总之是含蓄不露。他又说"如郭忠恕画天外数峰，略有笔墨，然而使人见而心服者，在笔墨之外也"（同上）。画远山，淡淡几笔，意在笔墨之外，即含蓄，即朦胧。这样的景物和情境，用清俊的词笔表达出来，就是神韵。

我们看王士禛所举的例子，像"凉风吹堕双梧影，满地碧云如水流"，双梧的影子落在地上，风吹动枝叶时影子像水那样流动，这不正像一张艺术照相吗？再像"林梢一抹青如画，应是淮流转处山"。林梢有一抹远山，在淮水转弯处，也是一幅艺术照相。前一幅还配上月夜倚楼吹笛的一幅，后一幅还配上白水绕孤城与船中人语的一幅。再看他举的李白《夜泊牛渚怀古》和孟浩然的《晚泊浔阳望香炉峰》，中有"空忆谢将军"，与"余亦能高咏"，有"永怀尘外踪"，与"东林不可见"，写到诗人所想望的，但正如画天外三峰，略具笔意，使人体味言外的情意。晋朝的镇西将军谢尚，听见袁宏的吟咏，就把他请去谈论到天亮。李白也能高咏，却碰不到像谢将军那样的人来赏识他。晋朝高僧慧远，在东林寺接待不少名人，结白莲社，正是孟浩然所想望的。在这些想望中含蕴着许多要说而不说的话。这就是神韵派写情的要求。总之，神韵派写景像一张张艺术照相，选取有诗意的景物来写，作者的感情含蓄在景物里面。神韵派写情，只是透露一点苗头，不说清楚，让读者去体会。不论写景抒情，都力求含蓄。

又说："予少时在扬州，亦有数作，如'微雨过青山，漠漠寒烟织。不见秣陵城，坐爱秋江色'（《青山》）。'萧条秋雨夕，苍茫楚江晦。时见一舟行，濛濛水云外'

（《江上》）。'雨后明月来，照见下山路。人语隔溪烟，借问停舟处'（《惠山下邹流绮过访》）。'山堂振法鼓，江月挂寒树。遥送江南人，鸡鸣峭帆去'（《焦山晓起送昆仑还京口》）。又在京师有诗云：'凌晨出西郭，招提过微雨。日出不逢人，满院风铃语'（《早至天宁寺》）。皆一时仁兴之言，知味外味者当自得之。"（同上）从王士禛自己作的神韵诗看，有写景物的，景清而意远，情味含蕴在景物中。有写情思的，有言外之意，情思含蕴在境界里。像写烟笼青山，雨迷楚江，景物凄清。像"不见秣陵城"，因爱秋江景色。这里含有爱山水而忽城市的含意，有雅人深致。

王士禛虽然提出神韵说，但对神韵说的源流却说不清楚。在《带经堂诗话》里有"源流类"，只从诗中去找源，即从《诗经》里去找源。对神韵的源流讲得最透彻的，要推钱锺书先生的《管锥编·全齐文·谢赫〈古画品〉》。钱先生指出神韵说来源于谢赫论画的讲"气韵"。从"气韵"到"神韵"，从评画到评诗文："画之写景物，不尚工细，诗之道情事，不贵详尽，皆须留有余地，一耐人玩味，俾由其所写之景物而冥观未写之景物，据其所道之情事而默识未道之情事。"这就是神韵。"'神韵'不外乎情事有不落言诠者，景物有不着痕迹者，只隐约于纸上，俾揣摩于心中。以不画出、不说出为画不出、说不出，犹'禅'之有'机'而待'参'然。故取象如遥眺而非逼视，用笔宁疏略而毋细密；……""曰'气'曰'神'，所以示别于形体，曰'韵'，所以示别于声响。'神'寓体中，非同形体之显实，'韵'袅声外，非同声响之亮彻；然而神必托体方见，韵必随声得聆，非一亦非异，不即而不离。《百喻经》第一则云：'有愚人至于他家，主人与食，嫌淡无味，主人为益盐。既得盐美，便自念，言：所以美者，缘有盐故；少有尚尔，况复多也！便空食盐'；贺贻孙《诗筏》：'写生家每从闲冷处传神，所谓颊上加三毛也。然须从面目颧颊上先着精彩，然后三毛可加。近见诗家正意寥寥，专事闲语，譬如人无面目颜颊，但具三毛，不知果为何物！'南宗画、神韵派诗末流之弊，皆'但具三毛''便空食盐'者欤。"这里既指出神韵说的源流、特点，也指出它的流弊。流弊就是空洞，没有内容。假使作者像摄取艺术照相，确实有见于山水景物之美，用神韵派诗来摄取艺术美；或者作者在生活感受中，有些情思要表达，只用景物做陪衬，透露一点苗头，让读者去体会。这样的作品，写得有余味，耐人寻味，可备一格。否则，作者并没有真的看到景物的艺术美，也没有真感情，只是模仿神韵派诗，写景物写不出艺术美，写情思朦胧浮泛，借神韵派的写法来掩饰内容的空虚，那是不行的。

神韵说的产生，由于清初人看到明朝人学唐诗，只学到它的腔调形式，只是模仿，没有真性情真感受，王士禛因此提出神韵说，写出自己对景物的艺术美和真感受，这比模仿形式高一些。但这只能备诗中的一格，不能写大的题材，不能写复杂的斗争生活，是有很大的局限性的。

格 调 说

诗以声为用者也，其微妙在抑扬抗坠之间。读者静气按节，密咏恬吟，觉前人声中难写、响外别传之妙，一齐俱出。（沈德潜《说诗晬语》卷上）

诗贵性情，亦须论法。乱杂而无章，非诗也。然所谓法者，行所不得不行，止所不得不止，而起伏照应、承接转换，自神明变化于其中。若泥定此处应如何，彼处应如何，不听意运法，转以意从法则死法矣。试看天地间，水流云在，月到风来，何处著得死法。（同上）

《鸱鸮》诗连下十"予"字，《蓼莪》诗连下九"我"字，《北山》诗连下十二"或"字，情至不觉音之繁、词之复也。后昌黎《南山》，用《北山》之体而张大之（下五十余"或"字），然情不深而侈其词，只是汉赋体段。（同上）

《九歌》哀而艳，《九章》哀而切；《九歌》托事神以喻君，犹望君之感悟也；《九章》感悟无由，沉渊已决，不觉其激烈而悲怆也。（同上）

《风》《骚》既息，汉人代兴，五言为标准矣。就五言中，较然两体：苏李赠答，无名氏十九首，是古诗体；庐江小吏妻、《羽林郎》《陌上桑》之类，是乐府体。（同上）

陶诗胸次浩然，其中有一段渊深朴茂不可到处。唐人祖述者，王右丞有其清腴，孟山人有其闲远，储太祝有其朴实，韦左司有其冲和，柳仪曹有其峻洁，皆学焉而得其性之所近。（同上）

提倡格调说的沈德潜，他不同意钱谦益对明朝前后七子的批评，认为"弘正之间，献吉（李梦阳）仲默（何景明）力追雅音"，"于鳞（李攀龙）元美（王世贞）""取其菁英，彬彬乎大雅之章也"。他认为"宋诗近腐，元诗近纤"，独推明前后七子的诗为"大雅"（《明诗别裁序》），这可以看出他的格调说是继承明前后七子的摹仿盛唐的格调来的。王士禛看到明前后七子模仿盛唐的流弊，用神韵来救格调，沈德潜看到神韵的空疏又用格调来补救，因此他讲的格调，跟前后七子的模仿稍稍不同，不像神韵的偏重一种风格，不像前后七子的认为诗必盛唐，是想通观历代的诗，探索各种风格的流变。因此，他的《说诗晬语》，从《诗经》讲起，讲《楚辞》《乐府》、五言诗，一直到唐宋元明的诗，他选了《古诗源》《唐诗别裁》《明诗别裁》《清诗别裁》。他不选宋诗，认为"宋诗近腐"，推前后七子为大雅，说明他对诗的看法，还是继承明人的推崇盛唐，不过再吸取中晚唐罢了。他初选《唐诗别裁》，对于初唐的王、杨、卢、骆，白居易的讽谕诗，张籍、王建的乐府诗，李贺的楚骚苗裔，都不选，经过大家提意见后才补选，但对李商隐的《无题》诗还是不选，根据他的原选来看，那么他的格调说实际上还是跟着明代前后七子走。他对宋诗独推重苏轼、陆游，也显得偏，足见他对于诗论的见解不高。不过从他的选本看，《唐诗别裁》是比较好的，这不决定于他选得好，是他接受了大家的意见，补选了他原来没有选的诗，才成为较好的选本。他的诗论也是这样，倘只是推崇明代的前后七子诗，根据明代前后七子的模仿来立论，那就毫无可取了。但他的诗论也像他的《唐诗别裁》那样，吸取了别人各种较好的意见，虽其中推崇明代李、何、李、王的说法不够正确，但其中也包括了可取的议论。

他讲格调，提出"有第一等襟抱，第一等学识，斯有第一等真诗"。不过在这方面只是装门面，他没有什么发明。他注意的还是讲格调，讲韵律，讲抑扬抗坠，讲节拍，要从中体会声中难写、响外别传之妙，这就不局限于韵律节拍，要通过韵律节拍来体会情思，接触到风格，还是讲到格调。他讲诗法，讲起伏照应、承接转换，但又讲神明变化，既反对无法，又不要被法所拘束，还是讲格调，从格调归结到风格上去。要像水流云在，月到风来，根据各种情意形成各种风格，或动或静，或彼或此，唯意所适，这样讲格调，就不同于神韵派的侧重于一种风格。他讲《诗·豳风·鸱鸮》里连用十个"予"字，像"予羽谯谯（状零落），予尾翛翛（状坏）"等，用鸟来比自己在风雨飘摇中的处境。《诗·小雅·蓼莪》连用九个"我"字，像，"父兮生我，母兮鞠我，拊我畜我，长我育我，顾我复我"等，来表达对父母的深厚感情。《诗·小雅·北山》连用十二个"或"字，像"或燕燕（安息貌）居息，或尽瘁事国，或息偃在床，或不已（止）于行"等写劳逸的不平均。韩愈的《南山》诗，用了五十多个"或"字，像"或连若相从，或蹙若相斗，或妥若弭伏，或竦若惊雉（雉鸣）"等，写南山各种石头的形状。这里讲用字，连用许多个"予""我""或"表达情词的迫切。有了这种迫切的感情，才需要连用重复的字来表达，这是内容决定形式。倘没有这种感情，只是卖弄知识广博而连用"或"字，像韩愈的《南山》诗，就只是铺叙罢了。

他又讲到《九歌》和《九章》的风格，有哀艳和哀切的分别，是把风格的差别联系到内容来讲。又把汉乐府同五言诗分别，就是指叙事诗同抒情诗的不同，联系内容来讲体制。又就陶诗的影响说，讲到王维诗的清腴，孟浩然诗的闲远，储光羲诗的朴实，韦应物诗的冲和，柳宗元诗的峻洁。注意各家诗的不同风格，这也是格调说与神韵说、性灵说不同的地方。神韵说偏重于讲一种风格，性灵说偏重于讲表达性灵的诗，不像格调说比较注重各家各派的特色，更有利于多方借鉴，是注意到各种风格的。

联系诗的演变、诗的内容、体制、风格来讲，所以讲得比较平实，可以纠正有些诗论的偏颇。像讲孟郊，他认为"孟东野诗，亦从《风》《骚》中出。特意象孤峻，元气不无斲削耳。以郊岛并称，铢两未敌也"。认为贾岛不如孟郊。元好问《论诗绝句》说："东野穷愁死不休，高天厚地一诗囚。江山万古潮阳笔，合在元龙百尺楼。"认为"扬韩抑孟毋乃太过"。又指出"太白想落天外，局自变生，大江无风，涛浪自涌，白云卷舒，从风变灭"；"少陵歌行，如建章之宫，千门万户，如钜鹿之战，诸侯皆从壁上观，膝行而前，不敢仰视，如大海之水，长风鼓浪，扬泥沙而舞怪物，灵蠢毕集，与太白各不相似，而各造其极"（同上）。像这样，结合孟郊诗的思想感情和他独具的风格来评价,看得自然比元好问要全面些。对李白杜甫的评价,也能够看到两人在风格上形成的特点。杜甫比起李白来,更着意于"语不惊人死不休",所以说李白是"大江无风"而"涛浪自涌",杜甫是"长风鼓浪"。但注意格调的,对于思想内容方面,也都从格调的角度来看,所以还有注意得不够的地方。像李白的乐府诗,袭用乐府旧题而要别出新意,也似"长风鼓浪"而异于无风自涌,即有意为之;不如杜甫的新乐府因事命篇而不与古人争胜,而自胜于李白,这是讲格调的对于诗歌的反映生活之广度与思想之深度的认识有所不足。

另一方面,他的论诗,有时不免有些迂腐气,如论张籍的《节妇吟寄东平李司空》,说:"'君知妾有夫,赠妾双明珠。感君缠绵意,系在红罗襦。'赠珠者知有夫而故近之,更亵于罗敷之使君也,犹感其意之缠绵耶?虽云寓言赠人,何妨圆融其辞。然君子立言,故自有则。"他明知这诗是寓言,一切比喻都是只能取其某一点来相比,而不能用比喻的全体来相比,这诗只借寓言来表示不能接受李司空之聘,不能因而把李司空看作勾引有夫之妇。《文心雕龙·比兴》说:"义取其贞,无从于夷禽",用鸟来比淑女,只取其有贞一的德性,并不是骂这个淑女是禽兽。在这方面后起的袁枚就比他超脱多了。沈的《说诗晬语》写于1731年辛亥,那时袁枚只有十六岁,沈还没有接触到袁的性灵说。

格调说虽有它的缺点,但就它借鉴前人的作品,注意广泛地吸收历代作品的成就,探讨它们的不同风格和内容说,还是有可取的。

性灵说

  徐凝咏《瀑布》云:"万古常疑白练飞,一条界破青山色。"的是佳语,而东坡以为恶诗,嫌其未超脱也。然东坡海棠诗云:"朱唇得酒晕生脸,翠袖卷纱红映肉。"似比徐凝更恶矣。人震苏公之名,不敢掉罄,此应劭所谓随声者多,审音者少也。(袁枚《随园诗话》卷一)

  诗人陈制锦字组云,居南门外,与报恩寺塔相近。樊明征秀才赠诗云:"南郊风物是谁真,不在山巅与水滨。仰首陆离低首诵,长干(报恩寺前大道)一塔一诗人。"陈嫌不佳。余曰:"渠用意极妙,惜未醒耳。若改'仰首欲扳低首拜',则精神全出。"仅易二字耳,陈为雀跃。(同上)

  苏州舁(yú余,共同抬东西)山轿者最狡狯,游冶少年多与钱,则遇彼姝之车故意相撞,或小停顿。商宝意先生有诗云:"值得舆夫争道立,翻因小住饱看花。"虎丘山坡五十余级,妇女坐轿下山,心怯其坠,往往倒抬而行。鲍步江《竹枝》云:"妾自倒行郎自看,省郎一步一回头。"(同上)

李义山咏柳云"堤远意相随",真写柳之魂魄。与唐人"山远始为容""江奔地欲随"之句,皆是呕心镂骨而成,粗才每轻轻读过。吴竹桥太史亦有句云:"人影水中随。"(同上)

向读金陵孙秀才韶咏《小孤山》云:"江心突兀耸孤峦,缥缈还疑月里看。绝似凌云一枝笔,夜深横插水精盘。"后过此山,方知此句之妙。(同上卷二)

袁枚提倡"性灵",什么叫"性灵"呢?"性灵"就是要有真性情、真感情。《随园诗话》卷三引王守仁说:"人之诗文先取其意。譬如童子垂髫肃揖,自有佳致,若带假面,伛偻而装须髯,便令人生憎。"又卷一说:"牡丹芍药,花之至富丽者也,剪彩为之,不如野蓼山葵矣。味欲其鲜,趣欲其真,人必知此而后可与论诗。"就是要真的活的新鲜的。这种真感情,通过有生气的生动的语言表达出来,是真挚而反对虚假,生新而反对陈腐,不作套语,不填公式,这大概就是袁枚所提倡的"性灵"。又卷一里提到"题目佳境",即"即情即景,如化工肖物,著手成春",诗要写得活,而"光景常新",永远是新鲜的。写得要贴切,"即如一客之招,一夕之宴,开口便有一定分寸,贴切此人此事,丝毫不容假借,方是题目佳境。若今日所咏,明日亦可咏之,此人可赠,他人也可赠之,便是空腔虚套,陈腐不堪矣"。

结合诗篇来看,袁牧认为徐凝的诗句确是佳语,因为它的比喻是新的,不落俗套,比较贴切。他认为苏轼的批评不对,苏轼自己的咏海棠就不超脱,更坏。这说明,袁枚看问题不受前人的拘束,不管苏轼名声多大,敢于与苏轼唱反调,这正是性灵派要表达真感情的特点。苏轼的比喻，不过用美人来比花，这是自古以来习见的，特别是苏轼通过酒晕和红映肉来比，是新的。袁枚认为苏轼批评徐凝是由于不超脱，这是误解，他为徐凝抱不平，也用不超脱来批评苏轼，这是由误解和反感结合而引起的，这个批评是不确切的。

他欣赏樊明征的诗，把"一塔一诗人"并提，用"仰首欲扳低首拜"来突出命意，既指一塔又指一诗人，又含有"仰之弥高"的敬仰之意，这也写得生新可喜。他崇尚生新，有时不免轻佻，庄重不够。像他引的商宝意的诗，对于舆夫的狡狯，有意拦住载着年轻女子的车子不让走，既没有对这种行为表示不满，反而扬扬得意，显出他的轻佻。鲍步江的"省郎一步一回头"，也相类似。他因为写得生新而加以欣赏，这里露出性灵派的弱点来。

他欣赏"堤远意相随"，这个"意"是柳的情意，长堤上栽着柳，柳挽离情，依依不舍，这是写出柳的神情，不用"杨柳依依"，不说惜别，而用"意相随"，正是造语生新，所以得到他的称赏。"山远始为容"，"容"字从"女为悦己者容"来，就是修饰打扮。"为容"的是山，山为人修饰打扮，写山的多情。这是跟远山如眉黛来的，眉黛是画眉用的，正是打扮用的，这就把远山写活，像"意相随"把柳写活一样。"江奔地欲随"，江水奔腾好像地欲随人，这个"欲"也赋予情意。咏《小孤山》的比喻，也是生新独造，非常贴切，别处移用不得，所以也得到他的赞赏。

袁枚的性灵说，又赞赏"移情作用"，把作者的感情移到物上，把静物看成动的，无情的看成有情的。《随园诗话》卷一里赞美"陈其年之和王新城《秋柳》，奇丽川方伯之和高青丘《梅花》，能不袭旧语而自出新裁。陈云："尽日邮亭挽客衣，风流放诞是耶非？……'方伯云：……'珊珊仙骨谁能近，字与林家恐未真'。"都用拟人化写法，写柳的多情，用"风流放诞"来称柳；写梅的高洁，用林逋的"梅妻鹤子"说而加以翻新，说梅花的格调这样高，讲它嫁给林家怕是假的。

性灵说又要求不同的人的诗作要各具特点，能看出各人的身份来。《随园诗话》卷四云："凡作诗者，各有身份，亦各有心胸。毕秋帆中丞家漪香夫人有《青门柳枝词》云：'留得六宫眉黛好，高楼付与晓妆人'，是闺阁语；中丞和云，'莫向离亭争折取，浓阴留覆往来人'，是大臣语；严冬友侍读和云，'五里东风三里雪，一齐排着等离人'，是词客语。"诗里用柳叶来比女子的眉，所谓"柳如眉"，黛是画眉用的颜色，晓妆要用黛画眉，经过晓妆，保持眉黛好，即保持青春，六宫借指贵族，所以是反映贵妇人希望保持青春的话。希望不要把柳条都扳折了，好给来往行人做遮阴用，是有权势人的说法。东风是指柳抽条的时候，雪可能指东风中的花如雪，即写春天送别光景，联系到折柳送别，这是词人常写的题材，所以说是词客语。这些诗句反映出人的身份胸襟，也是写得各有新意的，所以为袁枚所称赏。

性灵说要各抒性灵，所以反对沈德潜的"诗贵温柔，不可说尽"。他反对提倡温柔敦厚说，主张怨刺，这是进步的。沈反对宋诗，他主张变，在《答沈大宗伯论诗书》里说："先生许唐人之变汉魏，独不许宋人之变唐，惑也。且先生亦知唐人之自变其诗，与宋人无与乎？初盛一变，中晚再变，至皮陆二家，已浸淫乎宋氏矣。风会所趋，聪明所极，有不期其然而然者。"这里主张变，赞成宋诗的变唐诗，也可以纠正沈说。

性灵说用来纠正神韵说的偏重丰度，格调说的偏重格调而忽略性情，要求写得真实，写得生新，写得活，写得贴切，写出各人的个性来，反对模仿，反对庸俗，这些都是可取的。但它的缺点是只求生新而忽视思想性，赞美轻佻浮滑之作，这是它的缺点。

肌 理 说

　　储侍御《张谷田舍诗》:"碓喧春涧满,梯倚绿桑斜。"虽只小小格致,然此等诗却是储诗本色。窃谓一人自有一人之神理,须略存其本相,不必尽以一概论也。阮亭三昧之旨,则以盛唐诸家全入一片空澄淡泞中,而诸家各指其所之之处,转有不暇深究者。学人固当善会先生之意,而亦要细观古人之分寸,乃为两得耳。(翁方纲《石州诗话》卷一)

　　先生(阮亭)又尝云:"感兴宜阮陈,山水闲适宜王韦,铺张叙述宜老杜。"若是则格由意生,自当句由格生也。如太白云:"天上白玉京,十二楼五城。"若以"十二楼五城"之句入韦苏州诗中,岂不可怪哉!不必至昌黎玉川方为尽变也。(同上)

　　太白咏古诸作各有奇思,沧溟只取怀张子房一篇,乃仅以"岂曰非智勇,怀古钦英风"等句,得赞叹之旨乎?此可谓仅拾糟粕者也。入手"虎啸"二字,空中发越,不知其势利何等矣。乃却以"未"字缩住。下三句又皆实事,无一字装他门面。乃至说破"报韩",又用"虽"字一勒,真乃逼到无可奈何,然后发泄出"天地皆震动"五个字来，所以其声大而远也。不然，而但讲虚赞空喝，如"怀古钦英风"之类，使人为之，尚不值钱，而况在太白乎？（同上）

《韦讽录事宅观曹将军画马》一篇，前云"蹴踏""风沙"，后言"腾骧磊落"，而中间特着"顾视清高气深稳"一句，此则矜重顿挫，相马入微；所以苦心莫识，寥寥今古，仅得一支遁一韦讽耳。韦讽只是借作影子，亦非仅仅此人眼力足配道林也。此一段全属自喻，故不觉因而自慨，想到三大礼献赋时矣。末段征引翠华，并非寻路作收，此乃正完得"可怜"二字神理耳。（同上）

杜之魄力声音，皆万古所不再有。其魄力既大，故能于正位卓立，铺写而愈觉其超出，其声音既大，故能于寻常言语，皆作金钟大镛之响，此皆后人之必不能学，必不可学者。苟不揣分量而妄思扳援，未有不颠踬者也。（同上）

宋人精诣全在刻抉入里，而皆从各自读书学古中来，所以不蹈袭唐人也，然此外亦更无留与后人再刻抉者，以故元人只剩得一段丰致而已。明人则直从格调为之。然而元人之丰致非复唐人之丰致也，明人之格调依然唐人之格调也，孰是孰非，自有能辨之者，又不消痛贬何、李，始见真际矣。（同上卷四）

渔洋先生则起明人而入唐者也，竹垞先生则由元人而入宋而入唐者也。然则二先生之路，今当奚从？曰：吾敢议其甲乙耶？然而由竹垞之路为稳实耳。（同上）

翁方纲提出"肌理"说，肌理就是肌肉的文理，杜甫《丽人行》"肌理细腻骨肉匀"。翁对诗歌风格的要求，取譬于肌理，即要细密。为什么要提出肌理说呢？他认为"盛唐诸公之妙，自在气体醇厚，兴象超远。然但讲格调，则必以临摹字句为主，无惑乎一为李何、再为王李矣"。他认为盛唐的诗，特色是气体醇厚，指格调，兴象超远，指神韵。明代前后七子学盛唐诗，学它的格调，变成临摹字句，不行；王士禛学它的神韵，又不免空疏，也不行。因此他想另开一条路。他认为宋朝人继承唐朝，另开一条路，就是刻画抉剔得深，是从读书学古中来，跟唐朝不同。宋的刻画抉剔已不留余地，所以元朝人学唐朝人的丰度，明朝人学唐朝人的格调，但证明都不行。王士禛的神韵，是变明朝人的学格调而去学丰致，也不行，因此他要学朱彝尊的由元入宋而入唐，即从神韵回到宋人的刻抉入理，从读书学古中来，纠正格调神韵的流弊，使风格趋于细密，内容比较切实，不像神韵派的说空话，音节要求平正，不学格调派的唱高调，认为杜甫的高调不能学、不可学。什么叫高调呢？就是音乐中的高音。音乐中的高音一听就知道，诗歌中的高调看时不容易看出来，大概在用韵用字上显出来，像杜甫的《登高》"风急天高猿啸哀"就是高调，像"高"字"哀"字声音都高。

肌理说提倡一种学人之诗，赞美宋诗，说："宋人之学全在研理日精，观书日富，因而论事日密。如熙宁、元祐一切用人行政，往往有史传所不及载，而于诸公赠答议论之章略具其概。"（同上卷四）由赞美宋诗而推尊苏黄，认为"诗至宋而益加细密，盖刻抉入里，实非唐人所能囿也，而其总萃处则黄文节为之提挈，非仅江西派以之为祖，实乃南渡以后，笔虚笔实，俱从此导引而出"（同上）。这里独推黄庭坚而不提苏轼，"正以苏之大处，不当以南北宋风会论之"（同上）。认为苏超出于宋，因为苏诗不是学人之诗所能限，所以转而宗黄吧。从这里，我们可以看到肌理说的优缺点。优点是纠正空疏，使诗写得有内容，从这些内容中可以反映当时的政事议论；缺点是重视从读书学古中来，不注意即事名篇以反映当时的生活斗争。

他的"学古"学些什么呢？不像神韵派的侧重神韵，格调派的侧重格调，认为"一人有一人之神理，须略存其本相"，要研讨各家各派的神理本相。在创作上，认为"格由意生""句由格生"，要研讨由意到格到句。提出"正本探源""穷形尽变"，正本即意，尽变即"大而始终条理，细而一字之虚实单双，一音之低昂尺黍，其前后接榫乘承转换开合正变"（《复初斋文集》卷八《诗法论》），都要讲求，都要"求诸古人"。构成一种切实而细密的风格。

他这样讲究从意到格到组织结构字句音节，使他赞同元稹的《杜君墓系铭》，"有铺陈排比，藩翰堂奥之说，盖以铺陈终始，排比声律，此非有兼人之力、万夫之勇者，弗能当也。……即如白（居易）之《和梦游春》五言长篇以及《游悟真寺》等作，皆尺土寸木，经营缔构而为之，初不学开宝诸公之妙悟也。"（《石洲诗话》卷一）他赞成"铺陈终始，排比声律"，认为这是"尺土寸木，经营缔构"，就是肌理说提倡的"始终条理"和接榫承转到用字论韵，对于白居易《与元九书》提出的"风雅比兴"，像杜甫的"三吏""三别"等名篇，反而不重视，这说明肌理说的局限。

肌理说的着眼点，可用他讲《经下邳圯桥怀张子房》这诗看："子房未虎啸，破产不为家。沧海得壮士，椎秦博浪沙。报韩虽不成，天地皆振动，潜匿游下邳，岂曰非智勇。我来圯桥上，怀古钦英风。唯见碧流水，曾无黄石公。叹息此人去，萧条徐泗空。"沈德潜在《唐诗别裁》里批道："为子房生色，智勇二字可补《世家赞》语。"可是翁方纲评语，放在艺术手法上，从突出"虎啸"起，到怎样勒住，怎样蓄势，怎样逼出"天地皆振动"来，讲修词用字，讲得细致。再像讲杜甫观曹将军画马图一首，先写画的九匹马，是实写；后写忆昔的三万匹，是虚写。对实写的九马，用"顾视清高气深稳"一句来概括，指出用这句来作顿挫，和它所含有的意义，并说明其中有自喻之意。又指出末段是得"可怜"的神理。这样，联系全篇的结构分清虚实，指出其中作为主干的句子和它的寓意。这也就是肌理说讲的"法之立本"和"法之尽变"，看到缜密的肌理。

肌理说注意始终条理到用字辨音，讲得缜密，可以救空疏和模拟字句的毛病，这是它的成就。但它要写学人的诗，不论"立本之法"与"尽变之法"，都要"求诸古人"，这就产生它的缺点。翁方纲用金石考订为诗，这就离开了诗的正路了。肌理说提出，从立意到结构、造句、用字、辨音，从分宾主、分虚实到蓄势、突出重点、前后照应等都要讲究，要能够反映当时的政治事件，构成一种缜密的风格，这是可取的。不过他受到乾嘉时代考证学派的影响，用考证金石来写诗，对反映生活注意不够，这就走入歧路了。

——以上文艺论